NOVA

LEI DE ZONEAMENTO DO MUNICÍPIO DE SÃO PAULO

LEI Nº 16.402,
DE 22 DE MARÇO DE 2016

O livro é a porta que se abre para a realização do homem.

Jair Lot Vieira

Supervisão editorial
JAIR LOT VIEIRA

NOVA LEI DE ZONEAMENTO DO MUNICÍPIO DE SÃO PAULO

LEI Nº 16.402,
DE 22 DE MARÇO DE 2016

edipro

LEI DE ZONEAMENTO DO MUNICÍPIO DE SÃO PAULO

LEI Nº 16.402, DE 22 DE MARÇO DE 2016

Supervisão Editorial: Jair Lot Vieira

1ª Edição 2016

Editores: Jair Lot Vieira e Maíra Lot Vieira Micales
Coordenação editorial: Fernanda Godoy Tarcinalli
Editoração: Alexandre Rudyard Benevides
Revisão: Mateus dos Santos Grava
Arte: Karine Moreto Massoca

Dados Internacionais de Catalogação na Publicação (CIP)
(Câmara Brasileira do Livro, SP, Brasil)

Lei de Zoneamento do Município de São Paulo : Lei nº 16.402, de 22 de março de 2016 / supervisão editorial Jair Lot Vieira. – 1. ed. – São Paulo : EDIPRO, 2016. (Série Legislação)

ISBN 978-85-7283-979-2

1. Lei de zoneamento – São Paulo (SP) I. Vieira, Jair Lot. II. Série.

16-03348 CDU-34:711.51(816.11)(094)

Índice para catálogo sistemático:
1. Lei de Zoneamento do Município de São Paulo : Direito urbanístico : 34:711.51(816.11)(094)

EDITORA AFILIADA

edipro

São Paulo: Fone (11) 3107-4788 • Fax (11) 3107-0061
Bauru: Fone (14) 3234-4121 • Fax (14) 3234-4122
www.edipro.com.br

SUMÁRIO

SIGLAS

AAE	Avaliação Ambiental Estratégica
AIU	Áreas de Intervenção Urbana
AMLURB	Autoridade Municipal de Limpeza Urbana
APA	Áreas de Proteção Ambiental
APC	Áreas de Proteção Cultural
APPa	Áreas de Proteção Paisagística
AUE	Áreas de Urbanização Especial
BIR	Bens Imóveis Representativos
CADES	Conselho Municipal de Meio Ambiente e Desenvolvimento Sustentável
CAEHIS	Comissão de Análise de Empreendimentos Habitacionais de Interesse Social
CEDI	Cadastro de Edificações [Certificado de Regularidade da Edificação no]
CEI	Centro de Educação Infantil
CEPAC	Certificado de Potencial Construtivo Adicional
CEU	Centro Educacional Unificado
CIEJA	Centro Integrado de Educação de Jovens e Adultos
CMH	Conselho Municipal de Habitação
CMPU	Conselho Municipal de Política Urbana
CMTT	Conselho Municipal de Trânsito e Transporte
CNDU	Conselho Nacional de Desenvolvimento Urbano
COE	Código de Obras e Edificações
CONFEMA	Conselho do Fundo Especial de Meio Ambiente e Desenvolvimento Sustentável
CPOP	Conselho de Planejamento e Orçamento Participativos
CRAS	Centro de Referência de Assistência Social
CTLU	Câmara Técnica de Legislação Urbanística
CVM	Comissão de Valores Mobiliários
EHIS	Empreendimento de Habitação de Interesse Social
EHMP	Empreendimento em Habitacional de Mercado Popular
EI	Especial Interesse [Áreas verdes públicas ou privadas de]
EIA	Estudo de Impacto Ambiental

EIV	Estudo de Impacto de Vizinhança
EJA	Educação de Jovens e Adultos
EMEI	Escola Municipal de Educação Infantil
ETAs	Estações de Tratamento de Água
ETEs	Estações de Tratamento de Esgoto
EZC	Empreendimento em Zonas de Centralidades
EZDE	Empreendimento em Zona de Desenvolvimento Econômico
EZEIS	Empreendimento em Zonas Especiais de Interesse Social
EZEP	Empreendimento em Zona Especial de Preservação
EZEPAM	Empreendimento em Zonas Especiais de Preservação Ambiental
EZEPEC	Empreendimento em Zonas Especiais de Preservação Cultural
EZER	Empreendimento em Zona Exclusivamente Residencial
EZIR	Empreendimento em Zona Industrial em Reestruturação
EZM	Empreendimento em Zonas Mistas
EZOE	Empreendimento em Zona de Ocupação Especial
EZPDS	Empreendimento em Zona de Preservação e Desenvolvimento Sustentável
EZPI	Empreendimento em Zona Predominantemente Industrial
EZPR	Empreendimento em Zona Predominantemente Residencial
EZT	Empreendimento em Zona de Transição
FEMA	Fundo Especial de Meio Ambiente e Desenvolvimento Sustentável
FMAS	Fundo Municipal de Assistência Social
FMSAI	Fundo Municipal de Saneamento Ambiental e Infraestrutura
FUMCAD	Fundo Municipal dos Direitos da Criança e do Adolescente
FUNDURB	Fundo de Desenvolvimento Urbano
HIS	Habitação de Interesse Social
HMP	Habitação de Mercado Popular
INCC	Índice Nacional de Construção Civil
INCRA	Instituto Nacional de Colonização e Reforma Agrária
IPTU	Imposto Predial e Territorial Urbano
ISSQN	Imposto sobre Serviços de Qualquer Natureza
LECAM-SP	Levantamento e Cadastro Arqueológico do Município de São Paulo
LPUOS	Legislação de Parcelamento, Uso e Ocupação do Solo
nR1	Usos não Residenciais compatíveis
nR2	Usos não Residenciais toleráveis
nR3	Usos não Residenciais especiais ou incômodos
nR4	Usos não Residenciais compatíveis com o desenvolvimento sustentável
NUDEC	Núcleo de Defesa Civil
OUC	Operações Urbanas Consorciadas

PDE	Plano Diretor Estratégico
PEIU	Projetos Estratégicos de Intervenção Urbana
PI	Proteção Integral [Áreas verdes públicas de]
PMMA	Plano Municipal da Mata Atlântica
PRE	Planos Regionais Estratégicos
PRONATEC	Programa Nacional de Acesso ao Ensino Técnico e Emprego
PUE	Projeto Urbanístico Específico
PUOS	Parcelamento, Uso e Ocupação do Solo
RIMA	Relatório de Impacto sobre o Meio Ambiente
RIV	Relatório de Impacto de Vizinhança
SEHAB	Secretaria de Habitação e Desenvolvimento Urbano
SEMPLA	Secretaria Municipal de Planejamento, Orçamento e Gestão
SVMA	Secretaria do Verde e Meio Ambiente
TACC	Termo de Ajustamento de Conduta Cultural
TCA	Termo de Compromisso Ambiental
TICP	Territórios de Interesse da Cultura e da Paisagem
US	Uso Sustentável [Áreas verdes públicas ou privadas de]
ZC	Zonas de Centralidades
ZDE	Zona de Desenvolvimento Econômico
ZEP	Zona Especial de Preservação
ZER	Zona Exclusivamente Residencial
ZIR	Zona Industrial em Reestruturação
ZM	Zona Mista
ZPDS	Zona de Proteção e Desenvolvimento Sustentável
ZPR	Zona Predominantemente Residencial
ZT	Zona de Transição

ZONAS DE USO

1. Macrozona de Proteção Ambiental	
ZMp	Zona Mista de proteção ambiental
ZPDS	Zona de Proteção e Desenvolvimento Sustentável
ZLT	Zona de Lazer e Turismo
ZERp	Zona Exclusivamente Residencial de proteção ambiental
ZEP	Zonas Especiais de Preservação
ZCPp	Zona Centralidade Polar de proteção ambiental
ZCLp	Zona Centralidade Linear de proteção ambiental
2. Macrozona de Estruturação e Qualificação Urbana	
ZER – 1	Zona Exclusivamente Residencial de densidade demográfica baixa
ZER – 2	Zona Exclusivamente Residencial de densidade demográfica média
ZER – 3	Zona Exclusivamente Residencial de densidade demográfica alta
ZPI	Zona Predominantemente Industrial
ZM – 1	Zona Mista de densidades demográfica e construtiva baixas
ZM – 2	Zona Mista de densidades demográfica e construtiva médias
ZM – 3a	Zona Mista de densidades demográfica e construtiva altas
ZM – 3b	Zona Mista de densidades demográfica e construtiva altas
ZCPa	Zona Centralidade Polar de densidades demográficas e construtiva médias
ZCPb	Zona Centralidade Polar de densidades demográficas e construtiva altas
ZCLa	Zona Centralidade Linear de densidades demográficas e construtiva médias
ZCLb	Zona Centralidade Linear de densidades demográficas e construtiva médias
ZCLz – I	Zona Centralidade Linear destinada à localização das atividades de comércio e serviços de baixa densidade
ZCLz – II	Zona Centralidade Linear destinada à localização das atividades de serviços de baixa densidade
ZOE	Zona de Ocupação Especial
3. Zonas Especiais	
ZEPAM	Zona Especial de Preservação Ambiental
ZEPEC	Zona Especial de Preservação Cultural
ZEPAG	Zona Especial de Produção Agrícola e de Extração Mineral
ZEIS	Zona Especial de Interesse Social

Zonas não Residenciais	
nR1	usos não Residenciais compatíveis
nR2	usos não Residenciais toleráveis
nR3	usos não Residenciais especiais ou incômodos
nR4	usos não Residenciais compatíveis com o desenvolvimento sustentável

GLOSSÁRIO*

Parâmetros de parcelamento, uso e ocupação do solo
A Lei de Zoneamento define parâmetros de parcelamento, uso e ocupação do solo e a aplicação desses parâmetros no território. O número de zonas, bem como sua variação na cidade, é resultado da necessidade de diversificar esses parâmetros conforme os diferentes bairros e regiões do Município.

Parâmetros de ocupação do solo
Os parâmetros de ocupação são aqueles que tratam da forma como os edifícios e instalações serão implantados no lote, ou mesmo da restrição à ocupação por construções. Por exemplo, são estabelecidas regras relativas à quantidade de área construída permitida (coeficiente de aproveitamento); à forma como os edifícios podem se espalhar ou se concentrar no lote (taxa de ocupação); à altura que os edifícios devem ter (geralmente a altura deriva de uma relação com a largura da via); à posição que os edifícios podem ter no lote (recuos frontais, laterais e de fundo); à necessidade de garantir qualidade ambiental (taxa de permeabilidade, vegetação, coberturas verdes etc.); dentre outras regras. Vale ressaltar, dentro desta temática, algumas inovações da Lei de Zoneamento: Introduz o instrumento da quota ambiental em complementação à taxa de permeabilidade. Trata-se de uma das maiores inovações da proposta que será descrita adiante. – Em algumas zonas o recuo frontal pode ser dispensado, desde que se garanta destinação de área para ampliação de calçadas, quando estas forem muito estreitas, ou quando mais do que 50% da face de quadra em que se situa o imóvel esteja ocupada por edificações no alinhamento do logradouro; – Busca induzir a permeabilidade visual no fechamento de lotes, de modo a proporcionar maior interação entre uso do solo e espaço público (por exemplo, pela diretriz de utilização de anteparo vertical não vedado nas áreas verdes públicas onde eventualmente poderão ser instalados equipamentos sociais); – Explora a fruição pública como medida de ampliação do uso coletivo para dentro dos lotes de modo a proporcionar maior interação entre uso do solo e espaço público; – Busca combinar as medidas de ampliação do uso coletivo dos lotes com as atividades privadas (por exemplo, as fachadas ativas, combinadas com a fruição pública e com a ampliação da calçada, proporcionam maior fluxo de pessoas e de atividades no nível da rua e do térreo dos edifícios).

Parâmetros de incomodidade
Com o objetivo de estabelecer medidas de controle do uso do solo no tocante à interferência ou incomodidade que os usos não residenciais geram na vizinhança residencial, a legislação vigente estabeleceu parâmetros de incomodidade relacionados: – à emissão de ruído; – ao horário para carga e descarga; – à vibração associada;

* FONTE: Gestão Urbana SP. Disponível em: <http://gestaourbana.prefeitura.sp.gov.br/roteiro-de-consulta/>. Acesso em: 25 abr. 2016.

– à potência elétrica instalada;
– à emissão de radiação;
– à emissão de odores;
– à emissão de gases, vapores e material particulado;
– à emissão de fumaça.

Parâmetros de instalação de usos em função da largura da via

Quanto à largura da via, além de não permitir algumas atividades em vias com largura inferior a 10 m, a Lei nº 13.885/2004 estabeleceu limites para a instalação de usos não residenciais, tais como o controle da altura de edifícios e o tamanho dos empreendimentos (área construída). Por exemplo, hotéis não podem se instalar em vias com largura inferior a 10 m, assim como uma agência de turismo não pode ter mais que 250 m² de área construída em via com essa mesma largura.

Parâmetros de instalação de usos em função da classificação da via

Quanto à largura da via, além de não permitir algumas atividades em vias com largura inferior a 10 m, a Lei nº 13.885/2004 estabeleceu limites para a instalação de usos não residenciais, tais como o controle da altura de edifícios e o tamanho dos empreendimentos (área construída). Por exemplo, hotéis não podem se instalar em vias com largura inferior a 10 m, assim como uma agência de turismo não pode ter mais que 250 m² de área construída em via com essa mesma largura.

Fachada ativa

Corresponde à exigência de ocupação da extensão horizontal da fachada por uso não residencial com acesso direto e abertura para o logradouro, a fim de evitar a formação de planos fechados na interface entre as construções e os logradouros, promovendo a dinamização dos passeios públicos;

Fruição pública

Corresponde à área livre externa ou interna às edificações, localizada nos pavimentos de acesso direto ao logradouro público, com conexão em nível ao logradouro e demais espaços públicos sempre que o lote tiver frente para mais de um logradouro público, destinada à circulação de pessoas, não sendo exclusiva dos usuários e moradores;

Recuo

O Recuo é a distância entre a edificação e os limites de frente, laterais e de fundo do lote. A nova Lei manteve o estabelecido na Lei nº 13.885/2004, exigindo quando necessário os recuos mínimos, ou seja, a distância mínima que deve existir entre as edificações e os limites do lote.

Gabarito de altura máxima

É a altura máxima da edificação, calculada pela distância entre o pavimento térreo e o nível da cobertura, excluídos o ático, as casas de máquinas e a caixa d'água.

Área e frente máximas de lote

A área máxima de lote no território da zona urbana do Município é de 20.000 m² e a frente máxima é de 150 m, ambas podendo ser menores de acordo com a zona na qual o lote está inserido, sendo que essa área pode ser maior para alguns usos, por exemplo, clubes, cemitérios, parques dentre outros.

Zona Eixo de Estruturação da Transformação Urbana – ZEU

Zonas Eixo de Estruturação da Transformação Urbana são porções do território em que pretende promover usos residenciais e não residenciais com densidades demográfica e construtiva altas e promover a qualificação paisagística e dos espaços públicos de modo articulado ao sistema de transporte público coletivo.

Esta zona tem por objetivo consolidar os parâmetros estabelecidos pelo PDE [Plano Diretor Estratégico] para os eixos, complementando com algumas regras de parcelamento, uso e ocupação, especialmente as condições de instalação de usos e parâmetros de incomodidade. Se o PDE delegou os eixos como território prioritário para o adensamento de modo articulado ao transporte público coletivo, essa zona passa a ter um papel estratégico na viabilização dos objetivos do PDE.

A ZEU é dividida em:

- ZEU: zonas inseridas na Macrozona de Estruturação e Qualificação Urbana definida do PDE;
- ZEUa: zonas inseridas na Macrozona de Proteção e Recuperação Ambiental definida do PDE;
- ZEUP: zonas inseridas na Macrozona de Estruturação e Qualificação Urbana definida do PDE cujo decreto ativador do eixo ainda não foi publicado*;
- ZEUPa: zonas inseridas na Macrozona de Proteção e Recuperação Ambiental definida do PDE cujo decreto ativador do eixo ainda não foi publicado*;

(*) Vale ressaltar que na ZEUP e ZEUPa, somente após a emissão da Ordem de Serviços das obras das infraestruturas do sistema de transporte que define o eixo, da emissão pelos órgãos competentes de todas as autorizações e licenças (especialmente a licença ambiental), e, por fim, da edição de decreto autorizador, é que os parâmetros urbanísticos como o coeficiente de aproveitamento máximo igual a 4, o gabarito sem limite e os incentivos urbanísticos poderão ser ativados (veja o art. 83 do PDE). Essa medida faz com que não se permita o licenciamento de empreendimentos de elevada densidade sem que o sistema de transporte público coletivo esteja em implantação.

Zona Eixo de Estruturação da Transformação Metropolitana – ZEM

Zona Eixo de Estruturação da Transformação Metropolitana são porções do território inseridas na Macroárea de Estruturação Metropolitana, nos subsetores do Arco Tietê, Arco Tamanduateí, Arco Pinheiros e Arco Jurubatuba (ver inciso VIII do §1º do artigo 76 do PDE), destinadas a promover usos residenciais e não residenciais com densidades demográficas e construtivas altas, bem como a qualificação paisagística e dos espaços públicos, de modo articulado ao sistema de transporte coletivo e com infraestrutura urbana de caráter metropolitano. A ZEM é dividida em:

- ZEM, cujos parâmetros urbanísticos como o coeficiente de aproveitamento máximo igual a 4 e o gabarito sem limite somente poderão ser alcançados se não forem encaminhados os projetos de lei tratando de disciplina especial de uso e ocupação do solo, operações urbanas consorciadas, áreas de intervenção urbana ou projetos de intervenção urbana para os subsetores acima citados dentro do prazo estipulado pelo §3º do artigo 76 do PDE.
- ZEMP, cujos parâmetros urbanísticos próprios da ZEU somente serão ativados após a emissão da Ordem de Serviços das obras das infraestruturas do sistema de transporte que define o eixo, da emissão pelos órgãos competentes de todas as autorizações e licenças (especialmente a licença ambiental), e, por fim, da edição de decreto autorizador, é que os parâmetros urbanísticos como o coeficiente de aproveitamento máximo igual a 4, o gabarito sem limite e os incentivos urbanísticos poderão ser ativados (veja o art. 83 do PDE). Essa medida faz com que não se permita o licenciamento de empreendimentos de elevada densidade sem que o sistema de transporte público coletivo esteja em implantação.

Zona de Desenvolvimento Econômico – ZDE

Zonas de Desenvolvimento Econômico são porções do território com predominância de uso industrial, destinadas à manutenção, incentivo e modernização desses usos, às atividades produtivas de alta intensidade em conhecimento e tecnologia e aos centros de pesquisa aplicada e desenvolvimento tecnológico, entre outras atividades econômicas onde não deverão ser permitidos os empreendimentos imobiliários para uso residencial.

Essa é uma nova zona que foi proposta pelo PDE, com o objetivo de viabilizar polos produtivos relacionados à indústria de alta tecnologia. Tal zona foi demarcada não só em territórios com grandes lotes e quadras, mas também em territórios de urbanização consolidada em que existe atividade industrial integrada aos bairros. Para manter o vigor das atividades produtivas e também os usos residenciais existentes (de modo a aproximar emprego da moradia), os usos mistos serão admitidos nestes territórios.

Zona Predominantemente Industrial – ZPI

Zonas Predominantemente Industriais são porções do território destinadas à implantação e manutenção de usos não residenciais diversificados, em especial usos industriais. A ZPI é dividida em:

I – Zona Predominantemente Industrial 1 (ZPI-1): áreas destinadas à maior diversificação de usos não residenciais, localizadas na Macrozona de Estruturação e Qualificação Urbana;

II – Zona Predominantemente Industrial 2 (ZPI-2): áreas destinadas à maior diversificação de usos não residenciais compatíveis com as diretrizes dos territórios da Macrozona de Proteção e Recuperação Ambiental e dos Subsetores Noroeste e Fernão Dias do Setor Eixos de Desenvolvimento da Macroárea de Estruturação Metropolitana nos quais se localizam.

Zona de Ocupação Especial – ZOE

Zonas de Ocupação Especial são porções do território destinadas a abrigar predominantemente atividades que, por suas características únicas, como aeroportos, centros de convenção, grandes áreas de lazer, recreação e esportes, necessitem disciplina especial de uso e ocupação do solo.

Tal disciplina será definida através do Projeto de Intervenção Urbana (PIU), aprovado mediante decreto, o qual deverá observar os coeficientes de aproveitamento por macroárea dispostos no PDE.

Zona Corredor – ZCor

Zonas Corredores são os lotes lindeiros às ZER ou à ZPR, que fazem frente para vias que exercem estruturação local ou regional, em que se pretende promover usos não residenciais compatíveis com o uso residencial e com a fluidez do tráfego, com densidades demográfica e construtiva baixas. A ZCOR é dividida em:

I – Zona Corredor 1 (ZCOR-1): trechos de vias destinados à diversificação de usos de forma compatível à vizinhança residencial;

II – Zona Corredor 2 (ZCOR-2): trechos de vias destinados à diversificação de usos de forma compatível à vizinhança residencial e à conformação de subcentro regional;

III – Zona Corredor 3 (ZCOR-3): trechos junto a vias que estabelecem conexões de escala regional, destinados à diversificação de usos de forma compatível à vizinhança residencial e à conformação de subcentro regional.

Zona de Centralidade – ZC

Zonas de Centralidades são porções do território localizadas fora dos eixos de estruturação da transformação urbana destinadas à promoção de atividades típicas de áreas centrais ou de subcentros regionais ou de bairros, em que se pretende promover majoritariamente os usos não residenciais, com densidades construtiva e demográfica médias e promover a qualificação paisagística e dos espaços públicos.

A ZC está dividida em:

- ZC: porções do território localizadas na Macrozona de Estruturação e Qualificação Urbana com atividades de abrangência regional;
- ZCa: porções do território localizadas na Macrozona de Proteção e Recuperação Ambiental com atividades de abrangência regional;
- ZC-ZEIS: porções do território formadas pelos lotes lindeiros às vias que exercem estruturação local ou regional, lindeiras a ZEIS-1, destinadas majoritariamente a incentivar os usos não residenciais, de forma a promover a diversificação dos usos com a habitação de interesse social, a regularização fundiária de interesse social e a recuperação ambiental.

Zona Especial de Preservação Cultural – ZEPEC

Zonas Especiais de Preservação Cultural são porções do território destinadas à preservação, valorização e salvaguarda dos bens de valor histórico, artístico, arquitetônico, arqueológico e paisagístico, doravante definidos como patrimônio cultural, podendo se configurar como elementos construídos, edificações e suas respectivas áreas ou lotes; conjuntos arquitetônicos, sítios urbanos ou rurais;

sítios arqueológicos, áreas indígenas, espaços públicos; templos religiosos, elementos paisagísticos; conjuntos urbanos, espaços e estruturas que dão suporte ao patrimônio imaterial e/ou a usos de valor socialmente atribuído.

A origem da ZEPEC está no tombamento de imóveis e conjuntos urbanos, podendo ter novos perímetros criados durante a vigência da Lei de Zoneamento na medida em que são instituídos novos tombamentos nos níveis federal, estadual e municipal. A ZEPEC depende de outra zona para viabilizar a aprovação de reformas e licenças de instalação uma vez que a ZEPEC apresenta apenas parâmetros e restrições de ocupação, não dispondo de parâmetros de uso, de incomodidade e de condições de instalação dos usos. A ZEPEC talvez seja a zona que mais contribui para a preservação de bairros, pois o tombamento restringe a transformação.

Zona Mista – ZM

Zonas Mistas são porções do território em que se pretende promover usos residenciais e não residenciais, com predominância do uso residencial, com densidades construtiva e demográfica baixas e médias. A principal característica da zona mista é viabilizar a diversificação de usos, sendo uma zona em que se pretende mais a preservação da morfologia urbana existente e acomodação de novos usos, do que a intensa transformação.

A ZM é dividida em:

I – Zona Mista (ZM): porções do território localizadas na Macrozona de Estruturação e Qualificação Urbana;

II – Zona Mista Ambiental (ZMa): porções do território localizadas na Macrozona de Proteção e Recuperação Ambiental, com parâmetros de parcelamento, uso e ocupação do solo compatíveis com as diretrizes da referida macrozona;

III – Zona Mista de Interesse Social (ZMIS): porções do território caracterizadas predominantemente pela existência de assentamentos habitacionais populares regularizados, conjugados ou não com usos não residenciais, destinadas à produção de habitação de interesse social e a usos não residenciais;

IV – Zona Mista de Interesse Social Ambiental (ZMISa): porções do território caracterizadas predominantemente pela existência de assentamentos habitacionais populares regularizados, conjugados ou não com usos não residenciais, localizadas na Macrozona de Proteção e Recuperação Ambiental, destinadas à produção de habitação de interesse social e a usos não residenciais, com parâmetros de parcelamento, uso e ocupação do solo compatíveis com as diretrizes da referida macrozona.

Zona Predominantemente Residencial – ZPR

Zonas Predominantemente Residenciais são porções do território destinadas majoritariamente ao uso residencial, bem como a atividades não residenciais compatíveis com o uso residencial, com densidades construtiva e demográfica baixas.

Esta zona foi proposta pelo PDE e é uma zona similar à ZER no que se refere aos parâmetros de ocupação e à baixa densidade, porém, com a diferença de possibilitar usos não residenciais que não causam incomodidade à vizinhança residencial.

Zona Exclusivamente Residencial – ZER

Zonas Exclusivamente Residenciais são porções do território destinadas ao uso exclusivamente residencial de habitações unifamiliares, com densidade demográfica baixa. Esta zona se caracteriza pela ausência dos usos não residenciais e pela baixa densidade, sendo que alguns bairros contam com intensa arborização. A ZER se divide em:

I – Zona Exclusivamente Residencial 1 (ZER-1): áreas destinadas exclusivamente ao uso residencial com predominância de lotes de médio porte;

II – Zona Exclusivamente Residencial 2 (ZER-2): áreas destinadas exclusivamente ao uso residencial com predominância de lotes de pequeno porte;

III – Zona Exclusivamente Residencial Ambiental (ZERa): áreas destinadas exclusivamente ao uso residencial com predominância de lotes de grande porte, localizadas na Macrozona de Proteção e Recuperação Ambiental.

Zona Especial de Interesse Social – ZEIS

As Zonas Especiais de Interesse Social são porções do território destinadas, predominantemente, à moradia digna para a população de baixa renda por intermédio de melhorias urbanísticas, recuperação ambiental e regularização fundiária de assentamentos precários e irregulares, bem como à provisão de novas Habitações de Interesse Social – HIS e Habitações de Mercado Popular – HMP a serem dotadas de equipamentos sociais, infraestruturas, áreas verdes e comércios e serviços locais, situadas na zona urbana. O PDE definiu cinco tipos de ZEIS e demarcou seus perímetros no território, deixando muito pouco a ser tratado no zoneamento em relação às ZEIS. Ainda assim, a nova Lei de Zoneamento trouxe inovações ao propor a criação de duas novas zonas: a ZMIS e a ZC-ZEIS, cujo objetivo é proporcionar a promoção de atividades econômicas em territórios com pouca oferta de empregos em proporção à moradia (ZEIS1 marcada no PDE), ao mesmo tempo em que estas zonas asseguram a permanência da população de baixa renda. Importante ressaltar que as ZMIS foram demarcadas somente em perímetros de ZEIS 1 envolvendo conjuntos habitacionais que foram regularizados e urbanizados e a ZC-ZEIS foram demarcadas somente em lotes lindeiros às vias internas às ZEIS1 que têm função de articular bairros e regiões da cidade.

Zona Especial de Preservação – ZEP

Zonas Especiais de Preservação são porções do território destinadas a parques estaduais considerados unidades de conservação, parques naturais municipais existentes e outras Unidades de Conservação de Proteção Integral definidas pela legislação federal (Sistema Nacional de Unidades de Conservação), existentes e que vierem a ser criadas no Município, tendo por objetivo a preservação dos ecossistemas e permitindo apenas a pesquisa, o ecoturismo e a educação ambiental.

O objetivo dessa zona é preservar as unidades de conservação, de forma a ser exigido a observação do plano de manejo de cada unidade de conservação.

Zona Especial de Proteção Ambiental – ZEPAM

Zonas Especiais de Proteção Ambiental são porções do território do Município destinadas à preservação e proteção do patrimônio ambiental, que têm como principais atributos remanescentes de Mata Atlântica e outras formações de vegetação nativa, arborização de relevância ambiental, vegetação significativa, alto índice de permeabilidade e existência de nascentes, incluindo os parques urbanos existentes e planejados e os parques naturais planejados, que prestam relevantes serviços ambientais, entre os quais a conservação da biodiversidade, controle de processos erosivos e de inundação, produção de água e regulação microclimática. Também são considerados ZEPAM os territórios ocupados por povos indígenas até a entrada em vigor do PDE, independentemente de seu reconhecimento enquanto terra indígena nos termos da legislação federal. Vale ressaltar que as novas áreas poderão ser demarcadas como ZEPAM quando finalizado o Plano Municipal da Mata Atlântica (PMMA), que está sendo elaborado pelo órgão municipal competente.

Zona de Preservação e Desenvolvimento Sustentável – ZPDS

Zonas de Preservação e Desenvolvimento Sustentável são porções do território destinadas à conservação da paisagem e à implantação de atividades econômicas compatíveis com a manutenção e recuperação dos serviços ambientais por elas prestados, em especial os relacionados às cadeias produtivas da agricultura e do turismo, de densidades demográfica e construtiva baixas. A ZPDS é dividida em:

I – Zona de Preservação e Desenvolvimento Sustentável (ZPDS): zonas localizadas na Zona Urbana;

II – Zona de Preservação e Desenvolvimento Sustentável Rural (ZPDSr): zonas localizadas na Zona Rural.

INFORMAÇÕES ADICIONAIS

Disponível no site Gestão Urbana e também no site oficial da Secretaria Municipal de Desenvolvimento Urbano – SMDU, a nova Lei de Zoneamento também poderá ser consultada na plataforma Geosampa, portal que reúne mais de 150 tipos de dados georreferenciados sobre a cidade, que podem ser baixados e visualizados individualmente ou em conjunto.

O novo Zoneamento, Lei nº 16.402, de 22 de março de 2016, define como os terrenos de cada zona da cidade serão ocupados, incluindo o tamanho das construções, as atividades permitidas e a relação entre os imóveis e os espaços públicos. Mais que um instrumento de política urbana do município, é também uma ferramenta para efetivar melhorias no dia a dia população.

Sites disponíveis para consulta:

— <http://geosampa.prefeitura.sp.gov.br>

— <http://gestaourbana.prefeitura.sp.gov.br/arquivos-do-zoneamento-2/>

— <http://gestaourbana.prefeitura.sp.gov.br/roteiro-de-consulta/>

ÍNDICE GERAL

LEI DE ZONEAMENTO DO MUNICÍPIO DE SÃO PAULO

LEI Nº 16.402, DE 22 DE MARÇO DE 2016

Disciplina o parcelamento, o uso e a ocupação do solo no Município de São Paulo, de acordo com a Lei nº 16.050, de 31 de julho de 2014 – Plano Diretor Estratégico (PDE).

LEI DE ZONEAMENTO DO MUNICÍPIO DE SÃO PAULO

LEI Nº 16.402, DE 22 DE MARÇO DE 2016

Disciplina o parcelamento, o uso e a ocupação do solo no Município de São Paulo, de acordo com a Lei nº 16.050, de 31 de julho de 2014 – Plano Diretor Estratégico (PDE).

Fernando Haddad, Prefeito do Município de São Paulo, no uso das atribuições que lhe são conferidas por lei, faz saber que a Câmara Municipal, em sessão de 2 de março de 2016, decretou e eu promulgo a seguinte Lei:

TÍTULO I
CONCEITOS, DIRETRIZES E ESTRATÉGIAS DE ORDENAMENTO TERRITORIAL

Art. 1º. O parcelamento, o uso e a ocupação do solo no território do Município de São Paulo ficam disciplinados pelas disposições desta Lei, de acordo com a Lei nº 16.050, de 31 de julho de 2014 – PDE, e legislação correlata.

Parágrafo único. Os conceitos utilizados nesta Lei constam do Quadro 1 da Lei nº 16.050, de 31 de julho de 2014 – PDE, complementados pelo Quadro 1 desta Lei.

Art. 2º. São diretrizes para o parcelamento, uso e ocupação do solo:

I – a qualificação do adensamento demográfico, intensificação das atividades econômicas, diversificação do uso do solo e qualificação da paisagem ao longo dos eixos de estruturação da transformação urbana;

II – o reconhecimento, consolidação e estruturação das centralidades ao longo das principais vias de conexão do Município e em centros e subcentros regionais;

III – a promoção da qualificação ambiental do Município, em especial nos territórios de intensa transformação, de forma a contribuir na gestão integrada das águas com ênfase na drenagem urbana e na melhoria da cobertura vegetal;

IV – o incentivo à promoção de construções sustentáveis visando reduzir emissões de gases de efeito estufa, reduzir o consumo de água e de energia, otimizar a utilização do espaço público e contribuir para a melhoria das condições ambientais;

V – a preservação e proteção das unidades de conservação, áreas de preservação e recuperação dos mananciais, áreas de preservação permanente, remanescentes de vegetação significativa, imóveis e territórios de interesse cultural, da atividade produtiva instalada e bairros de urbanização consolidada;

VI – a limitação e o condicionamento da instalação de empreendimentos de médio e grande porte tendo em vista as condições urbanísticas do seu entorno, de modo a proporcionar melhor equilíbrio entre áreas públicas e privadas, melhor interface entre o logradouro público e o edifício, compatibilidade entre densidade demográfica e a infraestrutura existente e maior continuidade, capilaridade e conectividade do sistema viário;

VII – a adequação do uso do solo aos modos de transporte não motorizados, em especial à adoção de instalações que incentivem o uso da bicicleta;

VIII – o incentivo à integração, no uso do solo, dos diversos modos de transporte;

IX – a aproximação do emprego e dos serviços urbanos à moradia;

X – a promoção da habitação de interesse social de forma integrada aos bairros e nos territórios com oferta de serviços públicos e empregos;

XI – a instalação de equipamentos sociais em locais com carência de serviços públicos, em especial saúde e educação;

XII – a instalação de atividades econômicas e institucionais e do uso residencial em conformidade com o desenvolvimento sustentável e com o macrozoneamento estabelecido no Plano Diretor Estratégico;

XIII – a simplificação das regras de parcelamento, uso e ocupação do solo, em especial nos lotes pequenos, de modo a facilitar a regularidade nos processos de produção e transformação do espaço urbano.

Art. 3º. Como estratégia de ordenamento territorial, o território do Município fica dividido em zonas, caracterizadas pelo conjunto de regras de parcelamento, ocupação e uso do solo aplicáveis às respectivas porções do território.

Art. 4º. Para o cumprimento das estratégias de ordenamento territorial previstas na Lei nº 16.050, de 31 de julho de 2014 – PDE e atendimento das diretrizes estabelecidas nesta Lei, os parâmetros de parcelamento, uso e ocupação dos lotes serão definidos conforme as seguintes finalidades principais:

I – dimensões máximas de lotes e quadras: adequar a inserção de empreendimentos de médio e grande porte em relação ao entorno, melhorar a oferta de áreas públicas e evitar a descontinuidade do sistema viário;

II – classificação dos usos: definir categorias, subcategorias e grupos de atividades para estabelecer os usos e atividades permitidos em cada zona, bem como suas condições de instalação;

III – parâmetros de incomodidade: estabelecer limites quanto à interferência de atividades não residenciais em relação ao uso residencial;

IV – condições de instalação dos usos: estabelecer referências e condicionantes conforme usos e atividades não residenciais para a adequação das edificações, inclusive a largura da via;

V – coeficiente de aproveitamento e cota-parte mínima e máxima de terreno por unidade: controlar as densidades construtivas e demográficas em relação aos serviços públicos e à infraestrutura urbana existentes e planejados;

VI – gabarito de altura máxima, recuos e taxa de ocupação: controlar a volumetria das edificações no lote e na quadra e evitar interferências negativas na paisagem urbana;

VII – quota ambiental e taxa de permeabilidade mínima: promover a qualificação ambiental, em especial a melhoria da retenção e infiltração da água nos lotes, a melhoria do microclima e a ampliação da vegetação;

VIII – fruição pública, fachada ativa, limite de vedação do lote e destinação de área para alargamento do passeio público: ampliar as áreas de circulação de pedestres, proporcionar maior utilização do espaço público e melhorar a interação dos pedestres com os pavimentos de acesso às edificações.

TÍTULO II
DAS ZONAS

Art. 5º. As zonas correspondem a porções do território nas quais incidem parâmetros próprios de parcelamento, uso e ocupação do solo estabelecidos nos quadros desta Lei.

§ 1º. Os perímetros das zonas estão delimitados nos Mapas 1 e 2 desta Lei.

§ 2º. Na área de proteção e recuperação dos mananciais deverão ser aplicadas, em todas as zonas, as regras de parcelamento, uso e ocupação previstas na legislação estadual pertinente, quando mais restritivas.

Art. 6º. As zonas do Município têm suas características definidas em função do território no qual se inserem:

I – territórios de transformação: são áreas em que se objetiva a promoção do adensamento construtivo, populacional, atividades econômicas e serviços públicos, a diversificação de atividades e a qualificação paisagística dos espaços públicos de forma a adequar o uso do solo à oferta de transporte público coletivo, compreendendo:

a) Zona Eixo de Estruturação da Transformação Urbana (ZEU);

b) Zona Eixo de Estruturação da Transformação Urbana Ambiental (ZEUa);

c) Zona Eixo de Estruturação da Transformação Urbana Previsto (ZEUP);

d) Zona Eixo de Estruturação da Transformação Urbana Previsto Ambiental (ZEUPa);

e) Zona Eixo de Estruturação da Transformação Metropolitana (ZEM);

f) Zona Eixo de Estruturação da Transformação Metropolitana Previsto (ZEMP);

II – territórios de qualificação: são áreas em que se objetiva a manutenção de usos não residenciais existentes, o fomento às atividades produtivas, a diversificação de usos ou o adensamento populacional moderado, a depender das diferentes localidades que constituem estes territórios, compreendendo:

a) Zona Centralidade (ZC);

b) Zona Centralidade Ambiental (ZCa);

c) Zona Centralidade lindeira à ZEIS (ZC-ZEIS);

d) Zona Corredor 1 (ZCOR-1);

e) Zona Corredor 2 (ZCOR-2);

f) Zona Corredor 3 (ZCOR-3);

g) Zona Corredor Ambiental (ZCORa);

h) Zona Mista (ZM);

i) Zona Mista Ambiental (ZMa);

j) Zona Mista de Interesse Social (ZMIS);

k) Zona Mista de Interesse Social Ambiental (ZMISa);

l) Zona Especial de Interesse Social 1 (ZEIS-1);

m) Zona Especial de Interesse Social 2 (ZEIS-2);

n) Zona Especial de Interesse Social 3 (ZEIS-3);

o) Zona Especial de Interesse Social 4 (ZEIS-4);

p) Zona Especial de Interesse Social 5 (ZEIS-5);

q) Zona de Desenvolvimento Econômico 1 (ZDE-1);

r) Zona de Desenvolvimento Econômico 2 (ZDE-2);

s) Zona Predominantemente Industrial 1 (ZPI-1);

t) Zona Predominantemente Industrial 2 (ZPI-2);

u) Zona de Ocupação Especial (ZOE);

III – territórios de preservação: são áreas em que se objetiva a preservação de bairros consolidados de baixa e média densidades, de conjuntos urbanos específicos e territórios destinados à promoção de atividades econômicas sustentáveis conjugada com a preservação ambiental, além da preservação cultural, compreendendo:

a) Zona Predominantemente Residencial (ZPR);

b) Zona Exclusivamente Residencial 1 (ZER-1);

c) Zona Exclusivamente Residencial 2 (ZER-2);

d) Zona Exclusivamente Residencial Ambiental (ZERa);

e) Zona de Preservação e Desenvolvimento Sustentável (ZPDS);

f) Zona de Preservação e Desenvolvimento Sustentável da Zona Rural (ZPDSr);

g) Zona Especial de Proteção Ambiental (ZEPAM);

h) Zona Especial de Preservação (ZEP);

i) Zona Especial de Preservação Cultural (ZEPEC).

Capítulo I
DAS ZONAS INTEGRANTES DOS TERRITÓRIOS DE TRANSFORMAÇÃO

Art. 7º. As Zonas Eixo de Estruturação da Transformação Urbana (ZEU) são porções do território destinadas a promover usos residenciais e não residenciais com densidades demográfica e construtiva altas e promover a qualificação paisagística e dos espaços públicos de modo articulado com o sistema de transporte público coletivo, subdivididas em:

I – Zona Eixo de Estruturação da Transformação Urbana (ZEU): zonas inseridas na Macrozona de Estruturação e Qualificação Urbana, com parâmetros de parcelamento, uso e ocupação do solo compatíveis com as diretrizes da referida macrozona;

II – Zona Eixo de Estruturação da Transformação Urbana Ambiental (ZEUa): zonas inseridas na Macrozona de Proteção e Recuperação Ambiental, com parâmetros de parcelamento, uso e ocupação do solo compatíveis com as diretrizes da referida macrozona;

III – Zona Eixo de Estruturação da Transformação Urbana Previsto (ZEUP): zonas inseridas na Macrozona de Estruturação e Qualificação Urbana, com parâmetros de parcelamento, uso e ocupação do solo compatíveis com as diretrizes da referida macrozona e com a perspectiva de ampliação da infraestrutura de transporte público coletivo;

IV – Zona Eixo de Estruturação da Transformação Urbana Previsto Ambiental (ZEUPa): zonas inseridas na Macrozona de Proteção e Recuperação Ambiental, com parâmetros de parcelamento, uso e ocupação do solo compatíveis com as diretrizes da referida macrozona e com a perspectiva de ampliação da infraestrutura de transporte público coletivo.

§ 1º. O coeficiente de aproveitamento máximo igual a 4 (quatro) poderá ser aplicado na ZEUP se atendidos todos os requisitos estabelecidos no art. 83 da Lei nº 16.050, de 31 de julho de 2014 – PDE.

§ 2º. O coeficiente de aproveitamento máximo igual a 2 (dois) poderá ser aplicado na ZEUPa se atendidos todos os requisitos estabelecidos no art. 83 da Lei nº 16.050, de 31 de julho de 2014 – PDE.

Art. 8º. As Zonas Eixo de Estruturação da Transformação Metropolitana (ZEM) são porções do território inseridas na Macroárea de Estruturação Metropolitana, nos subsetores mencionados no inciso VIII do § 1º do art. 76 da Lei nº 16.050, de 31 de julho de 2014 – PDE, destinadas a promover usos residenciais e não residenciais com densidades demográfica e construtiva altas, bem como a qualificação paisagística e dos espaços públicos, de modo articulado ao sistema de transporte coletivo e com a infraestrutura urbana de caráter metropolitano, subdividas em:

I – Zona Eixo de Estruturação da Transformação Metropolitana (ZEM);

II – Zona Eixo de Estruturação da Transformação Metropolitana Previsto (ZEMP).

§ 1º. O coeficiente de aproveitamento máximo igual a 4 (quatro) e a dispensa de atendimento ao gabarito máximo de altura das edificações serão alcançados somente no caso do não encaminhamento de projetos de lei tratando de disciplina especial de uso e ocupação do solo, operações urbanas consorciadas, áreas de intervenção urbana ou projetos de intervenção urbana para os subsetores da Macroárea de Estruturação Metropolitana dentro dos prazos estipulados pelo § 3° do art. 76 da Lei nº 16.050, de 31 de julho de 2014 – PDE.

§ 2º. Na ZEMP aplica-se o disposto no § 1º deste artigo, desde que atendida a disciplina prevista no art. 83 da Lei nº 16.050, de 31 de julho de 2014 – PDE, e que a respectiva área conste do Mapa 9 da mesma lei, relativo às Ações Prioritárias no Sistema Viário Estrutural e de Transporte Público Coletivo.

§ 3º. Para fins de aplicação do art. 117 da Lei nº 16.050, de 31 de julho de 2014 – PDE, aos imóveis inseridos na ZEM ou na ZEMP, fica definido Fator de Planejamento (Fp) igual a 2 (dois) para os usos residenciais (R) e não residenciais (nR).

Capítulo II
DAS ZONAS INTEGRANTES DOS TERRITÓRIOS DE QUALIFICAÇÃO

Art. 9º. As Zonas Centralidade (ZC) são porções do território voltadas à promoção de atividades típicas de áreas centrais ou de subcentros regionais ou de bairros, destinadas principalmente aos usos não residenciais, com densidades construtiva e demográfica médias, à manutenção das atividades comerciais e de serviços existentes e à promoção da qualificação dos espaços públicos, subdivididas em:

I – Zona Centralidade (ZC): porções do território localizadas na Macrozona de Estruturação e Qualificação Urbana com atividades de abrangência regional;

II – Zona Centralidade Ambiental (ZCa): porções do território localizadas na Macrozona de Proteção e Recuperação Ambiental com atividades de abrangência regional;

III – Zona Centralidade lindeira à ZEIS (ZC-ZEIS): porções do território formadas pelos lotes lindeiros às vias que exercem estruturação local ou regional, lindeiras a ZEIS-1, destinadas majoritariamente a incentivar os usos não residenciais, de forma a promover a diversificação dos usos com a habitação de interesse social, a regularização fundiária de interesse social e a recuperação ambiental.

Art. 10. As Zonas Corredores (ZCOR) incidem em lotes lindeiros à ZER ou à ZPR que fazem frente para vias que exercem estruturação local ou regional, destinadas aos usos não residenciais compatíveis com o uso residencial e com a fluidez do tráfego, com densidades demográfica e construtiva baixas, subdivididas em:

I – Zona Corredor 1 (ZCOR-1): trechos de vias destinados à diversificação de usos de forma compatível à vizinhança residencial;

II – Zona Corredor 2 (ZCOR-2): trechos de vias destinados à diversificação de usos de forma compatível à vizinhança residencial e à conformação de subcentro regional;

III – Zona Corredor 3 (ZCOR-3): trechos junto a vias que estabelecem conexões de escala regional, destinados à diversificação de usos de forma compatível à vizinhança residencial e à conformação de subcentro regional;

IV – Zona Corredor da Macrozona de Proteção e Recuperação Ambiental (ZCORa): trechos junto a vias localizadas na Macrozona de Proteção e Recuperação Ambiental, destinados à diversificação de usos de forma compatível com a vizinhança residencial e com as diretrizes de desenvolvimento da referida macrozona.

§ 1º. Para fins de adequação urbanística, em especial no que se refere à transição de usos e densidades, as Zonas Corredores (ZCOR) poderão incidir também em lotes lindeiros às demais zonas de uso, desde que uma das faces da referida ZCOR seja lindeira à ZER.

§ 2º. Nos lotes com duas ou mais frentes localizados em ZCOR e com uso não residencial, o acesso de veículos será permitido apenas pela via que estrutura a referida ZCOR.

§ 3º. Nos casos mencionados no § 1º deste artigo não será permitido o desmembramento que resulte em lotes com frente para a via transversal.

§ 4º. Não será permitido o remembramento de lotes pertencentes às Zonas Corredores (ZCOR) com um ou mais lotes enquadrados em outra zona de uso.

Art. 11. As Zonas Mistas (ZM) são porções do território destinadas a promover usos residenciais e não residenciais, com predominância do uso residencial, com densidades construtiva e demográfica baixas e médias, subdivididas em:

I – Zona Mista (ZM): porções do território localizadas na Macrozona de Estruturação e Qualificação Urbana;

II – Zona Mista Ambiental (ZMa): porções do território localizadas na Macrozona de Proteção e Recuperação Ambiental, com parâmetros de parcelamento, uso e ocupação do solo compatíveis com as diretrizes da referida macrozona;

III – Zona Mista de Interesse Social (ZMIS): porções do território caracterizadas predominantemente pela existência de assentamentos habitacionais populares regularizados, conjugados ou não com usos não residenciais, destinadas à produção de habitação de interesse social e a usos não residenciais;

IV – Zona Mista de Interesse Social Ambiental (ZMISa): porções do território caracterizadas predominantemente pela existência de assentamentos habitacionais populares regularizados, conjugados ou não com usos não residenciais, localizadas na Macrozona de Proteção e Recuperação Ambiental, destinadas à produção de habitação de interesse social e a usos não residenciais, com parâmetros de parcelamento, uso e ocupação do solo compatíveis com as diretrizes da referida macrozona.

Art. 12. As Zonas Especiais de Interesse Social (ZEIS) são porções do território destinadas, predominantemente, à moradia digna para a população de baixa renda por intermédio de melhorias urbanísticas, recuperação ambiental e regularização fundiária de assentamentos precários e irregulares, bem como à provisão de novas Habitações de Interesse Social – HIS e Habitações de Mercado Popular – HMP, a serem dotadas de equipamentos sociais, infraestrutura, áreas verdes e comércio e serviços locais, situadas na zona urbana.

§ 1º. As ZEIS classificam-se em 5 (cinco) categorias, definidas nos termos dos incisos I a V do *caput* do art. 45 da Lei nº 16.050, de 31 de julho de 2014 – PDE.

§ 2º. Aplicam-se às ZEIS as disposições da Seção IV do Capítulo II do Título II da Lei nº 16.050, de 31 de julho de 2014 – PDE, exceto o disposto no art. 56 da mesma lei.

§ 3º. Não se aplica a destinação mínima de percentuais de área construída de HIS 1 e HIS 2 previstos no Quadro 4 da Lei nº 16.050, de 31 de julho de 2014 – PDE, aos imóveis públicos destinados a serviços da administração pública e serviços públicos de abastecimento situados em ZEIS.

Art. 13. As Zonas de Desenvolvimento Econômico (ZDE) são porções do território com presença de uso industrial, destinadas à manutenção, ao incentivo e à modernização desses usos, às atividades produtivas de alta intensidade em conhecimento e tecnologia e aos centros de pesquisa aplicada e desenvolvimento tecnológico, entre outras atividades econômicas, subdivididas em:

I – Zona de Desenvolvimento Econômico 1 (ZDE-1): áreas que apresentam grande concentração de atividades industriais de pequeno e médio porte, além de usos residenciais e comerciais;

II – Zona de Desenvolvimento Econômico 2 (ZDE-2): áreas que apresentam atividades produtivas de grande porte e vocação para a instalação de novas atividades de alta intensidade de conhecimento e tecnologia, além de usos residenciais e comerciais.

Art. 14. As Zonas Predominantemente Industriais (ZPI) são porções do território destinadas à implantação e manutenção de usos não residenciais diversificados, em especial usos industriais, sendo subdivididas em:

I – Zona Predominantemente Industrial 1 (ZPI-1): áreas destinadas à maior diversificação de usos não residenciais, localizadas na Macrozona de Estruturação e Qualificação Urbana;

II – Zona Predominantemente Industrial 2 (ZPI-2): áreas destinadas à maior diversificação de usos não residenciais compatíveis com as diretrizes dos territórios da Macrozona de Proteção e Recuperação Ambiental e dos Subsetores Noroeste e Fernão Dias do Setor Eixos de Desenvolvimento da Macroárea de Estruturação Metropolitana nos quais se localizam.

Art. 15. As Zonas de Ocupação Especial (ZOE) são porções do território que, por suas características específicas, necessitem de disciplina especial de parcelamento, uso e ocupação do solo.

§ 1º. Os perímetros de ZOE terão parâmetros específicos de parcelamento, uso e ocupação do solo adequados às suas especificidades e definidos por Projeto de Intervenção Urbana, aprovado por decreto, observados os coeficientes de aproveitamento estabelecidos por macroárea conforme Quadro 2A da Lei nº 16.050, de 31 de julho de 2014 – PDE.

§ 2º. Até que sejam regulamentados os projetos previstos no parágrafo anterior, os parâmetros de parcelamento, uso e ocupação do solo serão definidos pela CTLU, observados os coeficientes de aproveitamento estabelecidos por macroárea conforme Quadro 2A da Lei nº 16.050, de 31 de julho de 2014 – PDE.

Capítulo III
DAS ZONAS INTEGRANTES DOS TERRITÓRIOS DE PRESERVAÇÃO

Art. 16. As Zonas Predominantemente Residenciais (ZPR) são porções do território destinadas majoritariamente ao uso residencial, bem como a atividades não residenciais compatíveis com o uso residencial, com densidades construtiva e demográfica baixas.

Art. 17. As Zonas Exclusivamente Residenciais (ZER) são porções do território destinadas ao uso exclusivamente residencial, com densidade demográfica baixa, sendo subdivididas em:

I – Zona Exclusivamente Residencial 1 (ZER-1): áreas destinadas exclusivamente ao uso residencial com predominância de lotes de médio porte;

II – Zona Exclusivamente Residencial 2 (ZER-2): áreas destinadas exclusivamente ao uso residencial com predominância de lotes de pequeno porte;

III – Zona Exclusivamente Residencial Ambiental (ZERa): áreas destinadas exclusivamente ao uso residencial com predominância de lotes de grande porte, localizadas na Macrozona de Proteção e Recuperação Ambiental.

Parágrafo único. Fica proibido o remembramento de lotes da ZER com lotes enquadrados nas demais zonas.

Art. 18. As Zonas de Preservação e Desenvolvimento Sustentável (ZPDS) são porções do território destinadas à conservação da paisagem e à implantação de atividades econômicas compatíveis com a manutenção e recuperação dos serviços ambientais por elas prestados, em especial os relacionados às cadeias produtivas da agricultura, da extração mineral e do turismo, de densidades demográfica e construtiva baixas, sendo subdivididas em:

I – Zona de Preservação e Desenvolvimento Sustentável (ZPDS): zonas localizadas na Zona Urbana;

II – Zona de Preservação e Desenvolvimento Sustentável Rural (ZPDSr): zonas localizadas na Zona Rural.

Art. 19. As Zonas Especiais de Proteção Ambiental (ZEPAM) são porções do território do Município destinadas à preservação e proteção do patrimônio ambiental, que têm como principais atributos remanescentes de Mata Atlântica e outras formações de vegetação nativa, arborização de relevância ambiental, vegetação significativa, alto índice de permeabilidade e existência de nascentes, incluindo os parques urbanos existentes e planejados e os parques naturais planejados, que prestam relevantes serviços ambientais, entre os quais a conservação da biodiversidade, controle de processos erosivos e de inundação, produção de água e regulação microclimática.

§ 1º. Com o objetivo de promover e incentivar a preservação das ocorrências ambientais que caracterizam as áreas demarcadas como ZEPAM, o instrumento do Pagamento por Serviços Ambientais (PSA) poderá ser aplicado nas ZEPAMs localizadas em qualquer Macrozona, segundo as condições estabelecidas nos arts. 158 e seguintes da Lei nº 16.050, de 31 de julho de 2014 – PDE.

§ 2º. Os territórios ocupados por povos indígenas até a entrada em vigor da Lei nº 16.050, de 31 de julho de 2014 – PDE, ficam demarcados como ZEPAM, independentemente de seu reconhecimento como terra indígena nos termos da legislação federal.

Art. 20. As Zonas Especiais de Preservação (ZEP) são porções do território destinadas a parques estaduais considerados unidades de conservação, parques naturais municipais existentes e outras Unidades de Proteção Integral definidas pela legislação federal (Sistema Nacional de Unidades de Conservação da Natureza) existentes e que vierem a ser criadas no Município, tendo por objetivo a preservação dos ecossistemas e permitindo apenas a pesquisa, o ecoturismo e a educação ambiental.

§ 1º. Para fins de emissão de alvarás e licenças de funcionamento em ZEP, deverão ser observadas as disposições estabelecidas no Plano de Manejo de cada Unidade de Conservação.

§ 2º. Na ausência do Plano de Manejo ou quando este não abranger imóvel a ser licenciado ou regularizado ou, ainda, quando o Plano de Manejo não dispuser sobre todos os parâmetros de parcelamento, uso e ocupação do solo, tais parâmetros serão definidos pela CTLU, ouvido o órgão ambiental municipal competente, conforme as peculiaridades de cada ZEP e com observância dos parâmetros estabelecidos nesta Lei para a zona mais restritiva do entorno.

§ 3º. Na hipótese de revisão do perímetro da Unidade de Proteção Integral pelo órgão ambiental competente, o perímetro da ZEP poderá ser alterado por lei específica.

Seção I
Das Zonas Especiais de Preservação Cultural (ZEPEC)

Art. 21. As Zonas Especiais de Preservação Cultural (ZEPEC) são porções do território destinadas à preservação, valorização e salvaguarda dos bens de valor histórico, artístico, arquitetônico, arqueológico e paisagístico, constituintes do patrimônio cultural do Município, podendo se configurar como elementos construídos, edificações e suas respectivas áreas ou lotes, conjuntos arquitetônicos, sítios urbanos ou rurais, sítios arqueológicos, áreas indígenas, espaços públicos, templos religiosos, elementos paisagísticos, conjuntos urbanos, espaços e estruturas que dão suporte ao patrimônio imaterial ou a usos de valor socialmente atribuído.

Parágrafo único. Os imóveis ou áreas que são ou que vierem a ser tombados por legislação municipal, estadual ou federal enquadram-se como ZEPEC.

Art. 22. As ZEPECs classificam-se em 4 (quatro) categorias, definidas nos termos dos incisos I a IV do *caput* do art. 63 da Lei nº 16.050, de 31 de julho de 2014 – PDE, aplicando-se a tais zonas as disposições da Seção V do Capítulo II do Título II da mesma lei.

Art. 23. Ficam indicados como territórios e imóveis a serem estudados para fins do art. 64 da Lei nº 16.050, de 31 de julho de 2014 – PDE, aqueles delimitados no Mapa 2 desta Lei.

Art. 24. Na emissão de novas declarações de potencial construtivo passível de transferência de imóveis enquadrados como ZEPEC, nos termos do art. 125 da Lei nº 16.050, de 31 de julho de 2014 – PDE, serão aplicados os seguintes Fatores de Incentivo (Fi):

I – 1,2 (um inteiro e dois décimos) para imóveis com área de lote de até 500 m² (quinhentos metros quadrados);

II – 1,0 (um inteiro) para imóveis com área de lote superior a 500 m² (quinhentos metros quadrados) até 2.000 m² (dois mil metros quadrados);

III – 0,9 (nove décimos) para imóveis com área de lote superior a 2.000 m² (dois mil metros quadrados) até 5.000 m² (cinco mil metros quadrados);

IV – 0,7 (sete décimos) para imóveis com área de lote superior a 5.000 m² (cinco mil metros quadrados) até 10.000 m² (dez mil metros quadrados);

V – 0,5 (cinco décimos) para imóveis com área de lote superior a 10.000 m² (dez mil metros quadrados) até 20.000 m² (vinte mil metros quadrados);

VI – 0,2 (dois décimos) para imóveis com área de lote superior a 20.000 m² (vinte mil metros quadrados) até 50.000 m² (cinquenta mil metros quadrados);

VII – 0,1 (um décimo) para imóveis com área de lote superior a 50.000 m² (cinquenta mil metros quadrados).

§ 1º. A transferência do direito de construir originada de qualquer imóvel enquadrado como ZEPEC fica condicionada à recuperação e manutenção dos atributos que geraram o seu enquadramento como ZEPEC.

§ 2º. O não atendimento das providências de conservação do imóvel cedente acarretará ao proprietário ou possuidor multa conforme estabelecido no Quadro 5 desta Lei.

§ 3º. A multa será renovada automaticamente a cada 30 (trinta) dias, até que sejam comunicadas pelo proprietário ou possuidor, por escrito, e aceitas pela Municipalidade as providências relativas à conservação do imóvel cedente.

§ 4º. Ato do Executivo regulamentará a aplicação da transferência do direito de construir de imóveis enquadrados como ZEPEC, bem como os órgãos competentes para a análise e deliberação, garantida a manifestação do Conselho Gestor do Fundo de Desenvolvimento Urbano – FUNDURB, quando for o caso.

§ 5º. O valor pecuniário correspondente à totalidade do potencial construtivo transferido no período referente aos últimos 12 (doze) meses em relação às transferências do direito de construir sem doação nos termos do art. 124 da Lei nº 16.050, de 31 de julho de 2014 – PDE, não poderá exceder a 5% (cinco por cento) do valor total arrecadado no FUNDURB no mesmo período, considerando a data do pedido da certidão de transferência de potencial construtivo.

§ 6º. Para fins de aplicação do disposto no parágrafo anterior, o Executivo poderá adotar leilão para a emissão de certidões de transferência de potencial construtivo, cujos procedimentos serão estabelecidos em regulamento específico.

Art. 25. No caso de reformas com ampliação de área construída de imóvel classificado como ZEPEC-BIR em que tenha sido emitida declaração de potencial construtivo passível de transferência nos termos da Lei nº 16.050, de 31 de julho de 2014 – PDE, a área construída acrescida deverá ser descontada do potencial construtivo passível de transferência da referida declaração.

Parágrafo único. Quando o potencial construtivo passível de transferência tiver sido totalmente transferido, fica vedado o aumento de área construída no referido imóvel.

Art. 26. São excluídos do enquadramento como ZEPEC os imóveis que tenham perdido a condição de tombados ou protegidos, sem prejuízo da aplicação do disposto no art. 68 da Lei nº 16.050, de 31 de julho de 2014 – PDE, e demais sanções previstas na legislação específica.

§ 1º. A demolição, destruição proposital ou causada pela não conservação ou descaracterização irreversível do imóvel tombado ou em processo de tombamento acarretará a aplicação das seguintes penalidades:

I – multa, conforme Quadro 5 e legislação específica;

II – a extinção da faculdade de transferência do potencial construtivo e, caso tenha sido realizada, a devolução em dobro e corrigida do valor correspondente ao potencial construtivo transferido referenciado no cadastro de valores da outorga onerosa do direito de construir, conforme Quadro 14 da Lei nº 16.050, de 31 de julho de 2014 – PDE;

III – coeficiente de aproveitamento básico passará a ser igual a 0,1 (um décimo);

IV – o fator de interesse social e o fator de planejamento da outorga onerosa do direito de construir passarão a ter o valor igual a 2 (dois) cada um;

V – impedimento de aplicação de todos os incentivos previstos nesta Lei.

§ 2º. A emissão de autorizações e licenças para novas construções e atividades nos casos previstos no parágrafo anterior dependerá da celebração de Termo de Compromisso de Ajustamento de Conduta Cultural nos termos do art. 173 da Lei nº 16.050, de 31 de julho de 2014 – PDE, e deverá observar as seguintes condições:

I – os usos deverão apresentar finalidade voltada à promoção de atividades culturais, serviços públicos sociais ou habitação de interesse social, atestada pelo órgão municipal de planejamento urbano;

II – deverão ser respeitados todos os parâmetros da zona incidente e as penalidades previstas no parágrafo anterior.

§ 3º. As penalidades deverão ser averbadas nas matrículas dos imóveis objetos da demolição, destruição proposital ou causada pela não conservação ou descaracterização irreversível do imóvel enquadrado como ZEPEC.

Capítulo IV
DAS ÁREAS PÚBLICAS E DO SISTEMA DE ÁREAS PROTEGIDAS, ÁREAS VERDES E ESPAÇOS LIVRES (SAPAVEL)

Art. 27. Para fins de aplicação dos parâmetros estabelecidos nesta Lei, as áreas públicas e as integrantes do Sistema de Áreas Protegidas, Áreas Verdes e Espaços Livres (SAPAVEL) são classificadas nas seguintes categorias:

I – Áreas Verdes Públicas (AVP):

a) AVP-1: áreas verdes implantadas ou não implantadas, que não sejam ocupadas por equipamentos sociais, com exceção de parques enquadrados como ZEPAM e ZEP;

b) AVP-2: áreas verdes ocupadas por equipamentos sociais implantados até a data de publicação desta Lei, com exceção de parques enquadrados como ZEPAM e ZEP;

II – Áreas Livres (AL);

III – Áreas Institucionais e Bens de Uso Especial (AI):

a) AI: Áreas Institucionais e Bens de Uso Especial localizados na Macrozona de Estruturação e Qualificação Urbana;

b) AIa: Áreas Institucionais e Bens de Uso Especial localizados na Macrozona de Proteção e Recuperação Ambiental;

IV – áreas públicas ou privadas ocupadas por:

a) AC-1: clubes esportivos sociais;

b) AC-2: clubes de campo e clubes náuticos.

§ 1º. São consideradas áreas verdes:

I – aquelas assim previstas em parcelamento do solo posterior à Lei nº 9.413, de 30 de dezembro de 1981;

II – os espaços livres que, embora anteriores à Lei nº 9.413, de 30 de dezembro de 1981, tenham sido afetados como áreas verdes públicas;

III – áreas desapropriadas ou doadas que tenham sido afetadas como áreas verdes públicas.

§ 2º. São considerados áreas livres os espaços livres oriundos de parcelamentos do solo que não tenham sido afetados como áreas verdes públicas.

§ 3º. Os trechos dos espaços livres oriundos de parcelamento do solo dos quais trata o parágrafo anterior que constituam fragmentos de Mata Atlântica reconhecidos pelo órgão ambiental competente ou Área de Preservação Permanente nos termos da legislação federal ambiental ficam enquadrados como AVP-1, permanecendo o restante do espaço livre enquadrado como AL.

§ 4º. Lei específica poderá estabelecer nova classificação para as áreas públicas e as integrantes do SAPAVEL.

§ 5º. Nas categorias AI e AIa previstas no inciso III deste artigo poderá ser promovido o serviço de moradia social previsto nos arts. 295 e 296 da Lei nº 16.050, de 31 de julho de 2014 – PDE.

Art. 28. Nas áreas públicas e nas áreas integrantes do SAPAVEL incidem os parâmetros próprios de parcelamento, uso e ocupação do solo estabelecidos nos quadros desta Lei.

§ 1º. Os regramentos estabelecidos para as áreas públicas listadas nos incisos I a IV do *caput* do art. 27 desta Lei serão aplicados independentemente da demarcação das respectivas áreas nos mapas desta Lei, prevalecendo sobre os parâmetros e disposições da zona em que o imóvel se encontrar, à exceção da ZEP, na qual se aplicam as disposições do art. 20 desta Lei, da ZEPAM e da ZEIS-1.

§ 2º. Nas Áreas Livres referidas no inciso II do *caput* do art. 27 desta Lei, aplicam-se os seguintes parâmetros, alternativamente:

I – os previstos para AI, quando destinadas a equipamentos públicos, de acordo com a Macrozona em que se localiza a área;

II – os previstos para AVP-1, quando destinadas à implantação de área verde.

§ 3º. Os parâmetros referentes a AI serão aplicados no licenciamento das edificações destinadas à instalação de serviços e atividades públicas a partir da destinação do terreno a tal finalidade por parte do órgão público competente.

§ 4º. Aos bens dominicais, inclusive às áreas que sejam objeto de desafetação, e às demais áreas públicas e privadas integrantes do SAPAVEL que não se enquadrem nas categorias referidas nos incisos I a IV do *caput* do art. 27 desta Lei, aplicam-se os parâmetros e disposições da zona em que o imóvel se encontra.

§ 5º. É vedada a instalação de equipamentos públicos sociais em parque natural municipal existente, em implantação ou planejado.

§ 6º. Nos parques urbanos e lineares municipais existentes e em implantação previstos na Lei nº 16.050, de 31 de julho de 2014 – PDE, aplicam-se os parâmetros estabelecidos nesta Lei para ZEPAM, podendo ser admitida a instalação de equipamento público social municipal, mediante análise caso a caso e deliberação do órgão municipal ambiental competente, ouvido o Conselho Gestor do respectivo parque ou, na ausência deste, o Conselho Municipal de Meio Ambiente e Desenvolvimento Sustentável (CADES).

§ 7º. Para fins de qualificação ambiental da instalação de equipamentos sociais nas áreas verdes públicas, em complementação ao disposto no art. 304 da Lei nº 16.050, de 31 de julho de 2014 – PDE, ficam definidas as seguintes diretrizes:

I – os fechamentos do lote deverão ser realizados, sempre que possível, por anteparo vertical não vedado, buscando a permeabilidade visual do conjunto;

II – as calçadas confrontantes com a fração da área verde pública ocupada pelo equipamento deverão ter largura mínima de 3 m (três metros) e arborização, quando se tratar de novos empreendimentos ou reforma de equipamentos com ampliação de área construída computável.

Art. 29. Nas áreas ocupadas por clubes extintos ou com termo de concessão terminado ou revogado na vigência da Lei nº 13.885, de 25 de agosto de 2004, ou a partir da entrada em vigor desta Lei, ficam mantidos os parâmetros de uso e ocupação estabelecidos nos Quadros 3, 4, 4A e 4B desta Lei para a categoria em que o clube se enquadrava, independentemente de se tratar de área pública ou privada.

§ 1º. Para os clubes enquadrados em AC-1 e AC-2 os coeficientes de aproveitamento, taxa de ocupação e gabarito de altura máxima estabelecidos no Quadro 3 desta Lei, sem prejuízo do atendimento da taxa de permeabilidade mínima, poderão ser majorados em até 20% (vinte por cento) desde que seja atingido o dobro da pontuação mínima de Quota Ambiental prevista para o imóvel nos termos desta Lei.

§ 2º. Para instalação de equipamentos públicos sociais nas áreas públicas de que trata o *caput* deste artigo, em casos de comprovada necessidade de modificação dos índices estabelecidos no Quadro 3 desta Lei, em função da demanda da região a ser atendida, órgão municipal intersecretarial poderá fixar parâmetros distintos, desde que o uso esteja previsto no Quadro 4 desta Lei e que seja atendida contrapartida ambiental fixada pelo art. 33 desta Lei.

Art. 30. Nas áreas verdes públicas classificadas como AVP-1, aplicam-se as disposições do art. 275 da Lei nº 16.050, de 31 de julho de 2014 – PDE, complementadas pelos parâmetros dos quadros desta Lei.

§ 1º. Para efeito de cálculo de Coeficiente de Aproveitamento (CA), Taxa de Ocupação (TO) e Taxa de Permeabilidade (TP), aplicam-se as definições estabelecidas no Quadro 1 da Lei nº 16.050, de 31 de julho de 2014 – PDE.

§ 2º. Órgão municipal intersecretarial deverá se manifestar quanto à instalação de equipamentos públicos sociais em AVP-1 e poderá fixar parâmetros distintos dos estabelecidos no Quadro 3 desta Lei e no art. 275 da Lei nº 16.050, de 31 de julho de 2014 – PDE, desde que:

I – seja demonstrada a necessidade de modificação dos índices de ocupação pelo órgão público interessado em função da demanda da região;

II – seja comprovada pelo órgão público interessado a inexistência de Áreas Livres (AL) e de Áreas Institucionais (AI) passíveis de ocupação, na área de abrangência de implantação do equipamento pretendido, definida conforme critérios técnicos de localização estabelecidos nas respectivas políticas setoriais;

III – seja atendida a contrapartida ambiental fixada no art. 33 desta Lei.

Art. 31. Nas áreas verdes públicas classificadas como AVP-2, aplicam-se os parâmetros dos quadros desta Lei.

§ 1º. A regularização das edificações existentes que não atendam aos parâmetros estabelecidos no Quadro 3 desta Lei será permitida mediante atendimento de contrapartida ambiental, relativa às áreas edificadas e impermeabilizadas que ultrapassem tais parâmetros, nos termos do art. 33 desta Lei.

§ 2º. Órgão municipal intersecretarial poderá fixar parâmetros distintos dos estabelecidos no Quadro 3 desta Lei para reformas com ampliação de área construída, desde que:

I – seja demonstrada a necessidade de modificação dos parâmetros de ocupação pelo órgão público interessado em função da demanda da região;

II – seja atendida a contrapartida ambiental fixada no art. 33 desta Lei.

Art. 32. Em AVP-1 e AVP-2, as reformas essenciais à segurança e higiene das edificações e a instalação de equipamentos necessários ao funcionamento da atividade não dependerão de atendimento à contrapartida ambiental prevista no art. 33 desta Lei.

Art. 33. A contrapartida ambiental prevista nos arts. 29, 30 e 31 desta Lei poderá ser realizada:

I – prioritariamente por meio da implantação de área verde pública com metragem equivalente à área não permeável ocupada pelo equipamento público social, em área localizada no mesmo distrito ou sub-bacia hidrográfica onde o equipamento será instalado;

II – por meio da implantação de outra área verde pública com metragem equivalente à área não permeável ocupada pelo equipamento público social, localizada na mesma Subprefeitura onde o equipamento será instalado;

III – por meio da qualificação ambiental de área pública municipal já existente localizada na mesma Subprefeitura onde o equipamento público social será instalado, incluindo obrigatoriamente entre as medidas de qualificação ambiental o aumento da permeabilidade em área igual ou superior à área não permeável ocupada pelo equipamento;

IV – por meio da destinação de contrapartida financeira ao Fundo Municipal de Parques, criado pelo art. 289 da Lei nº 16.050, de 31 de julho de 2014 – PDE, proporcional ao valor da fração de terreno correspondente à área não permeável ocupada pelo equipamento público social, calculado com base na Planta Genérica de Valores (PGV), a ser destinado ao parque listado no Quadro 7 da referida lei mais próximo ao equipamento.

§ 1º. O órgão ambiental municipal competente definirá diretrizes para atendimento da contrapartida de que tratam os incisos do *caput* deste artigo.

§ 2º. Até que seja implementado o Fundo Municipal de Parques, a contrapartida financeira de que trata o inciso IV será destinada ao Fundo Especial do Meio Ambiente e Desenvolvimento Sustentável (FEMA).

Art. 34. Poderá ser admitida a execução de passagem aérea ou subterrânea permanente por área pública com a finalidade de conexão entre dois ou mais lotes localizados em quadras distintas.

Parágrafo único. As permissões referidas no *caput* deste artigo serão regulamentadas em decreto, em especial quanto às dimensões das passagens, possíveis interferências com a infraestrutura urbana e situações em que serão permitidas.

TÍTULO III
DO PARCELAMENTO DO SOLO URBANO

Art. 35. A disciplina do parcelamento do solo regula a divisão ou redivisão do solo, objetivando o equilíbrio entre áreas públicas e privadas e seu adequado aproveitamento urbanístico.

Art. 36. Somente será permitido o parcelamento do solo para fins urbanos na zona urbana, definida pela Lei nº 16.050, de 31 de julho de 2014 – PDE.

Art. 37. Não será permitido o parcelamento do solo:

I – em terrenos alagadiços e sujeitos a inundações, antes de tomadas as providências para assegurar o escoamento das águas;

II – em áreas com potencial ou suspeitas de contaminação, em áreas contaminadas e em monitoramento ambiental, sem que haja manifestação favorável do órgão ambiental competente para sua reutilização conforme o uso pretendido;

III – em terrenos com declividade igual ou superior a 30% (trinta por cento), salvo se atendidas as exigências específicas das autoridades competentes;

IV – em terrenos onde a incidência de processos geológico-geotécnicos não aconselhe a edificação;

V – em áreas de preservação ecológica;

VI – em áreas onde a poluição, em suas diversas formas, impeça condições sanitárias suportáveis, até a sua correção.

Capítulo I
DOS REQUISITOS E PARÂMETROS DE PARCELAMENTO DO SOLO

Art. 38. Os parcelamentos deverão atender, pelo menos, aos seguintes requisitos:

I – respeitar as faixas marginais de cursos d'água naturais perenes e intermitentes e as áreas no entorno de lagos e lagoas naturais e de nascentes definidas pela legislação federal, salvo maiores exigências da legislação específica;

II – as vias, quando exigidas, deverão articular-se com as vias adjacentes oficiais, existentes ou projetadas, integrando-se com o sistema viário da região, e harmonizar-se com a topografia local;

III – respeitar as faixas de domínio público das rodovias e ferrovias, sendo reservada uma faixa não edificável de 15 m (quinze metros) de cada lado, salvo exigências mais restritivas definidas em lei específica.

Parágrafo único. Nos novos parcelamentos, será admitida a implantação de sistema viário nas Áreas de Preservação Permanente – APP referidas no inciso I do *caput* deste artigo, desde que a ocupação pelas vias não exceda 20% (vinte por cento) da APP existente na gleba ou lote em questão.

Art. 39. São parâmetros de parcelamento do solo, dentre outros:

I – área e frente mínimas de lote;

II – área e frente máximas de lote;

III – área máxima de quadra;

IV – comprimento máximo da face de quadra;

V – percentual mínimo total de área da gleba ou lote a ser destinada à Municipalidade, bem como percentuais mínimos para sistema viário, área verde e área institucional;

VI – largura mínima de canteiro central, passeio público, via de pedestre, ciclovia e leito carroçável;

VII – declividade máxima das vias.

Art. 40. Os valores dos parâmetros de parcelamento do solo são definidos por zona e por tamanho de lote ou gleba e estão previstos nos Quadros 2, 2A e 2B desta Lei.

Art. 41. A área mínima de lote no território do Município é de 125 m² (cento e vinte e cinco metros quadrados) e a frente mínima é de 5 m (cinco metros), ambas podendo ser maiores de acordo com a zona na qual o lote está inserido.

Art. 42. A área máxima de lote no território da zona urbana do Município é de 20.000 m² (vinte mil metros quadrados) e a frente máxima é de 150 m (cento e cinquenta metros), ambas podendo ser menores de acordo com a zona na qual o lote está inserido.

Parágrafo único. Não estão sujeitos ao atendimento das dimensões máximas estabelecidas no *caput*, no art. 43 e no Quadro 2 desta Lei os seguintes usos:

I – os classificados nos grupos de atividade de serviços públicos sociais;

II – os classificados na subcategoria de uso INFRA;

III – base militar, corpo de bombeiros e similares;

IV – cemitérios;

V – clubes esportivos e clubes de campo;

VI – estádios;

VII – centros de convenções;

VIII – hospitais e estabelecimentos de ensino existentes até a data de publicação desta Lei;

IX – os classificados na subcategoria de uso Ind-2;

X – todos aqueles localizados em ZOE;

XI – os enquadrados na subcategoria de uso serviços de armazenamento e guarda de bens móveis de grande porte, excetuados os estacionamentos de veículos.

Art. 43. A área máxima de quadra no território da zona urbana do Município é de 20.000 m² (vinte mil metros quadrados) e o comprimento máximo da face de quadra é de 300 m (trezentos metros), observados os limites menores estabelecidos para as diferentes zonas.

§ 1º. Nas faces de quadra com comprimento superior a 150 m (cento e cinquenta metros), deverá ser prevista obrigatoriamente via de pedestre a cada 150 m (cento e cinquenta metros).

§ 2º. A critério do Executivo, nos casos de lotes e glebas com declividade superior a 20% (vinte por cento) a via de pedestre prevista no parágrafo anterior poderá ser dispensada, quando esta não conectar pelo menos duas vias.

Art. 44. No caso de edificação a ser construída em lotes ou glebas localizados na zona urbana que, independente de sua origem, tenham área superior a 20.000 m² (vinte mil metros quadrados), será obrigatória a destinação de área pública nos termos do art. 45 e do Quadro 2 desta Lei.

§ 1º. Aplica-se o disposto neste artigo no caso de reforma de edificação com ampliação de mais de 50% (cinquenta por cento) da área construída total existente, com ou sem mudança de uso.

§ 2º. Nos casos de lotes ou glebas com área superior a 40.000 m² (quarenta mil metros quadrados), deverá ser adotado o parcelamento do solo na modalidade loteamento.

§ 3º. Ficam isentos da destinação de área pública os lotes resultantes de parcelamento do solo que já tenham destinado área pública nos termos previstos nesta Lei e durante a sua vigência.

Art. 45. Da área total do lote ou gleba objeto de parcelamento deverá ser destinado percentual mínimo para a Municipalidade para a implantação de área verde pública, área institucional e sistema viário, bem como percentual mínimo de área sem afetação previamente definida, de acordo com os percentuais previstos no Quadro 2 desta Lei.

§ 1º. As áreas sem afetação previamente definida serão destinadas a uma das finalidades referidas no *caput* deste artigo, conforme definição do órgão municipal competente em razão das carências e necessidades da região onde o lote ou gleba está localizado.

§ 2º. Os critérios para definição da finalidade urbanística a que se refere o § 1º deste artigo serão estabelecidos em decreto.

§ 3º. Em loteamentos para EHIS os percentuais de destinação de área pública serão estabelecidos em decreto, sendo que para áreas a serem parceladas maiores que 40.000 m² (quarenta mil metros quadrados) ou para empreendimentos com mais de 1.000 (mil) unidades poderão ser aplicadas as regras definidas nesta Lei, a critério de comissão intersecretarial competente.

§ 4º. Nas áreas institucionais de que trata o *caput* poderá ser promovido o serviço de moradia social previsto nos arts. 295 e 296 da Lei nº 16.050, de 31 de julho de 2014 – PDE.

§ 5º. Não estão sujeitos à obrigação prevista no *caput* os seguintes usos:

I – os classificados nos grupos de atividade de serviços públicos sociais;

II – os classificados na subcategoria de uso INFRA;

III – base militar, corpo de bombeiros e similares;

IV – cemitérios;

V – clubes esportivos e clubes de campo;

VI – estádios existentes até a data de publicação desta Lei;

VII – hospitais existentes até a data de publicação desta Lei;

VIII – os classificados na subcategoria de uso Ind-2;

IX – os enquadrados na subcategoria de uso serviços de armazenamento e guarda de bens móveis de grande porte, excetuados os estacionamentos de veículos.

§ 6º. A mudança de uso para atividade não relacionada no § 5º deste artigo implicará na obrigatoriedade de parcelamento do solo e destinação de área pública nos termos desta Lei.

Art. 46. As áreas verdes deverão atender às seguintes disposições:

I – a localização de pelo menos 50% (cinquenta por cento) do percentual exigido para áreas verdes será definida pela Prefeitura ouvido o órgão ambiental competente, devendo tal espaço:

a) ser delimitado em um só perímetro e em parcelas de terreno que, por sua configuração topográfica, não apresentem declividade superior a 30% (trinta por cento);

b) ter frente mínima de 10 m (dez metros) para a via oficial de circulação;

c) ter relação entre a frente e a profundidade da área verde de no máximo 1/3 (um terço);

II – a localização do restante da área exigida para áreas verdes ficará a cargo do interessado e só será computado como área verde quando nela puder ser inscrito um círculo com raio de 10 m (dez metros), podendo ser localizado em parcelas de terreno que apresentem declividade superior a 30% (trinta por cento).

Art. 47. Os percentuais referentes à área institucional poderão ser destinados, a critério do órgão municipal competente e atendendo às disposições fixadas em decreto, em área de terreno, área construída ou ambas combinadas, devendo atender às seguintes exigências:

I – estar situadas junto a uma via oficial de circulação de veículos e preferencialmente contidas em um único perímetro;

II – ter frente mínima de 10 m (dez metros) para a via oficial de circulação;

III – ter relação de no máximo 1/3 (um terço) entre a frente e qualquer de suas demais faces;

IV – estar situadas em área com declividade de até 15% (quinze por cento).

§ 1º. Quando a destinação de área institucional ocorrer em área construída, esta não poderá exceder 50% (cinquenta por cento) da porcentagem mínima de área institucional prevista no Quadro 2 desta Lei, conforme regulamento específico.

§ 2º. Para fins de aplicação do disposto no inciso IV, poderá ser admitida declividade superior a 15% (quinze por cento) ouvido o órgão público municipal responsável pela utilização da área, na ocasião da definição das diretrizes.

Art. 48. Os loteamentos serão entregues com infraestrutura urbana implantada, constituída pelos equipamentos de escoamento das águas pluviais, iluminação pública, esgotamento sanitário, abastecimento de água potável, energia elétrica pública e domiciliar e sistema viário, incluindo ciclovias, vias de pedestre e as calçadas.

§ 1º. O sistema de escoamento de águas pluviais deve comportar equipamentos de retenção ou infiltração e de dissipação de energia, de modo a atenuar os picos de cheias, favorecer a recarga das águas subterrâneas e prevenir a instalação de processos erosivos.

§ 2º. O sistema de distribuição de energia elétrica deve ser implantado por meio de dutos enterrados.

§ 3º. As calçadas devem ser implantadas concomitantemente às vias de circulação, devendo ainda:

I – propiciar condições adequadas de acessibilidade;

II – ter no mínimo 30% (trinta por cento) de sua superfície formada por elementos permeáveis;

III – ter arborização implantada, obedecendo, para o plantio, o espaçamento mínimo e a especificação das espécies arbóreas definidos nas normas editadas pelo órgão ambiental competente.

Capítulo II
DAS MODALIDADES DE PARCELAMENTO DO SOLO

Art. 49. São modalidades de parcelamento do solo:

I – loteamento;

II – desmembramento;

III – remembramento;

IV – reparcelamento;

V – Parcelamento de Interesse Social (PIS).

§ 1º. Considera-se remembramento o reagrupamento de lotes para edificar, até o limite das dimensões máximas estabelecidas no Quadro 2A desta Lei, desde que a operação não interfira com o sistema viário existente, nem imponha qualquer outra modificação nos logradouros já existentes.

§ 2º. Considera-se reparcelamento do solo o reagrupamento de lotes ou glebas e sua posterior divisão em novos lotes com dimensões, localização ou configuração distintos da situação original.

§ 3º. O reparcelamento observará as disposições desta Lei relativas ao parcelamento.

§ 4º. Os projetos de reparcelamento poderão envolver conjunto de lotes ou glebas que, somados, atinjam dimensões máximas superiores àquelas estabelecidas no Quadro 2A desta Lei, desde que os lotes resultantes do reparcelamento respeitem as dimensões estabelecidas no referido quadro.

§ 5º. No caso de parcelamento do solo para fins de HIS e HMP, os parâmetros e regras a serem observados serão:

I – no EHIS aqueles definidos em decreto;

II – no EHMP as disposições estabelecidas nesta Lei.

Art. 50. Fica permitida a aprovação e execução conjunta dos projetos de parcelamento e edificação, nos termos a serem definidos em decreto.

§ 1º. Para a hipótese prevista no *caput* deste artigo fica permitido que o percentual mínimo de destinação de área verde previsto no Quadro 2 desta Lei seja reduzido em até 50% (cinquenta por cento), desde que instituída a fruição pública na área correspondente e obedecidos todos os requisitos estabelecidos nos incisos I a III do art. 88 desta Lei.

§ 2º. Para a hipótese prevista no § 1º deste artigo aplicam-se as contrapartidas e incentivos à ocupação estabelecidos nos arts. 87 e 88 desta Lei.

Art. 51. O parcelamento do solo, nas modalidades de loteamento, desmembramento e reparcelamento, será precedido de fixação de diretrizes, pelo órgão municipal competente, a pedido do interessado, conforme documentação a ser regulamentada em decreto, que permita a adequada caracterização registrária e planimétrico-cadastral da área a ser parcelada.

Parágrafo único. Fica dispensada a emissão de diretrizes prevista no *caput* quando se tratar de parcelamento onde não haja obrigação de destinação de área pública nos termos desta Lei.

Art. 52. O projeto de parcelamento do solo nas modalidades de loteamento, desmembramento e reparcelamento, submetido pelo interessado à aprovação do órgão municipal competente, deverá obedecer às diretrizes expedidas e à regulamentação própria.

§ 1º. As diretrizes expedidas vigorarão pelo prazo máximo de 1 (um) ano.

§ 2º. Na apreciação dos projetos de parcelamento do solo em áreas revestidas, total ou parcialmente, por vegetação de porte arbóreo, órgão ambiental competente deverá emitir parecer técnico sobre:

I – o enquadramento da área em uma ou mais das hipóteses definidas pela legislação específica de proteção à vegetação;

II – a escolha da localização da área destinada às áreas verdes exigidas no inciso I do *caput* do art. 46 desta Lei;

III – a melhor alternativa para mínima destruição da vegetação de porte arbóreo.

Art. 53. A aprovação e a execução de projeto de parcelamento do solo, nas modalidades de loteamento e reparcelamento com abertura de via, obedecerá a uma das seguintes sistemáticas:

I – com prévia execução das obras:

a) atendidas pelo projeto todas as disposições legais, o projeto será aprovado e será expedida uma autorização para execução das obras;

b) a autorização para execução das obras não dá direito ao registro do loteamento no Cartório de Registro de Imóveis;

c) a autorização para execução das obras é válida por 3 (três) anos, contados a partir da data de sua expedição pelo órgão competente, podendo ser prorrogada por mais 1 (um) ano, quando solicitado em tempo hábil ao órgão competente;

d) após a execução de todas as obras a que se refere a autorização prevista na alínea "a" deste inciso, deverá ser solicitada ao órgão competente a respectiva vistoria;

e) após a vistoria e aceitas as obras, a Prefeitura, através do órgão competente, expedirá termo de verificação e execução das obras e respectiva licença para registro do loteamento no Cartório de Registro de Imóveis;

II – com cronograma e instrumento de garantia:

a) atendidas pelo projeto as disposições legais, será expedida, pelo órgão competente da Prefeitura, aprovação do cronograma físico-financeiro das obras a executar;

b) para garantia da perfeita execução das obras constantes do projeto, memoriais e cronograma físico-financeiro aprovados, o loteador deverá alternativamente:

1. efetuar caução em dinheiro, título da dívida pública municipal ou fiança bancária, no valor a ser estipulado pela Prefeitura, em decreto;

2. vincular à Prefeitura 50% (cinquenta por cento) da área total dos lotes, mediante instrumento público;

c) os procedimentos administrativos para efetivação das garantias previstas serão definidos por ato do Executivo;

d) de posse do cronograma físico-financeiro aprovado, do instrumento de garantia de execução das obras e dos demais documentos exigidos por lei, será emitido o alvará para fins de execução de obras e registro no Cartório de Registro de Imóveis e o loteador terá até 180 (cento e oitenta) dias para submeter o loteamento ao Registro Imobiliário;

e) somente após o registro do loteamento, o loteador poderá dar início às obras;

f) executadas, vistoriadas e aceitas as obras do loteamento, a Prefeitura expedirá termo de verificação e execução das obras e documento liberando o loteador da modalidade de garantia prestada;

g) o prazo de validade do cronograma físico-financeiro e do instrumento de garantia é de 4 (quatro) anos, contados da data de sua aprovação e de sua constituição, respectivamente;

h) após o decurso do prazo a que se refere a alínea "g" deste inciso, caso as obras não estejam concluídas, o interessado perderá o direito à devolução da garantia prestada.

§ 1º. Deverá constar dos modelos de contrato-padrão a serem arquivados no Cartório de Registro de Imóveis a existência de termo de garantia e cronograma físico-financeiro das obras a executar.

§ 2º. O prazo para a realização da vistoria referida na alínea "d" do inciso I e na alínea "f" do inciso II, ambos do *caput* deste artigo, será de 60 (sessenta) dias, após o qual o requerente poderá solicitar às instâncias superiores a apreciação e solução do pedido, sendo que o prazo para a manifestação de cada instância é de, no máximo, 30 (trinta) dias.

§ 3º. O disposto nas alíneas "b" e "c" do inciso I deste artigo deverá constar obrigatoriamente da autorização para execução das obras.

Art. 54. Qualquer modificação no projeto ou na execução de parcelamento do solo, nas modalidades de loteamento e desmembramento, deverá ser submetida à aprovação da Prefeitura, a pedido do interessado, conforme documentação a ser definida em decreto.

Parágrafo único. Nos pedidos de modificações em loteamentos registrados, deverá ser comprovada a anuência de todos os adquirentes existentes dentro da área a ser modificada, a menos que haja regra explícita no título de aquisição que afaste a necessidade de tal anuência.

Art. 55. A implantação do loteamento poderá ser realizada em etapas, com a expedição do respectivo termo de verificação e execução parcial das obras.

TÍTULO IV
DA OCUPAÇÃO DO SOLO

Capítulo I
DOS PARÂMETROS DE OCUPAÇÃO DO SOLO

Art. 56. São parâmetros de ocupação do solo, dentre outros:

I – coeficiente de aproveitamento (CA), dividido em:

a) coeficiente de aproveitamento mínimo (CAmin);

b) coeficiente de aproveitamento básico (CAbas);

c) coeficiente de aproveitamento máximo (CAmax);

II – taxa de ocupação (TO);

III – gabarito de altura máxima (GAB);

IV – recuos mínimos;

V – cota-parte máxima de terreno por unidade (CPmax);

VI – cota-parte mínima de terreno por unidade (CPmin);

VII – taxa de permeabilidade (TP);

VIII – quota ambiental (QA).

Art. 57. São parâmetros qualificadores da ocupação, de modo a promover melhor relação e proporção entre espaços públicos e privados:

I – fruição pública;

II – fachada ativa;

III – limite de vedação do lote;

IV – destinação de área para alargamento do passeio público.

Art. 58. Os parâmetros de ocupação do solo são definidos por zona e constam nos Quadros 3, 3A e 3B desta Lei.

Art. 59. Nas ZER-1, ZER-2, ZERa, ZCOR-1, ZCOR-2, ZCOR-3, ZCORa e ZPR, as restrições convencionais de loteamentos aprovadas pela Prefeitura, estabelecidas em instrumento público registrado no Cartório de Registro de Imóveis, referentes a dimensionamento de lotes, recuos, taxa de ocupação, coeficiente de aproveitamento, altura e número de pavimentos das edificações, deverão ser atendidas quando mais restritivas que as disposições desta Lei.

§ 1º. Os usos permitidos nos loteamentos referidos no *caput* deste artigo serão aqueles definidos por esta Lei para as respectivas zonas.

§ 2º. A alteração das restrições convencionais dos loteamentos deverá atender às seguintes condições:

I – realização de acordo entre o loteador e os proprietários dos lotes atingidos pela alteração;

II – emissão de parecer técnico favorável da CTLU;

III – anuência expressa do Executivo.

§ 3º. A exigência constante no inciso I do § 2º deste artigo poderá ser suprida por acordo entre os proprietários dos lotes atingidos pela alteração, nos casos de encerramento de atividades da empresa loteadora ou de sua inércia quando legalmente notificada sobre a necessidade de manifestar-se a respeito do acordo, desde que haja a anuência de 2/3 (dois terços) dos proprietários do loteamento atingido.

Art. 60. O gabarito de altura máxima (GAB) da edificação será o definido no Quadro 3 desta Lei, exceto:

I – nos imóveis inseridos no perímetro da Operação Urbana Centro, que deverão respeitar as disposições da Lei nº 12.349, de 6 de junho de 1997, e as alterações que vierem a sucedê-la;

II – nas quadras nas quais em mais de 50% (cinquenta por cento) da área dos lotes as edificações existentes já tenham ultrapassado os limites previstos no referido quadro.

§ 1º. Serão consideradas, para fins de aplicação da exceção prevista no inciso II deste artigo, as áreas dos lotes com edificações existentes com gabarito maior que o disposto nesta Lei.

§ 2º. Nos casos dos terrenos que contenham total ou parcialmente declive ou aclive acima de 30% (trinta por cento) identificado no mapa digital oficial do município ou em levantamento topográfico atualizado e atestado por profissional habilitado, a edificação deverá obedecer ao gabarito de altura máxima de 28 m (vinte e oito metros).

Art. 61. Para fins do disposto nesta Lei, o nível do pavimento térreo não poderá exceder a cota de 1 m (um metro) acima do nível médio entre as cotas das extremidades da testada do lote, quando o desnível da testada for menor ou igual a 2 m (dois metros).

§ 1º. Quando o desnível na testada do lote for superior a 2 m (dois metros), o piso do pavimento térreo poderá estar situado em qualquer cota intermediária entre os níveis mais elevado e mais baixo.

§ 2º. O disposto no § 1º deste artigo também será aplicado aos casos de desníveis superiores a 2 m (dois metros) em relação à profundidade do lote.

§ 3º. Nos casos de terrenos com declive ou aclive superior a 50% (cinquenta por cento) em relação ao logradouro ou aos imóveis contíguos, o nível do pavimento térreo será definido caso a caso por comissão intersecretarial.

§ 4º. A comissão intersecretarial referida no § 3º deste artigo, também apreciará, para os fins de definição do pavimento térreo, os casos que se enquadrem nas seguintes hipóteses:

I – áreas sujeitas a alagamento;

II – restrição à construção de subsolo em terrenos contaminados e, quando exigido por órgão ambiental competente;

III – lençol freático em níveis próximos ao perfil do terreno.

Art. 62. São consideradas áreas não computáveis:

I – nas ZEU, ZEUa, ZEUP, ZEUPa, ZEM e ZEMP, as áreas cobertas, em qualquer pavimento, ocupadas por circulação, manobra e estacionamento de veículos, desde que o número de vagas, exceto as especiais, motocicletas e bicicletas, não ultrapasse:

a) nos usos residenciais, 1 (uma) vaga por unidade habitacional, desde que observada a cota de garagem máxima igual a 32 m² (trinta e dois metros quadrados) por vaga;

b) nos usos não residenciais, 1 (uma) vaga para cada 70 m² (setenta metros quadrados) de área construída computável, excluídas as áreas ocupadas por circulação, manobra e estacionamento de veículos, desprezadas as frações, desde que observada a cota de garagem máxima igual a 32 m² (trinta e dois metros quadrados) por vaga;

II – nos edifícios-garagem situados nas áreas referidas no § 1º do art. 126 desta Lei, as áreas cobertas, em qualquer pavimento, ocupadas por circulação, manobra e estacionamento de veículos, respeitado o limite estabelecido no § 2º deste artigo;

III – nas zonas não referidas no inciso I do *caput* deste artigo, as áreas cobertas, em qualquer pavimento, ocupadas por circulação, manobra e estacionamento de veículos;

IV – as áreas ocupadas por vagas especiais destinadas a pessoas com deficiência ou mobilidade reduzida e idosos, vagas de motocicletas, vagas de bicicletas e vagas para carga e descarga, até o limite mínimo exigido pelo Quadro 4A desta Lei;

V – as áreas cobertas nos usos residenciais, em qualquer pavimento, destinadas às áreas comuns de circulação, incluindo a circulação vertical, limitada a 20% (vinte por cento) da área coberta do pavimento, exceto nas ZEU, ZEUa, ZEUP, ZEUPa, ZEM e ZEMP;

VI – as áreas não computáveis previstas na legislação edilícia;

VII – as áreas construídas no nível da rua com fachada ativa mínima de 25% (vinte e cinco por cento) em cada uma das testadas e de no mínimo 3 m (três metros) de extensão, destinadas a usos classificados na categoria não residencial que sejam permitidos nas respectivas zonas, até o limite de:

a) 50% (cinquenta por cento) da área do lote nas ZEU, ZEUa, ZEUP, ZEUPa, ZEM, ZEMP, ZC e ZCa;

b) 20% (vinte por cento) da área do lote nas demais zonas;

VIII – nos lotes localizados nas ZEU, ZEUa, ZEUP, ZEUPa, ZEM, ZEMP, ZC e ZCa, a área destinada aos usos não residenciais, até o limite de 20% (vinte por cento) da área construída computável total nos empreendimentos de uso misto com fachada ativa;

IX – as áreas cobertas, em qualquer pavimento, ocupadas por circulação, manobra e estacionamento de veículos, na proporção de 1 (uma) vaga de estacionamento para cada 70 m² (setenta metros quadrados) de área construída não computável incentivada nos termos do inciso VII do *caput* deste artigo, desde que observada a cota de garagem máxima igual a 32 m² (trinta e dois metros quadrados) por vaga;

X – a área destinada aos usos não residenciais, até o limite de 20% (vinte por cento) da área construída computável total nos EHIS;

XI – a área incentivada da quota ambiental, conforme o § 3º do art. 82 desta Lei;

XII – a área destinada às HIS, proveniente da aplicação da cota de solidariedade, conforme previsto no § 1º do art. 112 da Lei nº 16.050, de 31 de julho de 2014 – PDE;

XIII – as áreas consideradas não computáveis nos termos do § 2º do art. 67 da Lei nº 16.050, de 31 de julho de 2014 – PDE;

XIV – as áreas destinadas às atividades operacionais do sistema de transporte público coletivo, nos termos do § 1º art. 90 desta Lei;

XV – as áreas ocupadas por vestiário de usuários de bicicletas;

XVI – nos lotes com área de até 250 m² (duzentos e cinquenta metros quadrados) localizados na Macroárea de Redução da Vulnerabilidade e na Macroárea de Redução da Vulnerabilidade Urbana e Recuperação Ambiental conforme Mapa 2 da Lei nº 16.050, de 31 de julho de 2014 – PDE, até 50% (cinquenta por cento) da área construída computável total.

§ 1º. Para efeito de cálculo das áreas não computáveis previstas no inciso I do *caput* deste artigo, em edifícios de uso misto que tenham usos residenciais e não residenciais envolvendo uma ou mais subcategorias de uso não residenciais e em edifícios não residenciais envolvendo mais de uma subcategoria de uso não residencial, deverá ser considerada a área construída utilizada para cada subcategoria de uso.

§ 2º. A somatória das áreas construídas não computáveis referidas nos incisos I a VI do *caput* deste artigo fica limitada a 59% (cinquenta e nove por cento) do valor correspondente à área construída total da edificação, excluídas as áreas não computáveis previstas nos incisos VII a XVI.

§ 3º. Para fins de aplicação do disposto no inciso VII, poderão ser consideradas áreas construídas no pavimento imediatamente superior ou inferior de acesso direto ao logradouro, desde que façam parte do mesmo compartimento edificado.

Art. 63. A taxa de ocupação (TO) máxima do lote não será aplicada à parte dos subsolos utilizados para estacionamento de veículos.

Art. 64. Nas quadras que contenham vilas ou via sem saída com largura inferior a 10 m (dez metros), aplicam-se as seguintes disposições:

I – na faixa envoltória da vila ou via sem saída deverá ser observado o gabarito de altura máxima de 28 m (vinte e oito metros) nas ZEU, ZEUP, ZEM e

ZEMP e de 15 m (quinze metros) nas demais zonas, quando o gabarito definido para a zona não for mais restritivo;

II – os lotes pertencentes à vila não poderão ser remembrados a lotes que não pertençam à vila;

III – será admitida a instalação dos usos e atividades permitidos na zona em que se situam os imóveis.

Parágrafo único. A faixa envoltória a que se refere o inciso I do *caput* deste artigo será:

I – no caso de vila, de 20 m (vinte metros), medidos a partir do perímetro externo dos lotes;

II – no caso de rua sem saída, de 20 m (vinte metros), medidos a partir dos alinhamentos da rua sem saída.

Art. 65. São recuos mínimos da edificação em relação ao perímetro do lote:

I – recuo de frente;

II – recuos laterais;

III – recuo de fundo.

Art. 66. Os recuos laterais e de fundo ficam dispensados:

I – quando a altura da edificação for menor ou igual a 10 m (dez metros) medida em relação ao perfil natural do terreno, conforme base georreferenciada cadastral oficial do Município, exceto em ZDE-2, ZPI-1 e ZPI-2;

II – quando o lote vizinho apresentar edificação encostada na divisa do lote, conforme análise caso a caso pelo órgão técnico competente, exceto em ZDE-2, ZPI-1 e ZPI-2;

III – em terrenos que tenham declividade com área igual ou menor a 250 m² (duzentos e cinquenta metros quadrados) ou frente menor ou igual que 10 m (dez metros).

Parágrafo único. Para aplicação do disposto no inciso II do *caput* deste artigo, será considerada a situação fática das edificações.

Art. 67. Em ZEU, ZEUa, ZEUP, ZEUPa, ZEM, ZEMP, ZC, ZCa, ZM e ZEIS, os passeios públicos deverão ter a largura mínima de 5 m (cinco metros), observado que:

I – nas ZEU, ZEUa, ZEUP, ZEUPa, ZEM e ZEMP, o alargamento do passeio público será obrigatório;

II – nas ZC e ZCa, o alargamento do passeio público será obrigatório para lotes maiores que 2.500 m² (dois mil e quinhentos metros quadrados) e facultativo para os menores.

§ 1º. Nos casos em que o passeio público já apresente largura de 5 m (cinco metros) ou quando ocorrer a doação da faixa necessária para seu alargamento, o recuo de frente ficará dispensado.

§ 2º. Os potenciais construtivos básico e máximo do remanescente do lote serão calculados em função de sua área original e não será cobrada outorga onerosa relativa ao potencial construtivo adicional previsto para a área transferida à Municipalidade.

§ 3º. A obrigatoriedade estabelecida nos incisos I e II do *caput* deste artigo aplica-se somente às edificações novas e reformas que envolverem a ampliação de mais de 50% (cinquenta por cento) da área construída total.

§ 4º. A doação prevista no *caput* deste artigo deverá preceder a emissão do alvará de execução da edificação.

§ 5º. Reforma de edificação existente em lotes com área menor que 500 m² (quinhentos metros quadrados) fica dispensada da doação prevista no *caput* em ZEU, ZEUa, ZEUP, ZEUPa, ZEM e ZEMP.

Art. 68. As construções em subsolo, inclusive as áreas ocupadas por circulação, manobra e estacionamento de veículos, quando aflorarem mais de 6 m (seis metros) em relação ao perfil natural do terreno, conforme base georreferenciada cadastral oficial do Município, deverão observar, no trecho do afloramento, os recuos laterais e de fundos obrigatórios definidos no Quadro 3 desta Lei.

Parágrafo único. Na hipótese prevista no *caput* deste artigo, o gabarito de altura máxima será computado a partir da altura de 6 (seis) metros do perfil natural do terreno.

Art. 69. Não será exigido recuo mínimo de frente quando, no mínimo, 50% (cinquenta por cento) da face de quadra em que se situa o imóvel esteja ocupada por edificações no alinhamento do logradouro, conforme base georreferenciada cadastral oficial do Município, não se aplicando a exigência de doação para alargamento do passeio público prevista no inciso II do *caput* do art. 67 desta Lei.

Art. 70. A área de fruição pública:

I – não poderá ser fechada à circulação de pedestres por nenhum objeto de vedação, temporário ou permanente, podendo ter controle de acesso no período noturno;

II – deverá ter largura mínima de 4 m (quatro metros), tratamento paisagístico que atenda às normas técnicas pertinentes à acessibilidade universal e, nas áreas de circulação de público, adotar o mesmo tipo de pavimentação da calçada diante do lote.

Art. 71. A fachada ativa, ocupada por uso não residencial (nR) localizada no nível do logradouro, deverá:

I – estar contida na faixa de 5 m (cinco metros) a partir do alinhamento do lote, medida em projeção ortogonal da extensão horizontal;

II – ter aberturas para o logradouro público, tais como portas, janelas e vitrines, com permeabilidade visual, com no mínimo 1 (um) acesso direto ao logradouro a cada 20 m (vinte metros) de testada, a fim de evitar a formação de planos fechados sem permeabilidade visual na interface entre as construções e o logradouro, de modo a dinamizar o passeio público.

§ 1º. O recuo entre a fachada ativa e o logradouro público deve estar fisicamente integrado ao passeio público, com acesso irrestrito, não podendo ser vedado com muros ou grades ao longo de toda a sua extensão, nem ser ocupado por vagas de garagem ou usado para manobra de veículos, carga e descarga e embarque e desembarque de passageiros.

§ 2º. Nas vias que não possuam faixa exclusiva ou corredores de ônibus, o recuo entre a fachada ativa e o logradouro público poderá abrigar excepcionalmente vagas de estacionamento de automóveis desde que limitado a no máximo 20% (vinte por cento) da testada do imóvel e autorizado por órgão competente de trânsito.

Art. 72. Nos terrenos sujeitos a recalques e problemas geotécnicos, as obras subterrâneas executadas a partir da vigência desta Lei, incluindo o subsolo de edifícios, deverão ser executadas mediante métodos de engenharia que evitem o rebaixamento do nível d'água.

Parágrafo único. O disposto no *caput* será regulamentado em decreto.

Art. 73. Na subcategoria de uso R2h, aplicam-se os seguintes valores de cota-parte mínima de terreno por unidade:

I – igual à área do lote mínimo exigido para a zona de uso, para ZCa, ZCOR,

ZCORa, ZMa, ZMISa, ZPR, ZER, ZERa, ZPDS, ZPDSr e ZEPAM;

II – 62,50 m² (sessenta e dois metros e cinquenta centímetros quadrados), para as demais zonas de uso onde a referida subcategoria de uso é permitida.

Parágrafo único. Parâmetros específicos para a instalação da subcategoria de uso R2h serão dados em regulamento específico.

Art. 74. A quota ambiental (QA) corresponde a um conjunto de regras de ocupação dos lotes objetivando qualificá-los ambientalmente, tendo como referência uma medida da eficácia ambiental para cada lote, expressa por um índice que agrega os indicadores Cobertura Vegetal (V) e Drenagem (D).

Parágrafo único. Para fins de aplicação da QA, fica o território do Município de São Paulo dividido em Perímetros de Qualificação Ambiental, que expressam a situação ambiental e o potencial de transformação de cada perímetro, conforme Mapa 3 desta Lei.

Art. 75. A QA é calculada pela seguinte equação:

QA = V^(alfa) x D^(beta)

sendo:

V: indicador Cobertura Vegetal, calculado a partir do Quadro 3B desta Lei;

D: indicador Drenagem, calculado a partir do Quadro 3B desta Lei;

^: elevado a;

alfa e beta: fatores de ponderação, definidos no Quadro 3A desta Lei.

Parágrafo único. O Executivo disponibilizará em seu sítio na internet planilha eletrônica para auxiliar os cálculos relativos à QA a partir do Quadro 3B desta Lei.

Art. 76. Nos processos de licenciamento de edificações novas ou de reformas com alteração de área construída superior a 20% (vinte por cento), será exigida uma pontuação mínima de QA, em função da localização e tamanho do lote, conforme Quadro 3A e Mapa 3, ambos desta Lei.

§ 1º. Para atingir a pontuação mínima mencionada no *caput* deste artigo, poderão ser utilizadas as soluções construtivas e paisagísticas que compõem os indicadores Cobertura Vegetal (V) e Drenagem (D) e seus respectivos parâmetros de cálculo FV e FD, descritos no Quadro 3B desta Lei.

§ 2º. Os lotes com área total menor ou igual a 500 m² (quinhentos metros quadrados) estão isentos de aplicação da QA, ressalvados os casos de lote originário de desmembramento ou desdobro, realizado após a vigência desta Lei, em que o lote original tenha área superior à mínima exigida.

§ 3º. Os imóveis inseridos no perímetro da Operação Urbana Centro, cuja taxa de ocupação existente e regular seja superior a 0,7 (sete décimos), ficam dispensados da aplicação da QA.

§ 4º. Na Macroárea de Contenção Urbana e Uso Sustentável e na Macroárea de Preservação dos Ecossistemas Naturais, agrupadas no Perímetro de Qualificação Ambiental – PA13, não se aplicam as disposições referentes à QA.

§ 5º. O atendimento da QA poderá ocorrer na parcela do lote destinada à fruição pública, desde que não se impeça a circulação de pessoas.

§ 6º. A emissão de novas licenças de funcionamento para a atividade estacionamento dos grupos de atividades serviços de armazenamento e guarda de bens móveis em terrenos com área total maior que 500 m² (quinhentos metros quadrados) fica condicionada ao atendimento da QA.

§ 7º. Não se aplica a QA nos casos de emissão de novas licenças de funcionamento em estacionamentos localizados no subsolo.

Art. 77. Nos casos de imóveis onde incide Termo de Compromisso Ambiental – TCA, firmado entre o órgão ambiental competente e pessoas físicas ou jurídicas, resultante de autorização prévia de manejo de espécies arbóreas, palmeiras e coqueiros, será aplicado aos indivíduos arbóreos plantados como contrapartida do TCA fator redutor de 0,50 ao Fator de eficácia ambiental do indicador cobertura vegetal – FV, conforme Quadro 3B desta Lei.

Art. 78. Nos casos de imóveis onde incide Termo de Compromisso de Ajustamento de Conduta Ambiental – TAC, firmado entre o órgão ambiental competente e pessoas físicas ou jurídicas, responsáveis por danos ambientais relativos ao manejo não autorizado de espécies arbóreas, palmeiras e coqueiros, os indivíduos arbóreos plantados como obrigações impostas pelo TAC não poderão ser contabilizados para o cálculo da QA.

Art. 79. Nos lotes com área total superior a 500 m² (quinhentos metros quadrados), nos quais incidem as disposições da QA, é obrigatória a instalação de reservação de controle de escoamento superficial com volume mínimo previsto no Quadro 3B desta Lei e no § 2º deste artigo, independentemente da adoção de outros mecanismos de controle do escoamento superficial que impliquem reservação e/ou infiltração e/ou percolação.

§ 1º. Nos lotes com área superior a 500 m² (quinhentos metros quadrados), as condições de dimensionamento, construção, operação e manutenção do lote, em especial das suas estruturas hidráulicas, deverão ser tais que, em ocorrendo chuvas de qualquer duração associadas ao período de retorno de 10 (dez) anos, a vazão de saída do lote em nenhum momento supere a vazão determinada pela seguinte equação:

Qmax = {A x 11 [0,38 + (Dp-0,38) x (1-D)]}/10000

sendo:

Qmax: vazão máxima, em l/s (litros por segundo);

A: área do lote, em m² (metros quadrados);

Dp: indicador parcial obtido no cálculo do Quadro 3B desta Lei;

D: indicador Drenagem obtido no cálculo do Quadro 3B desta Lei, adimensional.

§ 2º. Mesmo que atendida a pontuação mínima da QA, o volume de reservação de controle do escoamento superficial a que se refere o *caput* deste artigo não poderá ser inferior a 6,3l (seis litros e três decilitros) por m² (metro quadrado) de área total do lote.

§ 3º. É facultada, nos termos a serem regulamentados pelo Executivo, a utilização de dispositivos não convencionais de abatimento do pico de vazão de saída do lote.

§ 4º. Nos imóveis com área total superior a 500 m² (quinhentos metros quadrados), inseridos no perímetro da Operação Urbana Centro e dispensados da aplicação da QA conforme § 3º do art. 76 desta Lei, é obrigatório o atendimento do estabelecido no *caput* deste artigo.

Art. 80. Nos processos de licenciamento de edificações novas ou de reformas com alteração de área construída superior a 20% (vinte por cento) em lotes com área superior a 500 m² (quinhentos metros quadrados), é obrigatória a reservação para aproveitamento de águas pluviais provenientes das coberturas das edificações para fins não potáveis.

§ 1º. O volume mínimo obrigatório de reservação de que trata o *caput* deste artigo será calculado de acordo com as seguintes fórmulas:

I – no caso de coberturas impermeáveis:

Vrl = 16,00 x ACi

sendo:

Vri: volume mínimo de reservação para aproveitamento de águas pluviais provenientes de coberturas impermeáveis, em litros;

ACi: área de cobertura impermeável, em metros quadrados;

II – no caso de coberturas verdes:

Vrv = 5,4 x ACv

sendo:

Vrv: volume mínimo de reservação para aproveitamento de águas pluviais provenientes de coberturas verdes, em litros;

ACv: área de cobertura verde, em metros quadrados.

§ 2º. No caso de coberturas mistas (parte impermeável/parte verde), o volume mínimo de reservação de que trata o *caput* deste artigo será calculado a partir da soma dos volumes mínimos parciais, sendo estes obtidos conforme equações de seu § 1º:

Vrm = Vri + Vrv

sendo:

Vrm: volume mínimo de reservação para aproveitamento de águas pluviais provenientes de coberturas mistas, em litros;

Vri: volume mínimo de reservação para aproveitamento de águas pluviais provenientes de coberturas impermeáveis, em litros;

Vrv: volume mínimo de reservação para aproveitamento de águas pluviais provenientes de coberturas verdes, em litros.

§ 3º. O volume de reservação de que trata o *caput* deste artigo não poderá ser utilizado no cômputo do volume mínimo de reservação de controle do escoamento superficial a que se refere o art. 79 desta Lei.

§ 4º. A utilização das águas da reservação de controle do escoamento superficial só será permitida se utilizada para fins não potáveis, desde que observada a condição determinada pelo § 1º do art. 79 desta Lei.

§ 5º. A estrutura de reservação de que trata o *caput* deste artigo deverá ser provida de grelhas ou outro dispositivo para retenção de material grosseiro, como folhas, pedaços de madeira, restos de papel, corpos de pequenos animais, entre outros, além de dispositivo de descarte de água pluvial inicial de chuva.

§ 6º. As águas captadas provenientes das coberturas das edificações não poderão ser utilizadas para consumo humano, lavagem de alimentos ou banho.

Art. 81. Todos os lotes deverão atender as taxas de permeabilidade mínima estabelecidas para cada Perímetro de Qualificação Ambiental, conforme o Quadro 3A desta Lei.

§ 1º. Os lotes localizados em ZEPAM, ZPDS, ZCOR, ZPR ou ZER deverão atender as taxas de permeabilidade específicas para estas zonas, constantes do Quadro 3A desta Lei, independentemente do Perímetro de Qualificação Ambiental em que se localizam.

§ 2º. Nos lotes com área superior a 500 m² (quinhentos metros quadrados), que não estejam localizados em ZEPAM ou ZPDS, a taxa de permeabilidade prevista no *caput* deste artigo poderá ser reduzida em até 50% (cinquenta por cento), desde que a pontuação da QA prevista no Quadro 3A desta Lei para o lote seja majorada na mesma proporção em que a taxa de permeabilidade seja reduzida.

§ 3º. Nos lotes com área menor ou igual a 500 m² (quinhentos metros quadrados), isentos da aplicação da QA e que não estejam localizados em ZEPAM ou ZPDS, a redução da taxa de permeabilidade a que se refere o § 2º deste artigo poderá ser aplicada, desde que seja atendida a pontuação mínima de QA igual a 0,15 (quinze centésimos).

Art. 82. Atendida pontuação superior à mínima estabelecida no art. 76 desta Lei, o interessado poderá requerer a concessão de Incentivo da Quota Ambiental, sob a forma de desconto no valor total a ser pago na contrapartida financeira de outorga onerosa do direito de construir e limitado a este, já contabilizados os incentivos previstos na Lei nº 16.050, de 31 de julho de 2014 – PDE.

§ 1º. O Incentivo da Quota Ambiental será calculado de acordo com a seguinte equação:

IQA =
[2 x (CAP – 1) / (CAP)] X FQA X At

sendo:

IQA: Incentivo da Quota Ambiental, em reais (R$);

CAP: Coeficiente de Aproveitamento Pretendido no empreendimento;

FQA: Fator de Incentivo da Quota Ambiental, em reais (R$) por metro quadrado, disponível no Quadro 3C desta Lei, de acordo com o tamanho do terreno, o Perímetro de Qualificação Ambiental onde se encontra o empreendimento e o VQA Mín que corresponde à razão entre o valor numérico da QA atingida pelo projeto do empreendimento e o valor mínimo exigido da QA;

At: área do terreno em metros quadrados.

§ 2º. O Fator de Incentivo da Quota Ambiental poderá ser atualizado anualmente pelo Executivo, ouvida a CTLU, sendo que a atualização está limitada à variação do Índice de Preços ao Consumidor Amplo (IPCA) somada à variação positiva nominal do PIB acumuladas e deverá ser publicada até o dia 31 de dezembro de cada ano, com validade a partir do dia 1º de janeiro do ano seguinte.

§ 3º. Nos terrenos com área menor ou igual a 5.000 m² (cinco mil metros quadrados), quando o empreendimento atingir de 2 (duas) a 4 (quatro) vezes a quota ambiental mínima, o empreendedor poderá optar por receber benefício em área não computável incentivada, de acordo com as seguintes fórmulas:

I – para terrenos localizados nos perímetros de qualificação ambiental PA-1, PA-4, PA-5, PA-6, PA-7, PA-10, PA-11, PA-12:

NCQA = (VQA Min – 1) x At x 0,002;

II – para os demais perímetros de qualificação ambiental:

NCQA = (VQA Min – 1) x At x 0,004

sendo:

NCQA: área não computável adicional, em metros quadrados, decorrente da majoração da Quota Ambiental;

VQA Min: razão entre o valor numérico da QA atingida pelo projeto do empreendimento e o valor mínimo exigido da QA, variando de 1,5 (um inteiro e cinco décimos) a 4,0 (quatro), de acordo com o Quadro 3A desta Lei;

At : área de terreno.

§ 4º. Nas ZEU, ZEUa, ZEUP, ZEU-Pa, ZEM e ZEMP, quando o interessado utilizar taxa de ocupação maior ou igual a 50% (cinquenta por cento) da área do terreno, com no mínimo 20% (vinte por cento) de cobertura verde, com fachada ativa no térreo e gabarito de altura máxima de 28 m (vinte e oito metros), o desconto concedido em outorga ou a área não computável concedida será equivalente ao dobro da pontuação obtida no projeto, até o limite máximo de incentivo.

§ 5º. A emissão do certificado de conclusão da obra fica condicionada à comprovação do atendimento da pontuação de QA e dos respectivos parâmetros que tenham resultado em incentivos.

§ 6º. Caso seja constatado o não atendimento da pontuação de QA apontada no projeto, especialmente aquela que tenha motivado a concessão de incentivos, haverá incidência de multa pecuniária correspondente a duas vezes o valor do desconto concedido, além de cassação do certificado de conclusão do respectivo empreendimento.

Art. 83. Poderá ser concedido Incentivo de Certificação, sob a forma de desconto na contrapartida financeira de outorga onerosa do direito de construir, para novas edificações ou reformas com aumento de área construída superior a 5% (cinco por cento) que obtiverem certificação específica de sustentabilidade reconhecida em âmbito nacional ou internacional.

§ 1º. O Incentivo de Certificação será obtido mediante desconto a ser efetuado no pagamento da contrapartida financeira da outorga onerosa do direito de construir, conforme o grau de certificação pretendido pelo proponente.

§ 2º. A não apresentação do certificado de edificação sustentável em prazo de 180 (cento e oitenta) dias corridos após a emissão do certificado de conclusão da obra implicará a incidência automática de multa pecuniária correspondente a 2 (duas) vezes o valor do desconto concedido, além de cassação do certificado de conclusão do respectivo empreendimento.

§ 3º. Caso o proponente tenha alcançado grau de certificação inferior ao grau pretendido indicado no ato de pagamento da contrapartida financeira da outorga onerosa do direito de construir, a multa será correspondente a uma vez e meia o desconto concedido.

§ 4º. O incentivo previsto no *caput* deste artigo somente será concedido para edificações de uso residencial associadas ou não a usos não residenciais, e para os usos industriais.

§ 5º. O Incentivo de Certificação a ser concedido se dará de acordo com a seguinte equação:

IC = FC x At x CAP

sendo:

IC: Incentivo de Certificação, em reais (R$), a ser descontado do valor total da contrapartida financeira da Outorga Onerosa do Direito de Construir;

FC: Fator de Certificação, de acordo com o grau de certificação:

para o grau mínimo de certificação: FC = R$ 40/m²;

para o grau máximo de certificação: FC = R$ 120/m²;

At: área de terreno em metros quadrados;

CAP: Coeficiente de Aproveitamento Pretendido no empreendimento.

§ 6º. As certificações que serão aceitas para fins de comprovação do Incentivo de Certificação, bem como os graus de certificação e seus respectivos fatores de certificação, em complementação ao disposto no § 5º deste artigo, serão estabelecidos em regulamento específico.

§ 7º. Os graus de certificação serão determinados de forma proporcional à classificação discriminada no regulamento específico a que se refere o § 6º deste artigo.

§ 8º. Nos casos de empreendimentos em lotes com área superior a 2.500 m² (dois mil e quinhentos metros quadrados) e localizados nas ZEU, ZEUa, ZEUP e ZEUPa, os incentivos previstos no *caput* deste artigo deverão estar associados à aplicação da Fachada Ativa em 20% (vinte por cento) da testada do lote.

§ 9º. Os empreendimentos que aderirem ao Incentivo de Certificação não estão dispensados do atendimento da pontuação mínima da QA.

§ 10. O Incentivo de Certificação não será cumulativo ao Incentivo da Quota Ambiental.

§ 11. O Fator de Certificação poderá ser atualizado anualmente pelo Executivo, ouvida a CTLU, sendo que a atualização está limitada à variação do Índice de Preços ao Consumidor Amplo (IPCA) somada à variação positiva nominal do PIB acumuladas e deverá ser publicada até o dia 31 de dezembro de cada ano, com validade a partir do dia 1º de janeiro do ano seguinte.

Art. 84. As edificações obrigadas ao atendimento da QA nos termos desta Lei deverão apresentar relatório a cada 2 (dois) anos demonstrando atendimento a tais exigências, de acordo com o projeto aprovado.

§ 1º. É obrigatória também a apresentação do relatório previsto no *caput* deste artigo para todos os imóveis que tenham sido beneficiados pelo Incentivo de Quota Ambiental ou pelo Incentivo de Certificação.

§ 2º. O relatório deverá ser submetido a análise, por amostragem, de órgão municipal competente para verificação quanto à manutenção das soluções construtivas e paisagísticas adotadas para o atendimento da quota ambiental, bem como para os incentivos auferidos.

§ 3º. A fiscalização e a imposição de eventuais penalidades relacionadas ao descumprimento do atendimento da QA se farão, no que couber, nos termos das legislações urbanísticas e ambientais vigentes.

§ 4º. Os recursos financeiros oriundos de penalidades relacionadas ao descumprimento do atendimento da QA serão destinados ao Fundo Especial de Meio Ambiente e Desenvolvimento Sustentável – FEMA.

§ 5º. A não apresentação do relatório previsto no *caput* deste artigo implicará na penalidade prevista no Quadro 5 desta Lei.

Art. 85. Serão disponibilizadas, no Portal da Prefeitura do Município de São Paulo na internet, amplas informações sobre os incentivos à QA, seus proponentes e beneficiários.

Art. 86. Para fins de aperfeiçoamento da QA, os dispositivos referentes à QA estabelecidos na presente lei poderão ser revistos e complementados com outras soluções sustentáveis a cada 2 (dois) anos através de lei específica.

Parágrafo único. Durante o período de 2 (dois) anos, após a entrada em vigor desta Lei, por solicitação do interessado, poderá ser concedido desconto de 25% (vinte e cinco por cento) na pontuação mínima da QA exigida no Quadro 3A da presente lei, sendo vedada nestes casos a concessão do Incentivo da Quota Ambiental e do Incentivo de Certificação previstos nesta Lei.

Capítulo II
DA OCUPAÇÃO INCENTIVADA OU CONDICIONADA

Art. 87. Nas ZEU, ZEUa, ZEUP, ZEUPa, ZEM, ZEMP, ZC e ZCa, quando a área do lote for superior a 10.000 m² (dez mil metros quadrados) e menor ou igual a 20.000 m² (vinte mil metros quadrados), será obrigatória a adoção dos seguintes parâmetros qualificadores da ocupação:

I – fruição pública nos empreendimentos de usos não residenciais permitidos nas respectivas zonas, em área equivalente a no mínimo 20% (vinte por cento) da área do lote, em espaço livre ou edificado;

II – limite de 25% (vinte e cinco por cento) de vedação da testada do lote com muros;

III – fachada ativa em no mínimo 25% (vinte e cinco por cento) da testada do lote em empreendimentos residenciais ou não residenciais.

§ 1º. O disposto no *caput* deste artigo se aplica somente para edificações novas e reformas com ampliação de área construída.

§ 2º. Nas ZPI, o disposto neste artigo aplica-se apenas para os usos que não se enquadrem nas subcategorias Ind-1a, Ind-1b e Ind-2.

Art. 88. Em lotes com área até 10.000 m² (dez mil metros quadrados) localizados nas ZEU, ZEUa, ZEUP, ZEUPa, ZEM, ZEMP, ZC e ZCa, quando uma parcela do lote for destinada à fruição pública não será cobrada outorga onerosa correspondente à metade do potencial construtivo adicional previsto para a área destinada à fruição pública, desde que atendidas simultaneamente as seguintes condições:

I – a área destinada à fruição pública tenha no mínimo 250 m² (duzentos e cinquenta metros quadrados) e esteja localizada junto ao alinhamento da via, ao nível do passeio público, sem fechamento e não ocupada por estacionamento de veículos;

II – a área destinada à fruição pública deverá ser mantida permanentemente aberta à circulação de pedestres, atendido o disposto no art. 70 desta Lei;

III – a área destinada à fruição pública seja devidamente averbada em Cartório de Registro de Imóveis.

Parágrafo único. A área destinada à fruição pública poderá ser considerada para fins de aplicação dos dispositivos da QA e cômputo da respectiva pontuação mínima, desde que seja garantida a livre circulação de pedestres.

Art. 89. No caso das torres das edificações destinadas aos locais de culto, o gabarito de altura máxima poderá ser majorado em 50% (cinquenta por cento) em relação ao estabelecido no Quadro 3, anexo desta Lei.

Art. 90. Ficam permitidas novas construções, reformas com ampliação de área construída e regularização de edificações e instalações existentes nas áreas operacionais do sistema de transporte público coletivo e nas áreas públicas remanescentes de desapropriação relacionadas ao transporte público coletivo, desde que observadas as seguintes condicionantes:

I – as edificações não apresentem qualquer tipo de interferência na operação do serviço de transporte, mediante manifestação favorável do órgão público de transporte competente;

II – sejam atendidos todos os parâmetros estabelecidos nesta Lei para a zona de uso incidente, excluído o atendimento do disposto nos Quadros 2 e 2A desta Lei e respeitado o disposto no art. 155 desta Lei;

III – seja possibilitada pelo menos uma transposição por pedestres e ciclistas da área operacional;

IV – (vetado).

§ 1º. Para fins de aplicação do disposto no *caput*, são consideradas áreas operacionais do sistema de transporte público coletivo as áreas construídas, as vias internas, os trilhos e os respectivos espaços livres de estações, terminais e pátios de manobras do sistema metroferroviário e de ônibus, incluindo as atividades auxiliares, os acessos de veículos e de pedestres e as torres de ventilação.

§ 2º. Nas áreas previstas no *caput*, ficam permitidos os usos estabelecidos no Quadro 4 desta Lei, respeitado o disposto no art. 106.

§ 3º. Nos casos previstos no *caput*, os parâmetros de ocupação, excluídos os coeficientes de aproveitamento, e as condições de instalação do uso estabelecidos nesta Lei poderão ser alterados em até 50% (cinquenta por cento) do previsto nos Quadros 3, 3A, 4 e 4A, mediante justificativa do órgão público de transporte competente e deliberação da CTLU.

§ 4º. Nos casos em que a área operacional não tiver zona demarcada no Mapa 1 anexo a esta Lei, incidirão os parâmetros das seguintes zonas:

I – ZEU, quando a área estiver localizada na Macrozona de Estruturação e Qualificação Urbana, conforme Mapa 1 anexo à Lei nº 16.050, de 31 de julho de 2014 – PDE;

II – ZEUa, quando a área estiver localizada na Macrozona de Proteção e Recuperação Ambiental, conforme Mapa 1 anexo à Lei nº 16.050, de 31 de julho de 2014 – PDE.

§ 5º. A produção de HIS conforme exigido no inciso IV deste artigo poderá ser atendida em outro terreno, desde que localizado nas zonas ZEU, ZEUP, ZEUa, ZEUPa, ZEM, ZEMP, ZC, ZCa ou ZEIS e na mesma Subprefeitura.

§ 6º. (Vetado).

§ 7º. (Vetado).

Art. 91. Nas zonas ZCOR-2, ZCOR-3 e ZCORa, o gabarito de altura máxima poderá ser majorado em até 50% (cinquenta por cento) do estabelecido no Quadro 3 desta Lei, desde que:

I – seja exclusivamente para o uso residencial permitido na zona;

II – haja anuência expressa, devidamente firmada e registrada em Cartório de Registro de Títulos e Documentos, de todos os proprietários limítrofes do imóvel;

III – haja manifestação do órgão municipal de preservação cultural, quando se tratar de imóvel enquadrado como ZEPEC;

IV – sejam observados os parâmetros mais restritivos, quando for o caso, nos termos do disposto no art. 49 desta Lei.

TÍTULO V
DO USO DO SOLO

Capítulo I
DAS CATEGORIAS DE USO DO SOLO E SUA OCORRÊNCIA NO TERRITÓRIO

Art. 92. Os usos e atividades no Município são classificados em categorias, sendo permitidos ou proibidos de acordo com a zona em que se localiza o imóvel, conforme Quadro 4 desta Lei.

§ 1º. A instalação das atividades enquadradas na subcategoria de uso Ind-3 é proibida no Município de São Paulo.

§ 2º. Nas ZEPEC-BIR, adicionalmente aos usos permitidos na zona onde o imóvel se localiza, são permitidos ainda usos relacionados à visitação do imóvel e usos acessórios, bem como local de exposições.

§ 3º. Nas ZOE, os usos permitidos e respectivos usos acessórios serão autorizados de acordo com a característica específica de cada ZOE.

Art. 93. O uso do solo no Município de São Paulo classifica-se em duas categorias:

I – categoria de Uso Residencial – R, que envolve a moradia de um indivíduo ou grupo de indivíduos;

II – categoria de Uso não Residencial – nR, que envolve o desenvolvimento de atividades comerciais, de serviços, industriais ou institucionais.

Parágrafo único. É admitida a instalação, no mesmo lote ou edificação, de mais de uma categoria ou subcategoria de uso, bem como a combinação de usos residenciais e não residenciais.

Seção I
Dos Usos Residenciais (R)

Art. 94. A categoria de Uso Residencial R, tendo como referência a unidade habitacional, divide-se nas seguintes subcategorias:

I – R1: 1 (uma) unidade habitacional por lote;

II – R2h: conjunto de duas ou mais unidades habitacionais, agrupadas horizontalmente ou superpostas, e todas com entrada independente com frente para a via oficial de acesso ou em condomínio, sendo subdividido em:

a) R2h-1, casas geminadas: conjunto de unidades habitacionais agrupadas horizontalmente, todas com frente e acesso independente para a via oficial de circulação;

b) R2h-2, casas superpostas: duas unidades habitacionais agrupadas verticalmente no mesmo lote, com frente e acesso independente para a via oficial de circulação;

c) R2h-3, conjunto residencial horizontal: aquele constituído em condomínio por casas isoladas, geminadas ou superpostas, com acesso independente a cada unidade habitacional por via particular de circulação de veículos ou de pedestres, internas ao conjunto, ficando vedado o acesso direto pela via oficial de circulação;

III – R2v: conjunto com mais de duas unidades habitacionais, agrupadas verticalmente em edifícios de apartamentos ou conjuntos residenciais verticais com áreas comuns, sendo subdividido em:

a) R2v-1: conjunto residencial com até 2.500 m² (dois mil e quinhentos metros quadrados) de área construída computável;

b) R2v-2: conjunto residencial com mais de 2.500 m² (dois mil e quinhentos metros quadrados) até 10.000 m² (dez mil metros quadrados) de área construída computável;

c) R2v-3: conjunto residencial com mais de 10.000 m² (dez mil metros quadrados) até 20.000 m² (vinte mil metros quadrados) de área construída computável;

d) R2v-4: conjunto residencial com mais de 20.000 m² (vinte mil metros quadrados) de área construída computável;

IV – Habitação de Interesse Social – HIS: é aquela estabelecida no Quadro 1 anexo à Lei nº 16.050, de 31 de julho de 2014 – PDE, adotados os valores de renda familiar mensal atualizados nos termos do art. 170 desta Lei conforme os tipos;

V – Habitação de Mercado Popular – HMP: é aquela estabelecida no Quadro 1 anexo à Lei nº 16.050, de 31 de julho de 2014 – PDE, adotados os valores de renda familiar mensal atualizados nos termos do art. 170 desta Lei.

Art. 95. Para HIS, HMP, EHIS e EHMP devem ser observadas as normas, índices e parâmetros definidos em decreto, conforme disposições da Lei nº 16.050, de 31 de julho de 2014 – PDE, observado o disposto no art. 49 desta Lei.

Seção II
Dos Usos Não Residenciais (nR)

Art. 96. A categoria de Uso não Residencial – nR compreende atividades de comércio e serviços, industriais, institucionais e de infraestrutura que, tendo como referência sua natureza e os parâmetros de incomodidade estabelecidos nesta Lei, divide-se nas seguintes subcategorias:

I – nRa: uso não residencial ambientalmente compatível com o equilíbrio ecológico, englobando atividades comerciais, de serviços, institucionais e produtivas, compatíveis com a proteção, preservação e/ou recuperação ambiental, inserido nas zonas urbana e rural;

II – nR1: uso não residencial compatível com a vizinhança residencial;

III – nR2: uso não residencial tolerável à vizinhança residencial;

IV – nR3: uso não residencial especial ou incômodo à vizinhança residencial;

V – Ind-1a: atividade industrial não incômoda, compatível com a vizinhança residencial no que diz respeito às características de ocupação dos lotes, de acesso, de localização, de tráfego, de serviços urbanos e aos níveis de ruído, de vibração e de poluição ambiental;

VI – Ind-1b: atividade industrial compatível com a vizinhança residencial no que diz respeito às características de ocupação dos lotes, de acesso, de localização, de tráfego, de serviços urbanos e aos níveis de ruído, de vibração e de poluição ambiental;

VII – Ind-2: atividade industrial geradora de impactos urbanísticos e ambientais, que implica a fixação de padrões específicos referentes às características de ocupação dos lotes, de acesso, de localização, de tráfego, de serviços urbanos e aos níveis de ruído, de vibração e de poluição ambiental;

VIII – Ind-3: estabelecimento industrial cujo funcionamento possa causar prejuízo à saúde, à segurança e bem-

-estar público e à integridade da flora e fauna regional, proibido no Município de São Paulo;

IX – INFRA: edificação, equipamento ou instalação acima do nível do solo ou que tenha permanência humana, necessários aos serviços de infraestrutura de utilidade pública relacionados ao saneamento básico, gestão de resíduos sólidos, transporte de passageiros e de carga, distribuição de gás, produção e distribuição de energia elétrica, rede de telecomunicação, rede de dados e fibra ótica e outros serviços de infraestrutura de utilidade pública.

Parágrafo único. As atividades não listadas poderão ser enquadradas após análise do Executivo e parecer favorável da CTLU, desde que atendam a todos os parâmetros e características da respectiva subcategoria.

Art. 97. Classificam-se na subcategoria de uso nRa os seguintes grupos de atividades:

I – nRa-1: atividades de pesquisa e educação ambiental: empreendimentos realizados por períodos de tempo limitados e em instalações ou territórios específicos, tais como pesquisa científica, educação ambiental, manejo florestal sustentável, entre outros;

II – nRa-2: atividades de manejo sustentável: aquelas realizadas no meio rural ou ligadas às atividades rurais, tais como agroindústria, atividades agroflorestais, agropecuária, dentre outras;

III – nRa-3: ecoturismo e lazer: atividades cujo desenvolvimento relaciona-se à conservação de condições ambientais específicas, viabilizando, também, o seu aproveitamento econômico e favorecendo o bem-estar e a qualidade de vida, tais como ecoturismo, clubes, pousadas, entre outras;

IV – nRa-4: comércio especializado de produtos agropecuários: comércio para o suprimento das atividades rurais;

V – nRa-5: captação de água mineral/potável de mesa: destinada ao consumo, associado ou não ao envase;

VI – nRa-6: local de reunião ou de eventos ambientalmente compatível: estabelecimentos destinados à feira de exposição ou show de natureza social, esportiva, religiosa, ecoturística, lazer, agropecuária e que sejam ambientalmente compatíveis com o equilíbrio ecológico, sem limite de lotação.

Art. 98. Classificam-se na subcategoria de uso nR1 os seguintes grupos de atividades:

I – nR1-1: comércio de abastecimento de âmbito local com dimensão de até 500 m² (quinhentos metros quadrados) de área construída computável;

II – nR1-2: comércio de alimentação de pequeno porte, com lotação de até 100 (cem) lugares;

III – nR1-3: comércio diversificado de âmbito local: estabelecimentos de venda direta ao consumidor de produtos relacionados ou não ao uso residencial de âmbito local;

IV – nR1-4: serviços de saúde de pequeno porte: estabelecimentos de pequeno porte destinados ao atendimento à saúde da população, sem unidade de pronto atendimento médico;

V – nR1-5: serviços pessoais: estabelecimentos destinados à prestação de serviços pessoais de âmbito local;

VI – nR1-6: serviços profissionais: estabelecimentos destinados à prestação de serviços de profissionais liberais, técnicos ou universitários ou de apoio ao uso residencial;

VII – nR1-7: serviços técnicos de confecção ou manutenção: estabelecimentos destinados à prestação de serviços técnicos de reparo ou de apoio ao uso residencial;

VIII – nR1-8: serviços de educação: estabelecimentos destinados ao ensino pré-escolar ou à prestação de serviços de apoio aos estabelecimentos de ensino seriado e não seriado;

IX – nR1-9: associações comunitárias, culturais e esportivas de caráter local, com lotação de até 100 (cem) pessoas;

X – nR1-10: serviço público social de pequeno porte: atividades públicas de uso coletivo prestadas pelo Poder Público, conveniadas à rede pública ou declaradas de interesse público, que integrem as políticas de diferentes setores voltadas à efetivação e universalização de direitos sociais, cuja instalação seja compatível com a vizinhança residencial, tais como bibliotecas, estabelecimentos destinados à educação e cuidados infantis ou de alunos com necessidades especiais, unidades de saúde e assistência social de âmbito local, entre outros;

XI – nR1-11: serviços da administração e serviços públicos de pequeno porte: atividades prestadas pela administração pública direta ou indireta que visam à gestão dos recursos públicos ou à prestação de serviços públicos não enquadrados como sociais, cuja instalação seja compatível com a vizinhança residencial;

XII – nR1-12: serviços de hospedagem ou moradia;

XIII – nR1-13: local de reunião ou de eventos de pequeno porte localizado na zona urbana com lotação de até 100 (cem) pessoas;

XIV – nR1-14: central de armazenamento e distribuição de cargas de pequeno porte com dimensão de até 1.500 m² (mil e quinhentos metros quadrados) de área construída total;

XV – nR1-15: serviços de armazenamento e guarda de bens móveis de pequeno porte: espaços ou estabelecimentos destinados à venda ou guarda de mercadorias em geral, máquinas ou equipamentos e guarda de móveis, de até 500 m² (quinhentos metros quadrados) de área construída computável, e estacionamentos com até 40 vagas de automóvel;

XVI – nR1-16: local de culto de pequeno porte localizado na zona urbana com lotação de até 100 (cem) pessoas na área interna à edificação destinada ao culto.

Art. 99. Classificam-se na subcategoria de uso nR2 os seguintes grupos de atividades:

I – nR2-1: comércio de alimentação de médio porte, com lotação de mais de 100 (cem) e até 500 (quinhentos) lugares, englobando comércio associado a diversão;

II – nR2-2: comércio especializado;

III – nR2-3: comércio de abastecimento de médio porte, com dimensão de mais de 500 m² (quinhentos metros quadrados) até 2.000 m² (dois mil metros quadrados) de área construída computável;

IV – nR2-4: oficinas: estabelecimentos destinados à prestação de serviços mecânicos, de reparos em geral e de confecção ou similares, incluindo os postos de abastecimento de veículos;

V – nR2-5: serviços de saúde de médio porte: estabelecimentos de médio porte destinados ao atendimento à saúde da população, com área construída computável menor que 7.500 m² (sete mil e quinhentos metros quadrados);

VI – nR2-6: estabelecimentos de ensino seriado: estabelecimentos destinados ao ensino fundamental e médio da educação formal e a instituições de ensino superior com até 2.500 m² (dois mil e quinhentos metros quadrados) de área construída computável destinada a salas de aula;

VII – nR2-7: estabelecimentos de ensino não seriado: estabelecimentos destinados ao ensino complementar, aos cursos profissionalizantes ou de aperfeiçoamento ou à educação informal em geral, com até 2.500 m² (dois mil e quinhentos metros quadrados) de área construída computável destinada a salas de aula;

VIII – nR2-8: serviços públicos sociais de médio porte: atividades públicas de uso coletivo prestadas pelo Poder Público, conveniadas à rede pública ou declaradas de interesse público, que integrem as políticas de diferentes setores voltadas à efetivação e universalização de direitos sociais, cuja instalação possa ser tolerada pela vizinhança residencial, tais como estabelecimentos de ensino formal, estabelecimentos de saúde e assistência social de âmbito regional;

IX – nR2-9: serviços da administração e serviços públicos de médio porte: atividades prestadas pela administração pública direta ou indireta que visam à gestão dos recursos públicos ou à prestação de serviços públicos não enquadrados como sociais, cuja instalação possa ser tolerada pela vizinhança residencial;

X – nR2-10: serviços de lazer, cultura e esportes;

XI – nR2-11: local de reunião ou eventos de médio porte localizado na zona urbana com lotação máxima superior a 100 (cem) e até 500 (quinhentas) pessoas;

XII – nR2-12: serviços de armazenamento e guarda de bens móveis: espaços ou estabelecimentos destinados à venda ou guarda de mercadorias em geral, máquinas ou equipamentos, guarda de móveis ou animais, incluindo garagem de ônibus, entre 500 m² (quinhentos metros quadrados) e 5.000 m² (cinco mil metros quadrados) de área construída computável, e estacionamentos com mais de 40 e até 200 vagas de automóvel;

XIII – nR2-13: edifícios-garagem;

XIV – nR2-14: associações comunitárias, culturais e esportivas de caráter local, com lotação superior a 100 (cem) e até 500 (quinhentas) pessoas;

XV – nR2-15: local de culto de médio porte localizado na zona urbana com lotação máxima superior a 100 (cem) e até 500 (quinhentas) pessoas na área interna à edificação destinada ao culto.

Art. 100. Classificam-se na subcategoria de uso nR3 os seguintes grupos de atividades:

I – nR3-1: usos especiais: espaços, estabelecimentos ou instalações sujeitos a controle específico ou de valor estratégico para a segurança e serviços públicos;

II – nR3-2: comércio de abastecimento de grande porte, com dimensão superior a 2.000 m² (dois mil metros quadrados) de área construída computável;

III – nR3-3: serviço público social especial: atividades públicas de uso coletivo prestadas pelo Poder Público, conveniadas à rede pública ou declaradas de interesse público, que integrem as políticas de diferentes setores voltadas à efetivação e universalização de direitos sociais e que, pelo porte ou caráter especial da atividade, possam causar impactos ao seu entorno, tais como universidades ou outros estabelecimentos de ensino com mais de 2.500 m² (dois mil e quinhentos metros quadrados) de área construída computável destinada a salas de aula, serviços de saúde com área construída computável igual ou superior a 7.500 m² (sete mil e quinhentos metros quadrados), dentre outros;

IV – nR3-4: local de reunião ou evento de grande porte localizado na zona urbana com lotação superior a 500 (quinhentas) pessoas;

V – nR3-5: comércio de alimentação de grande porte, com lotação superior a 500 (quinhentos) lugares;

VI – nR3-6: serviços de armazenamento e guarda de bens móveis de grande porte: espaços ou estabelecimentos destinados à venda ou guarda de mercadorias em geral, máquinas ou equipamentos, guarda de móveis ou animais, incluindo garagem de ônibus, acima de 5.000 m² (cinco mil metros quadrados) de área construída computável, incluindo estacionamentos com mais de 200 vagas de automóvel;

VII – nR3-7: local de culto de grande porte localizado na zona urbana com lotação máxima superior a 500 (quinhentas) pessoas na área interna à edificação destinada ao culto;

VIII – nR3-8: serviços de saúde de grande porte: estabelecimentos de grande porte destinados ao atendimento à saúde da população, com área construída computável igual ou superior a 7.500 m² (sete mil e quinhentos metros quadrados);

IX – nR3-9: serviços de educação de grande porte: estabelecimentos de grande porte destinados ao ensino englobando todas as suas modalidades, com mais de 2.500 m² (dois mil e quinhentos metros quadrados) de área construída computável destinada a salas de aula.

Art. 101. Classificam-se como Ind-1a os seguintes grupos de atividades:

I – Ind-1a-1: confecção de artigos de vestuário e acessórios: confecções que não utilizem processos de tingimento de fibras ou tecidos;

II – Ind-1a-2: fabricação de artefatos de papel: indústrias potencialmente geradoras de ruídos e vibração compatíveis com o uso residencial;

III – Ind-1a-3: fabricação de equipamentos de comunicações: indústrias cuja incomodidade esteja vinculada aos processos de montagem, não sendo processada qualquer operação de transformação de materiais;

IV – Ind-1a-4: fabricação de máquinas para escritório e equipamentos de informática: indústrias cuja incomodidade esteja vinculada aos processos de montagem, não sendo processada qualquer operação de transformação de materiais;

V – Ind-1a-5: fabricação de equipamentos de instrumentação médico-hospitalares, instrumentos de precisão e ópticos, equipamentos para automação industrial, cronômetros e relógios: indústrias cuja incomodidade esteja vinculada aos processos de montagem, não sendo processada qualquer operação de transformação de materiais;

VI – Ind-1a-6: beneficiamento e aparelhamento de bens minerais não metálicos;

VII – Ind-1a-7: fabricação de produtos alimentícios e bebidas artesanais.

Parágrafo único. Poderão ser enquadrados na categoria de uso Ind-1a, independentemente do tipo de atividade, os estabelecimentos industriais nos quais não seja processada qualquer operação de fabricação, mas apenas de montagem.

Art. 102. Classificam-se como Ind-1b os seguintes grupos de atividades:

I – Ind-1b-1: fabricação de produtos alimentícios e bebidas: estabelecimentos destinados à fabricação de produtos de padaria, confeitaria, pastelaria, rotisserie, dentre outros, com área construída computável de até 1.000 m² (mil metros quadrados), cujo potencial poluidor, em especial de odores, seja passível de controle tecnológico;

II – Ind-1b-2: fabricação de produtos têxteis: indústrias sem operações de fiação, tecelagem, beneficiamento e tingimento de fibras têxteis ou tecidos;

III – Ind-1b-3: preparação de couros e fabricação de artefatos de couro, artigos de viagem e calçados: indústrias de artefatos de couro, sem operações de curtimento;

IV – Ind-1b-4: fabricação de produtos de plástico: estabelecimentos destinados à fabricação de laminados plásticos, artefatos diversos de material plástico, potencialmente geradores de emissão de odores, ruídos e efluentes líquidos, passíveis de tratamento;

V – Ind-1b-5: fabricação de produtos de madeira;

VI – Ind-1b-6: fabricação de peças e acessórios para veículos automotores: indústrias de montagem que não envolva transformação de matéria-prima;

VII – Ind-1b-7: fabricação de móveis: indústrias com baixo potencial de poluição do meio ambiente, com área construída computável de até 1.000 m² (mil metros quadrados), com geração de material particulado, emissão de ruídos e de incômodos ao uso residencial passíveis de serem controlados;

VIII – Ind-1b-8: edição, impressão e reprodução de gravações.

Art. 103. Classificam-se como Ind-2 os seguintes grupos de atividades:

I – Ind-2-1: fabricação de produtos alimentícios e bebidas: estabelecimentos destinados à preparação de alimentos, conservas, produtos de cereais, bebidas, dentre outros;

II – Ind-2-2: fabricação de produtos do fumo;

III – Ind-2-3: fabricação de produtos têxteis: estabelecimentos destinados ao beneficiamento e tecelagem de fibras têxteis, estamparia e texturização, alvejamento e tingimento de tecidos, dentre outros;

IV – Ind-2-4: fabricação de papel e produtos de papel: indústrias destinadas à fabricação de papel, papelão, cartolina e cartão;

V – Ind-2-5: edição, impressão e reprodução de gravações: indústrias potencialmente incômodas pela emissão de odores, ruídos e vibração, podendo tornar-se insalubres e com riscos de periculosidade pelo uso de solventes em operações de impressão, pela emissão de poluentes atmosféricos e manipulação de substâncias inflamáveis;

VI – Ind-2-6: fabricação de produtos químicos: indústrias destinadas à fabricação de produtos químicos, que envolva processos e operações com potencial de insalubridade, periculosidade e incomodidade, passíveis de tratamento;

VII – Ind-2-7: fabricação de artigos de borracha: estabelecimentos destinados à fabricação de fios de borracha, espuma de borracha, dentre outros, que não utilizem processos de regeneração de borracha;

VIII – Ind-2-8: fabricação de produtos de minerais não metálicos: estabelecimentos destinados à fabricação de vidro, artigos de vidro, artefatos de concreto, cimento e estuque, dentre outros;

IX – Ind-2-9: metalurgia básica: estabelecimentos destinados à produção de laminados de aço, metalurgia de diversos metais, fundição;

X – Ind-2-10: fabricação de produtos de metal, exceto máquinas e equipamentos: estabelecimentos que utilizem processos de forja, galvanoplastia, usinagem, solda, têmpera, cementação e tratamento térmico de materiais, dentre outros;

XI – Ind-2-11: fabricação de máquinas e equipamentos: estabelecimentos destinados à fabricação de motores, bombas, tratores, armas, dentre outros, potencialmente poluidores das águas, do ar e do solo;

XII – Ind-2-12: fabricação de máquinas, aparelhos e materiais elétricos: estabelecimentos destinados à fabricação de geradores, transformadores e motores elétricos, fios e cabos, dentre outros;

XIII – Ind-2-13: fabricação e montagem de veículos automotores, reboques e carrocerias: indústrias potencialmente incômodas pela natureza da atividade e porte do empreendimento, que exigem soluções tecnológicas e condições de instalação adequadas;

XIV – Ind-2-14: fabricação de outros equipamentos de transporte: indústrias potencialmente incômodas pela natureza da atividade e porte do empreendimento, que exigem soluções tecnológicas e condições de instalação adequadas;

XV – Ind-2-15: indústria extrativista.

Parágrafo único. Serão enquadrados na subcategoria de uso Ind-2 os estabelecimentos industriais que realizem processo de fundição e corte de metais, ferrosos ou não ferrosos, assim como laminação, trefilação ou extrusão de metais, sinterização, estamparia de corte, limpeza de peças por jateamento, aglutinação e folheamento de fibras, pintura ou envernizamento a revólver, em processo industrial.

Art. 104. Classificam-se como Ind-3 os seguintes grupos de atividades:

I – Ind-3-1: fabricação de produtos alimentícios: estabelecimentos destinados à produção de óleos, gorduras, beneficiamento de arroz, fabricação de rações balanceadas, dentre outros produtos que exigem soluções tecnológicas complexas ou onerosas para seu tratamento;

II – Ind-3-2: curtimento e outras preparações de couro: indústrias com alto potencial de poluição do meio ambiente, tanto pelas emanações odoríferas, como pela qualidade dos efluentes e resíduos sólidos industriais gerados, que, em geral, necessitam de precondicionamentos para disposições conjuntas em sistemas de tratamento públicos ou privados;

III – Ind-3-3: fabricação de celulose e pastas para fabricação de papel;

IV – Ind-3-4: fabricação de coque, refino de petróleo, elaboração de combustíveis nucleares: indústrias com alto potencial de poluição das águas e do ar, gerando resíduos sólidos, que exigem tratamento e/ou disposição final complexa e onerosa, além de possuírem alta periculosidade, riscos de incêndios e explosões e causarem sérios incômodos à população;

V – Ind-3-5: fabricação de produtos químicos: indústrias com processos e operações com potencial de insalubridade, periculosidade e incomodidade, podendo gerar emissões atmosféricas, efluentes líquidos e resíduos sólidos altamente nocivos para a saúde pública e o meio ambiente;

VI – Ind-3-6: fabricação de borracha: indústrias com operações de beneficiamento ou regeneração de borracha;

VII – Ind-3-7: fabricação de produtos de minerais não metálicos não associada, em sua localização, à extração de barro: estabelecimentos destinados à fabricação de cimento, cal, telhas, tijolos, dentre outros;

VIII – Ind-3-8: metalúrgica básica: estabelecimentos destinados à produção de gusa, ferro e aço, metalurgia dos metais não ferrosos, dentre outros, com alto potencial de poluição do ar, emitindo material particulado, gases tóxicos e incômodos, ruídos e vibrações, além de poluir as águas e gerar resíduos sólidos que exigem soluções tecnológicas complexas e onerosas para o seu tratamento;

IX – Ind-3-9: britamento de pedras não associado, em sua localização, à extração de pedra.

Art. 105. Ouvido o órgão municipal ambiental competente, as atividades classificadas na subcategoria de uso Ind-3 poderão ser reclassificadas pela CTLU, passando para as subcategorias Ind-1a, Ind-1b ou Ind-2, conforme o caso.

Art. 106. Classificam-se na subcategoria de uso INFRA os seguintes grupos de atividades:

I – INFRA-1: mobilidade urbana terrestre, tais como terminal rodoviário interurbano de transporte de passageiros, terminal de ônibus urbano, estações de metrô, trem, monotrilho e demais modais de transporte público coletivo urbano;

II – INFRA-2: transporte aéreo, tais como aeroportos, aeródromos e helipontos;

III – INFRA-3: abastecimento de gás natural, tais como estações de regulagem de pressão de gás – ERP e centrais de cogeração e abastecimento de água;

IV – INFRA-4: geração, transmissão e distribuição de energia elétrica, tais como estações e subestações reguladoras de energia elétrica e sistema de transmissão de energia elétrica, inclusive estação e subestação reguladora, usinas hidrelétricas, usinas termoelétricas, usinas eólicas, usinas fotovoltaicas, usinas de biomassa, usinas de biogás ou biometano, usinas elevatórias, barragens, diques, sangradouros e reservatórios para a geração de energia elétrica;

V – INFRA-5: rede de telecomunicações, dados e fibras ópticas, tais como central telefônica e estação rádio-base;

VI – INFRA-6: gestão integrada de resíduos sólidos, tais como depósito ou transbordo de materiais para reciclagem, usina ou estação de transbordo de inertes, aterros de resíduos sólidos não inertes, aterros de resíduos inertes (classe III) com área total superior a 1ha (um hectare) ou volume total a ser disposto superior a 20.000 m³ (vinte mil metros cúbicos), usina de tratamento de resíduos não inertes, depósito ou transbordo de resíduos sólidos não inertes, central de processamento de coleta seletiva, ecoparque, tratamento mecânico biológico-TMB, ecoponto;

VII – INFRA-7: saneamento ambiental, tais como estação de tratamento de água, centro de reservação de água, estação elevatória de água, estação de tratamento de esgoto, reservatório de retenção de água pluvial.

§ 1º. Excluem-se da subcategoria INFRA as obras e instalações integrantes de redes de infraestrutura, tais como rodovias, pontes e viadutos, adutoras, dutovias e linhas de transmissão, desde que não apresentem edificação acima do nível do solo e que não tenham permanência humana.

§ 2º. Para fins de licenciamento ambiental, as redes de que trata o § 1º deste artigo poderão ser instaladas no território do Município de acordo com as diretrizes da Lei nº 16.050, de 31 de julho de 2014 – PDE.

Art. 107. Os empreendimentos enquadrados na subcategoria de uso INFRA poderão ser implantados em qualquer local do Município desde que:

I – a sua localização esteja prevista em algum dos seguintes instrumentos normativos:

a) na Lei nº 16.050, de 31 de julho de 2014 – PDE; ou

b) no respectivo Plano Setorial pertinente; ou

c) nos Planos Regionais das Subprefeituras; ou

d) em leis específicas;

II – quando não se enquadrar no disposto no inciso I, a sua localização seja analisada pelo órgão público competente e obtenha deliberação favorável da CTLU.

§ 1º. Caberá à CTLU:

I – estabelecer parâmetros de parcelamento, uso e ocupação do solo, quando não estiverem previstos na respectiva zona;

II – excepcionar parâmetros de parcelamento, uso e ocupação do solo, conforme necessidade demonstrada pelo órgão público competente.

§ 2º. Fica permitida a instalação de atividades auxiliares, a serem identificadas em decreto, junto aos empreendimentos e instalações de infraestrutura, inclusive no subsolo.

§ 3º. A instalação do empreendimento, inclusive as atividades auxiliares, não estão sujeitas às disposições dos Quadros 3A, 4 e 4A desta Lei.

§ 4º. Os empreendimentos e instalações de infraestrutura que se enquadrarem nas subcategorias de uso especial de polos geradores de tráfego, empreendimentos geradores de impacto de vizinhança e empreendimentos geradores de impacto ambiental deverão obedecer às disposições específicas estabelecidas para o licenciamento urbanístico e ambiental desses empreendimentos, em especial o Estudo de Impacto de Vizinhança (EIV) e o Estudo de Impacto Ambiental (EIA).

§ 5º. A implantação de novos aeroportos e aeródromos dependerá de lei específica que estabeleça a localização do empreendimento, bem como os parâmetros de parcelamento, uso e ocupação aplicáveis, respeitados os limites estabelecidos nesta Lei e as demais disposições previstas na Lei nº 16.050, de 31 de julho de 2014 – PDE.

§ 6º. Ficam permitidas novas construções sobre os reservatórios de retenção de água pluvial, denominados piscinões, desde que:

I – sejam atendidos todos os parâmetros estabelecidos nesta Lei para a zona de uso incidente, excluído o atendimento do disposto nos Quadros 2, 2A, 3A, 3B e 3C desta Lei;

II – os usos a serem instalados se enquadrem nos grupos de atividade relacionados aos serviços públicos sociais e às atividades públicas de lazer;

III – nos casos em que o equipamento não tiver zona demarcada no Mapa 1 anexo a esta Lei, incidirão os parâmetros da categoria AVP-2 do SAPAVEL.

Art. 108. Os usos residenciais e não residenciais potencialmente geradores de impactos urbanísticos e ambientais serão enquadrados conforme as seguintes subcategorias especiais:

I – Polos Geradores de Tráfego (PGT): edificações permanentes que atraem ou produzem grande número de viagens ao longo do dia e/ou por período determinado, causando impacto no sistema viário e de transporte, podendo comprometer a acessibilidade, a mobilidade e a segurança de veículos e pedestres e que devem observar as diretrizes e condicionantes estabelecidas por órgão municipal competente e pela legislação específica;

II – Empreendimentos Geradores de Impacto de Vizinhança (EGIV): aqueles que podem gerar impacto significativo, alteração no seu entorno ou sobrecarga na capacidade de atendimento da infraestrutura e devem elaborar Estudo de Impacto de Vizinhança (EIV) e respectivo Relatório de Impacto de Vizinhança (RIV);

III – Empreendimentos Geradores de Impacto Ambiental (EGIA): aqueles que podem causar alteração das propriedades físicas, químicas e biológicas do meio ambiente e que direta ou indiretamente afetem:

a) a saúde, a segurança e o bem-estar da população;

b) as atividades sociais e econômicas;

c) a biota;

d) as condições paisagísticas e sanitárias do meio ambiente;

e) a qualidade dos recursos ambientais.

§ 1º. Os empreendimentos geradores de impacto ambiental, nos termos da legislação específica, deverão elaborar Estudo de Impacto Ambiental (EIA) e respectivo Relatório de Impacto Ambiental (RIMA) ou demais instrumentos previstos no licenciamento ambiental, que serão analisados e aprovados pela autoridade ambiental competente, ficando o empreendedor obrigado a cumprir as disposições estabelecidas no EIA/RIMA ou nos demais instrumentos para emissão das respectivas licenças ambientais.

§ 2º. A elaboração do EIA/RIMA poderá englobar a elaboração do Estudo de Impacto de Vizinhança (EIV) e respectivo Relatório de Impacto de Vizinhança (RIV), quando for o caso, a critério do Executivo.

§ 3º. A elaboração do EIV/RIV para Operações Urbanas Consorciadas, nos termos da Lei Federal nº 10.257, de 10 de julho de 2001 – Estatuto da Cidade, e da Lei nº 16.050, de 31 de julho de 2014 – PDE, não dispensará a elaboração de EIV/RIV para empreendimento inserido no perímetro da respectiva Operação Urbana Consorciada.

§ 4º. A elaboração do EIV/RIV deverá englobar a elaboração do Estudo de Impacto de Trânsito e Transportes (EITT) e respectivo Relatório de Impacto de Trânsito e Transportes (RITT), nos casos de empreendimentos que também sejam enquadrados em Polos Geradores de Tráfego (PGT).

§ 5º. O EIV/RIV será analisado e aprovado pelo órgão municipal competente.

Art. 109. Os empreendimentos enquadrados em Polos Geradores de Tráfego (PGT) são as edificações permanentes que apresentem ao menos uma das seguintes características:

I – edificações residenciais com 500 (quinhentas) vagas de estacionamento ou mais;

II – edificações não residenciais com 120 (cento e vinte) vagas de estacionamento ou mais, localizadas nas Áreas Especiais de Tráfego – AET, definidas conforme legislação específica;

III – edificações não residenciais com 280 (duzentas e oitenta) vagas de estacionamento ou mais, localizadas nas demais áreas do Município;

IV – serviços socioculturais e de lazer com mais de 2.500 m² (dois mil e quinhentos metros quadrados) de área construída computável;

V – locais destinados à prática de exercício físico ou esporte com mais de 2.500 m² (dois mil e quinhentos metros quadrados) de área construída computável;

VI – serviços de saúde com área construída computável igual ou superior a 7.500 m² (sete mil e quinhentos metros quadrados);

VII – locais de reunião ou eventos com capacidade para 500 (quinhentas) pessoas ou mais;

VIII – atividades e serviços públicos de caráter especial com capacidade para 500 (quinhentas) pessoas ou mais;

IX – serviços de educação com mais de 2.500 m² (dois mil e quinhentos metros quadrados) de área construída computável destinada a salas de aula;

X – locais de culto com capacidade para 500 (quinhentas) pessoas ou mais na área interna à edificação destinada ao culto.

§ 1º. Lei específica poderá rever o enquadramento dos empreendimentos classificados como PGT.

§ 2º. Caberá ao Executivo a definição de medidas de mitigação ou compensação, ficando o empreendedor obrigado a cumpri-las para a aprovação do empreendimento.

Art. 110. Os Empreendimentos Geradores de Impacto de Vizinhança (EGIV) são os seguintes:

I – uso comercial e de prestação de serviços com área construída total igual ou superior a 80.000 m² (oitenta mil metros quadrados);

II – uso industrial com área construída total igual ou superior a 25.000 m² (vinte e cinco mil metros quadrados);

III – uso institucional incluindo serviços de saúde e estabelecimentos de ensino público ou privado com área construída total igual ou superior a 50.000 m² (cinquenta mil metros quadrados);

IV – uso residencial com área construída total igual ou superior a 80.000 m² (oitenta mil metros quadrados) ou que apresentem mais de 600 (seiscentas) vagas de estacionamento.

Parágrafo único. Lei específica deverá regulamentar o instrumento do EIV e poderá rever o enquadramento dos empreendimentos classificados como EGIV.

Art. 111. Os Empreendimentos Geradores de Impacto de Vizinhança (EGIV) estão sujeitos à elaboração de Estudo de Impacto de Vizinhança (EIV) e do respectivo Relatório de Impacto de Vizinhança (RIV), conforme disposto na legislação específica, a ser analisado e aprovado por órgão municipal competente, ficando a expedição do certificado de conclusão condicionada ao atendimento das disposições estabelecidas no EIV para obtenção do alvará de aprovação do empreendimento.

Capítulo II
DAS CONDIÇÕES DE INSTALAÇÃO E DOS PARÂMETROS DE INCOMODIDADE

Art. 112. São condições de instalação dos usos:

I – número de vagas para estacionamento:

a) para automóveis;

b) especiais;

c) para motocicletas;

d) para bicicletas;

II – vestiário para usuários de bicicletas;

III – espaço de carga e descarga;

IV – área de embarque e desembarque de pessoas;

V – horário de carga e descarga;

VI – horário de funcionamento;

VII – largura da via.

§ 1º. As condições de instalação constam do Quadro 4A desta Lei.

§ 2º. Nas edificações ou lotes ocupados por mais de uma atividade não residencial, deverão ser atendidas as condições de instalação da atividade mais restritiva, quando não for possível diferenciar os parâmetros aplicáveis a cada uso.

§ 3º. Os horários de funcionamento, bem como os horários para carga e descarga, serão regulamentados pelo órgão municipal competente, respeitados os parâmetros de incomodidade do Quadro 4B desta Lei.

§ 4º. Os empreendimentos de até 500 m² (quinhentos metros quadrados) de área construída computável, exceto supermercados, poderão atender às exigências de vagas de carga e descarga, total ou parcial, por meio de uma central de armazenamento de carga ou bolsão de estacionamento localizados num raio de até 1.000 m (mil metros) dos respectivos empreendimentos, desde que autorizado pelo órgão municipal de trânsito competente.

§ 5º. Não se aplica a exigência prevista no inciso II do *caput* deste artigo às edificações existentes anteriormente à vigência desta Lei.

§ 6º. As condições de atendimento das disposições constantes da alínea "d" do inciso I do *caput* deste artigo serão definidas por decreto.

§ 7º. Para efeito de aplicação desta Lei, a largura de via a ser considerada é a menor dimensão existente na extensão da face de quadra em que o lote está situado, sendo admitida variação de no máximo 5% (cinco por cento) entre a largura existente no local e aquela exigida para a implantação do uso pretendido.

Art. 113. Os usos residenciais e não residenciais deverão atender aos parâmetros de incomodidade relativos a:

I – ruído;

II – vibração associada;

III – radiação;

IV – odores;

V – gases, vapores e material particulado.

§ 1º. Os parâmetros referidos neste artigo poderão variar conforme a zona e horários diurno e noturno, conforme Quadro 4B desta Lei.

§ 2º. Poderão ser definidos parâmetros especiais de incomodidade por lei municipal específica, em especial aqueles que busquem a redução de ruído no uso do solo conforme especificidades locais, de determinados usos e grandes equipamentos de infraestrutura geradores de ruído.

Capítulo III
DOS USOS INCENTIVADOS

Art. 114. Para novas construções e reformas com ampliação de área construída de hospitais, estabelecimentos de ensino, bem como de hotéis localizados em ZEU, o coeficiente de aproveitamento máximo será majorado em 50% (cinquenta por cento) do coeficiente de aproveitamento máximo definido no Quadro 3 desta Lei.

§ 1º. Quando o coeficiente de aproveitamento utilizado for superior ao básico, incidirá a outorga onerosa de potencial construtivo adicional, nos termos da Lei nº 16.050, de 31 de julho de 2014 – PDE.

§ 2º. Para hospitais e estabelecimentos de ensino localizados nas ZEM, ZEMP e ZEUP ou localizados no raio de 600 m (seiscentos metros) das estações de trem e de metrô localizadas na Macroárea de Estruturação Metropolitana estabelecida na Lei nº 16.050, de 31 de julho de 2014 – PDE, serão aplicados os parâmetros estabelecidos para a ZEU, independentemente do zoneamento incidente sobre o imóvel e do disposto no § 1º do art. 8º desta Lei, quando for o caso, com exceção de imóveis localizados em ZER, ZCOR, ZOE, ZEPAM e áreas integrantes do SAPAVEL.

§ 3º. Nos casos previstos no parágrafo anterior, os acessos principais de pedestres deverão estar inseridos dentro do raio de 600 m (seiscentos metros) disposto no § 2º deste artigo.

Art. 115. Nas novas construções, regularizações ou reformas com ampliação de área construída, ficam permitidos todos os usos relativos a serviços de saúde e educação em saúde, bem como os incentivos previstos no art. 114 desta Lei, nos imóveis contidos numa faixa envoltória de 150 m (cento e cinquenta metros) às divisas do lote onde se localizam complexos de saúde, educação em saúde e pesquisa em saúde existentes, independentemente da zona de uso onde estejam localizados, com exceção de imóveis localizados nas áreas integrantes do SAPAVEL.

§ 1º. Nos casos previstos no *caput* a taxa de ocupação máxima poderá ser majorada em 50% (cinquenta por cento) em relação à definida no Quadro 3 desta Lei.

§ 2º. Para fins de aplicação do disposto no *caput*, são considerados complexos de saúde os lotes inseridos dentro de uma área de, no mínimo, 20.000 m² (vinte mil metros quadrados) com predominância de usos relacionados à saúde, educação em saúde e pesquisa em saúde em pelo menos 60% (sessenta por cento) da área construída edificada existente na referida área, reconhecido pelo órgão municipal de planejamento urbano.

Art. 116. Para novas construções ou reformas com ampliação de área construída de hospitais localizados em qualquer zona, toda a área construída destinada à circulação, manobra e estacionamento de veículos será considerada não computável, respeitado o limite estabelecido no § 2º do art. 62 desta Lei.

Art. 117. Os hospitais públicos, conveniados à rede pública ou declarados de interesse público, poderão adotar os incentivos previstos nesta Lei e ficam dispensados das restrições de gabarito de altura máxima.

Art. 118. Quando as ruas de acesso aos hospitais enquadrados nas subcategorias nR2 e nR3 tiverem largura inferior a 12 m (doze metros), os projetos de reforma com ampliação de área construída deverão ser analisados por comissão intersecretarial e submetidos à apreciação da CTLU.

Art. 119. Os estabelecimentos de ensino comprovadamente instalados até a aprovação da Lei nº 16.050, de 31 de julho de 2014 – PDE, em qualquer zona, com exceção das ZER-1, ZER-2, ZERa e ZCOR-1, cuja área construída já tiver ultrapassado o coeficiente de aproveitamento máximo estabelecido por esta Lei, poderão ser objeto de ampliação ou regularização, mediante deliberação da CTLU, desde que:

I – seja motivada por necessidade de atualização pedagógica ou de higiene e segurança devidamente comprovada e justificada pelo proprietário e responsável técnico pelo projeto de ampliação;

II – a área construída adicional total não ultrapasse 20% (vinte por cento) da área construída total regularmente existente na data referida no *caput* deste artigo.

Parágrafo único. A ampliação prevista no *caput* será considerada área construída computável adicional e deverá incidir a outorga onerosa do direito de construir nos termos da Lei nº 16.050, de 31 de julho de 2014 – PDE.

Art. 120. Os estabelecimentos de ensino regularmente instalados nas ZER-1, ZER-2 e ZERa são passíveis de reformas essenciais à atualização pedagógica e necessárias à segurança, acessibilidade e higiene das edificações, instalações e equipamentos, desde que obedecidos os parâmetros fixados nos Quadros 3, 3A, 3B, 4A e 4B desta Lei e desde que sejam mantidas as vagas de estacionamento de veículos existentes, sendo admitida a vinculação de novas vagas em outro imóvel somente se este estiver situado em zona que permita a instalação de uso não residencial.

§ 1º. Para fins de aplicação do *caput*, quando houver ampliação da área edificada, esta não poderá ultrapassar 20% (vinte por cento) da área construída total regularmente existente na data de entrada em vigor da Lei nº 16.050, de 31 de julho de 2014 – PDE.

§ 2º. Quando houver eventual incremento de área construída que exceder os coeficientes de aproveitamento do Quadro 3 desta Lei, esta será considerada área construída computável adicional e deverá incidir a outorga onerosa do direito de construir nos termos da Lei nº 16.050, de 31 de julho de 2014 – PDE.

Art. 121. Os estabelecimentos de ensino comprovadamente instalados em ZCOR-1, ZCOR-2, ZCOR-3 e ZCORa até a entrada em vigor da Lei nº 16.050, de 31 de julho de 2014 – PDE, são passíveis de regularização e reformas essenciais à atualização pedagógica e necessárias à segurança, acessibilidade e higiene das edificações, instalações e equipamentos, desde que obedecidos os parâmetros fixados nos Quadros 3, 3A, 3B, 4A e 4B desta Lei, vedada a ampliação e desde que sejam mantidas as vagas de estacionamento de veículos existentes, sendo admitida a vinculação de novas vagas em outro imóvel somente se este estiver situado em zona que permita a instalação de uso não residencial.

Art. 122. Os estabelecimentos de ensino classificados nas subcategorias nR1 e nR2 poderão instalar-se em imóveis localizados nas ZER-1, ZER-2 e ZERa, desde que o interessado obtenha a anuência expressa, devidamente firmada e registrada em Cartório de Registro de Títulos e Documentos, de todos os proprietários limítrofes do imóvel em que se pretenda a instalação do estabelecimento escolar, bem como de, pelo menos, 2/3 (dois terços) dos proprietários dos imóveis que tenham mais de 50% (cinquenta por cento) de sua área contida na faixa de 100 m (cem metros) medida a partir do perímetro externo do lote a ser ocupado pelo estabelecimento escolar.

Art. 123. Os locais de culto comprovadamente instalados em ZER-1, ZER-2, ZERa, ZCOR-1, ZCOR-2, ZCOR-3, ZCORa, ZPR, ZMa, ZMIS, ZMISa, ZPDS, ZPDSr e ZEPAM até a entrada em vigor da Lei nº 16.050, de 31 de julho de 2014 – PDE, são passíveis de regularização e reformas, desde que:

I – sejam obedecidos os parâmetros fixados no Quadro 4B desta Lei;

II – seja respeitado o horário de funcionamento durante o período das 07h às 22h;

III – haja parecer favorável do órgão municipal de trânsito para os locais de culto classificados como nR2 e nR3, que poderá exigir condições de instalação específicos;

IV – sejam atendidas todas as normas de segurança das edificações, nos termos da legislação pertinente.

§ 1º. As reformas previstas no *caput* ficam limitadas ao incremento em 20% (vinte por cento) da área construída existente no momento de regularização da edificação.

§ 2º. A regularização prevista no *caput* poderá ser solicitada apenas durante o período de 2 (dois) anos após a aprovação desta Lei.

§ 3º. Os pedidos de reforma e a emissão de licença de funcionamento de atividades dependerão da regularização da edificação, nos termos da legislação vigente.

§ 4º. Para fins de atendimento do disposto no *caput* não se aplicam as disposições dos quadros 2, 3, 3A, 4 e 4A desta Lei.

§ 5º. A regularização e reformas de locais de culto localizados em ZEPAM será precedida de parecer do órgão ambiental municipal competente quanto à preservação dos atributos ambientais existentes.

Art. 124. Os usos enquadrados na subcategoria de uso Ind-2 comprovadamente instalados nas zonas ZM, ZMa, ZC, ZCa, ZEIS, ZEU, ZEUP, ZEUa, ZEUPa, ZEM, ZEMP, ZPI, ZDE e ZPDS e na subcategoria de uso Ind-1b nas zonas ZMa, ZCa e ZPDS, até a entrada em vigor da Lei nº 16.050, de 31 de julho de 2014 – PDE, são passíveis de regularização e reformas, independentemente da largura da via, desde que:

I – sejam obedecidos os parâmetros fixados nos Quadros 3, 4A e 4B desta Lei;

II – haja parecer favorável do órgão municipal de trânsito, que poderá exigir condições de instalação específicas;

III – haja parecer favorável do órgão municipal ambiental e sejam obtidas as respectivas licenças ambientais, conforme o caso;

IV – sejam atendidas todas as normas de segurança das edificações, nos termos da legislação pertinente.

§ 1º. As reformas previstas no *caput* ficam limitadas ao incremento em 20% (vinte por cento) da área construída existente no momento de regularização da edificação.

§ 2º. A regularização prevista no *caput* poderá ser solicitada apenas durante o período de 2 (dois) anos após a aprovação desta Lei.

§ 3º. Os pedidos de reforma e a emissão de licença de funcionamento de atividades dependerão da regularização da edificação, nos termos da legislação vigente.

Art. 125. Não poderão ter destinação diversa as edificações que tenham se beneficiado dos incentivos específicos aos estabelecimentos de ensino, aos hospitais, aos hotéis e aos locais de culto previstos nesta Lei.

Art. 126. Nos edifícios-garagem não incidirá contrapartida financeira da outorga onerosa de potencial construtivo adicional desde que as áreas edificadas nos pavimentos de acesso sejam destinadas a outros usos não residenciais, que possuam a fachada ativa e que seja aplicada no mínimo 50% (cinquenta por cento) de cobertura verde na edificação.

§ 1º. O incentivo previsto no *caput* deste artigo será aplicado:

I – nas áreas definidas no Mapa 4 desta Lei;

II – nas quadras localizadas num raio de 600 m (seiscentos metros) de novas estações de trem, metrô ou monotrilho que estejam localizadas nas extremidades das respectivas linhas ou que tenham conexão com outra linha de trem, metrô ou monotrilho.

§ 2º. A incidência do incentivo na hipótese prevista no inciso II do § 1º deste artigo será declarada por decreto que identificará a localização das novas estações, obedecida a regra estabelecida nesta Lei.

Art. 127. Os empreendimentos considerados de baixo risco e os locais de culto enquadrados nas subcategorias de uso nR1 e nR2 serão isentos do atendimento da largura mínima de via estabelecida no Quadro 4A desta Lei.

§ 1º. O Executivo regulamentará, por decreto, os empreendimentos considerados de baixo risco, com base nos seguintes critérios:

I – o nível de perigo potencial de ocorrência de danos à integridade física, à saúde humana, ao meio ambiente ou ao patrimônio em decorrência de exercício de atividade econômica;

II – o grau de incomodidade conforme o porte, natureza e lotação das atividades, a partir dos parâmetros estabelecidos nesta Lei;

III – o potencial de geração de viagens e de tráfego das atividades;

IV – a interferência potencial das atividades na fluidez do tráfego.

§ 2º. Para as atividades auxiliares aos locais de culto, somente serão isentas do atendimento da largura mínima de via aquelas enquadradas nos grupos de atividade nR1-2, nR1-3, nR1-5, nR1-6, nR1-8, nR1-9, nR1-10 e nR1-12, desde que atendidas as demais disposições desta Lei.

TÍTULO VI
DO LICENCIAMENTO, DA FISCALIZAÇÃO E DOS PROCEDIMENTOS ADMINISTRATIVOS

Art. 128. O parcelamento, ocupação e uso do solo estão sujeitos aos procedimentos estabelecidos nesta Lei, em leis específicas e nas disposições regulamentares pertinentes.

Art. 129. A edificação, para fins da disciplina do uso e ocupação do solo, classifica-se em conforme ou não conforme.

§ 1º. Edificação conforme é aquela que atende às características de parcelamento, uso e ocupação do solo dispostas nesta Lei.

§ 2º. Edificação não conforme é aquela que não atende a qualquer uma das características de parcelamento, uso e ocupação do solo dispostas nesta Lei.

Art. 130. As edificações serão consideradas em situação regular nas hipóteses previstas pela legislação edilícia.

Art. 131. O uso de imóveis, para fins da disciplina de parcelamento, uso e ocupação do solo, classifica-se em permitido ou não permitido e em conforme ou não conforme.

§ 1º. Uso permitido no local é aquele passível de ser implantado ou instalado no imóvel em função da zona e da largura da via.

§ 2º. Uso não permitido no local é aquele não passível de ser implantado ou instalado no imóvel em função da zona e da largura da via.

§ 3º. Uso conforme é aquele permitido no local e que atende também a todos os parâmetros de incomodidade e condições de instalação dos usos constantes dos Quadros 4A e 4B desta Lei.

§ 4º. Uso não conforme é aquele que não é permitido no local ou, no caso de uso não residencial – nR, aquele que, mesmo permitido, não atende a qualquer um dos parâmetros de incomodidade ou a qualquer uma das condições de instalação constantes dos Quadros 4A e 4B desta Lei.

Art. 132. O uso conforme poderá instalar-se em edificação em situação regular, ainda que não conforme.

§ 1º. Os usos não residenciais – nR serão considerados irregulares quando ocuparem ou utilizarem imóveis irregulares de acordo com as definições constantes da legislação edilícia, ressalvado o disposto no art. 133 desta Lei.

§ 2º. Os usos não residenciais também serão considerados em situação irregular quando a licença a que se refere o art. 136 desta Lei tenha perdido a eficácia em função de alterações de utilização, de incomodidade ou de instalação ocorridas em relação às condições anteriores regularmente aceitas pelo Executivo.

Art. 133. Nos casos dos empreendimentos considerados de baixo risco referidos no art. 127 desta Lei, o uso poderá ser instalado em edificação não regular de acordo com as definições da legislação edilícia, desde que asseguradas as condições de higiene, segurança de uso, estabilidade, habitabilidade da edificação, assim como as condições de instalação e os parâmetros de incomodidade.

§ 1º. O disposto no *caput* deste artigo não exime o proprietário da edificação dos procedimentos e penalidades decorrentes da legislação edilícia.

§ 2º. Aplica-se o disposto no *caput* nas atividades auxiliares dos empreendimentos enquadrados no grupo de atividade INFRA-1 da subcategoria de uso INFRA.

Capítulo I
DOS PARCELAMENTOS E EDIFICAÇÕES EXISTENTES E USOS INSTALADOS

Art. 134. É permitida a ocupação e o uso de lote com área ou frente inferior ao mínimo estabelecido para a respectiva zona quando o lote:

I – puder ser considerado regular em decorrência da legislação aplicável à época do parcelamento do qual resultou;

II – for remanescente de área maior atingida por desapropriação ou melhoramento público;

III – houver sido objeto de usucapião, do qual tenha resultado área ou frente inferior ao mínimo estabelecido para a zona;

IV – for destinado a:

a) regularização fundiária de interesse social;

b) empreendimentos de habitação de interesse social;

c) empreendimentos de habitação de mercado popular;

d) edificação enquadrada na categoria de uso R2h-1.

Art. 135. O uso comprovadamente instalado até a data de publicação desta Lei, permitido para o local na legislação vigente quando de sua instalação, que tenha se tornado não permitido ou não conforme nos termos desta Lei, será tolerado, desde que:

I – a edificação possa ser considerada em situação regular nos termos da legislação edilícia;

II – no caso do uso não residencial – nR, sejam atendidos os parâmetros de incomodidade.

§ 1º. O Executivo poderá, com objetivo de possibilitar a adequação aos novos parâmetros desta Lei, conceder prazo proporcional aos ajustes necessários ao atendimento de cada parâmetro de incomodidade, a partir da entrada em vigor desta Lei, até o máximo de 360 (trezentos e sessenta) dias, excetuadas:

I – as exigências relativas a horário de carga e descarga, que devem ser imediatamente atendidas;

II – as exigências da legislação específica sobre controle da emissão de ruído.

§ 2º. Nas edificações de que trata o § 2º do art. 129 desta Lei não serão permitidas ampliações, sendo admitidas somente reformas essenciais à segurança e higiene dessas edificações e a instalação de equipamentos necessários.

§ 3º. Nas edificações regulares em razão de Certificado de Conclusão, Auto de Regularização, Auto de Vistoria ou Alvarás de Conservação expedidos de acordo com as disposições anteriores a esta Lei, poderá ser instalado o uso declarado na respectiva aprovação ou regularização, ainda que este não seja considerado permitido nos termos desta Lei.

Capítulo II
DO LICENCIAMENTO DAS ATIVIDADES

Art. 136. Nenhuma atividade não residencial – nR poderá ser instalada sem prévia emissão, pela Prefeitura, da licença correspondente, sem a qual será considerada em situação irregular.

§ 1º. A licença a que se refere o *caput* deste artigo deverá ser emitida preferentemente de modo eletrônico pelo sítio da Prefeitura na internet.

§ 2º. A expedição da licença a que se refere o *caput* deste artigo dependerá de ser o uso permitido na zona, da regularidade da edificação e do atendimento das condições de instalação e dos parâmetros de incomodidade previstos nos Quadros 4A e 4B desta Lei, ressalvado o disposto no art. 133 desta Lei.

§ 3º. Nas unidades habitacionais situadas em qualquer zona, exceto nas ZER, é facultado aos respectivos moradores o exercício de suas profissões, com o emprego de no máximo 1 (um) auxiliar ou funcionário, observados os parâmetros de incomodidade definidos para a zona ou via, dispensada a licença a que se refere o *caput* deste artigo.

§ 4º. Nas unidades habitacionais situadas em ZER, é facultado aos respectivos moradores o exercício de atividades intelectuais, sem receber clientes e sem utilizar auxiliares ou funcionários, observados os parâmetros de incomodidade definidos para as ZER, dispensada a licença a que se refere o *caput* deste artigo.

§ 5º. Ficam mantidas as disposições da Lei nº 15.031, de 13 de novembro de 2009.

§ 6º. A licença de funcionamento poderá ser expedida concomitantemente à emissão de certificado de conclusão ou documento equivalente para as atividades a serem elencadas por ato do Executivo, quando a atividade licenciada corresponder àquela declarada na respectiva aprovação ou regularização da edificação.

Art. 137. A emissão de alvarás, licenças de funcionamento ou suspensão de atividades enquadradas no licenciamento ambiental municipal, certificados de conclusão e outras situações específicas referentes ao uso e à ocupação do solo em áreas públicas ou privadas consideradas potencialmente contaminadas, suspeitas de contaminação, contaminadas ou em monitoramento ambiental, fica condicionada à manifestação favorável do órgão ambiental competente, respeitada a legislação aplicável em vigor.

§ 1º. O Executivo estabelecerá os critérios de classificação das atividades potencialmente contaminadas ou suspeitas de contaminação capazes de alterar a qualidade do solo e das águas subterrâneas.

§ 2º. O Executivo poderá exigir, a qualquer momento, ao responsável pela área a que se refere o *caput* deste artigo a apresentação de investigação ambiental do terreno para o uso instalado ou pretendido, assinada por profissional habilitado, e outros documentos julgados necessários, que serão submetidos à apreciação do órgão municipal competente.

§ 3º. Até a publicação, por ato do Executivo, dos critérios de classificação das atividades mencionadas no § 1º deste artigo, para fins de aplicação do disposto no *caput*, considerar-se-ão suspeitos de contaminação os imóveis que tenham, a qualquer tempo, abrigado qualquer das seguintes atividades:

I – indústria química;

II – indústria petroquímica;

III – indústria metalúrgica;

IV – indústria farmacêutica;

V – montadoras;

VI – indústria têxtil/tinturaria;

VII – depósitos de resíduos;

VIII – depósito de materiais radioativos;

IX – depósito de materiais provenientes de indústria química e petroquímica;

X – aterro sanitário;

XI – cemitério;

XII – mineração;

XIII – hospital;

XIV – posto de abastecimento de combustível.

§ 4º. Os bens classificados como áreas contaminadas, nos termos desta Lei, poderão ser objeto de desafetação e alienação, por meio de venda ou permuta, devendo os recursos ou imóveis recebidos em contraprestação ser obrigatoriamente destinados à implantação de equipamentos sociais ou de áreas verdes.

Art. 138. A realização de eventos públicos temporários sem prévia autorização, quando exigida, acarretará multa no valor estabelecido no Quadro 5 desta Lei.

Capítulo III
DA FISCALIZAÇÃO

Seção I
Dos Usos Irregulares

Art. 139. Para os efeitos desta Lei, considera-se infrator o proprietário, o possuidor ou seu sucessor a qualquer título e a pessoa física ou jurídica responsável pelo uso irregular ou não conforme, de acordo com as definições desta Lei e o tipo de infração cometida.

Art. 140. A licença a que se refere o art. 136 deverá estar afixada, permanentemente, em posição visível para o público, no acesso principal dos imóveis de uso não residencial – nR.

Art. 141. Constatado o funcionamento da atividade sem a licença a que se refere o art. 136, o funcionamento da atividade será considerado irregular, ensejando a lavratura de Autos de Infração e de Multa e, concomitantemente, de Auto de Intimação para regularizar a situação ou encerrar a atividade, nos seguintes prazos:

I – 90 (noventa) dias, para a atividade considerada conforme;

II – 30 (trinta) dias, para a atividade considerada permitida no local;

III – 5 (cinco) dias úteis, para a atividade considerada não permitida no local.

§ 1º. Em se tratando de atividade considerada permitida no local, mas que não atenda as condições de instalação ou as normas de segurança, de habitabilidade ou de higiene, o prazo será de 10 (dez) dias, sem prejuízo da imediata observância dos parâmetros de incomodidade.

§ 2º. Os prazos estabelecidos neste artigo são improrrogáveis e contados da data da intimação do responsável ou de seu preposto.

Art. 142. O desatendimento do Auto de Intimação de que trata o art. 141 desta Lei implicará a lavratura de Autos de Infração e de Multa, concomitantemente, com a interdição da atividade, com lacre.

§ 1º. A interdição da atividade, a critério da fiscalização, também poderá ser efetivada utilizando meios físicos que criem obstáculos ao acesso, tais como emparedamento dos acessos, colocação de defensas de concreto, tubos de concreto, dentre outros obstáculos.

§ 2º. Os custos de colocação e retirada dos obstáculos físicos serão apropriados com base na tabela de preços municipais em vigor, acrescidos de taxa adicional de 100% (cem por cento) a título de taxa de administração, e serão cobrados do infrator.

§ 3º. Para a interdição da atividade, deverão ser adotados meios compatíveis, cuidando-se para que não seja impedida a retirada de documentos, pertences pessoais e produtos perecíveis.

Art. 143. Constatada a desobediência da ordem de interdição, será lavrado Auto de Constatação, bem como Autos de Infração e de Multa, sendo o fato noticiado à autoridade policial competente para a instauração de inquérito por crime de desobediência.

§ 1º. A multa por desobediência à interdição será renovada automaticamente a cada 15 (quinze) dias, até que o efetivo encerramento da atividade seja comunicado, por escrito, ao órgão municipal competente.

§ 2º. Para cumprimento da disposição do *caput* deste artigo, o infrator ou o responsável pela atividade encontrada funcionando poderá ser conduzido pessoalmente, com auxilio policial, à autoridade competente para a instauração do referido inquérito.

Art. 144. Persistindo o funcionamento irregular após a interdição e requerida a instauração do inquérito policial, serão adotadas as providências necessárias ao ajuizamento das medidas judiciais cabíveis, mantidas as multas em sua periodicidade até o encerramento da atividade com a desocupação do imóvel.

Art. 145. As atividades não permitidas, objeto de ação fiscal, constarão do Portal da Transparência da Prefeitura na internet, indicando a respectiva fase da fiscalização, atualizada de acordo com a periodicidade pertinente.

§ 1º. Da publicação deverá constar o nome do estabelecimento, nome fantasia, local do estabelecimento e a fase da ação fiscal detalhada, entre outros dados.

§ 2º. Encerrado o funcionamento do estabelecimento com a desocupação do imóvel, será retirada do Portal qualquer indicação da ação fiscal promovida.

Seção II
Do desrespeito aos parâmetros de incomodidade

Art. 146. Fica proibida a emissão de ruídos, produzidos por quaisquer meios ou de quaisquer espécies, com níveis superiores aos determinados pela legislação federal, estadual ou municipal, prevalecendo a mais restritiva.

§ 1º. As medições deverão ser efetuadas pelos agentes competentes na forma da legislação aplicável, por meio de sonômetros devidamente aferidos, de acordo com as normas técnicas em vigor.

§ 2º. Não estarão sujeitos às proibições desta Lei os sons produzidos pelas seguintes fontes:

a) aparelhos sonoros usados durante a propaganda eleitoral, conforme o disposto na legislação própria;

b) sereias ou aparelhos sonoros de viaturas quando em serviços de socorro ou de policiamento;

c) detonações de explosivos empregados no arrebentamento de pedreiras e rochas ou nas demolições, desde que em horário e com carga previamente autorizados por órgão competente;

d) manifestações em festividades religiosas, comemorações oficiais, reuniões desportivas, festejos ou ensaios carnavalescos e juninos, passeatas, desfiles, fanfarras, bandas de música, desde que se realizem em horário e local previamente autorizados pelo órgão competente ou nas circunstâncias consagradas pela tradição;

e) sinos de templos, desde que os sons tenham duração não superior a 60 segundos, e apenas para a assinalação das horas e dos ofícios religiosos; e carrilhões, desde que os sons tenham duração não superior a 15 (quinze) minutos, a cada 4 (quatro) horas e somente no período diurno das 7h às 19h.

§ 3º. A fiscalização de ruído proveniente de veículos automotores seguirá o disposto em legislação própria.

Art. 147. Os estabelecimentos que comercializem bebida alcoólica e que funcionem com portas, janelas ou quaisquer vãos abertos, ou ainda, que utilizem terraços, varandas ou espaços assemelhados, bem como aqueles cujo funcionamento cause prejuízo ao sossego público, não poderão funcionar entre 1h e 5h.

§ 1º. A fiscalização da infração ao disposto no *caput* deste artigo independe de medição por sonômetro.

§ 2º. Não se considera infração a abertura de estabelecimento para lavagem ou limpeza, desde que tais atos não gerem incomodidade.

§ 3º. O estabelecimento poderá funcionar no horário referido no *caput* deste artigo, desde que providencie adequação acústica e não gere nenhuma incomodidade.

Art. 148. Sem prejuízo das penalidades definidas pela legislação federal e estadual em vigor, aos responsáveis pelo uso não residencial serão aplicadas as seguintes penalidades pelo descumprimento do disposto nos arts. 146 e 147 desta Lei:

I – na primeira autuação, multa e intimação para cessar a irregularidade;

II – na segunda autuação, multa, no dobro do valor da primeira autuação, e nova intimação para cessar a irregularidade;

III – na terceira autuação, multa, no triplo do valor da primeira autuação, e fechamento administrativo;

IV – desobedecido o fechamento administrativo, será requerida a instauração de inquérito policial, com base no art. 330 do Código Penal, e realizado novo fechamento ou embargo de obra, com auxílio policial, se necessário, e, a critério da fiscalização, poderão ser utilizados meios físicos que criem obstáculos ao acesso, tais como emparedamento, defensas de concreto, tubos de concreto, dentre outros.

Parágrafo único. A ação fiscalizatória relativa ao uso irregular, nos casos em que não houver a licença a que se refere o art. 136 desta Lei, seguirá o disposto na Seção I deste Capítulo, sem prejuízo das sanções previstas neste artigo.

Seção III
Dos Parcelamentos Irregulares

Art. 149. Aqueles que executarem parcelamento do solo, em qualquer de suas modalidades, sem prévia aprovação do respectivo projeto pela Prefeitura do Município de São Paulo, ou em desacordo com o projeto aprovado e não lograrem comprovar sua regularização, ficam sujeitos às seguintes sanções:

I – multa, aplicada no momento da vistoria inicial, no valor estabelecido no Quadro 5 desta Lei;

II – intimação, lavrada simultaneamente à imposição da multa, para que, no prazo de 10 (dez) dias, apresentem a documentação que comprove a regularidade do parcelamento do solo.

§ 1º. A multa pelo não atendimento à intimação prevista no inciso II do *caput* deste artigo será renovada automaticamente a cada 30 (trinta) dias, até que seja comunicada pelo responsável, por escrito, ao órgão municipal competente, a comprovada regularização ou paralisação total da execução do loteamento e das obras ou edificações nele localizadas.

§ 2º. Na falta de documento no local das obras que comprove a sua regularidade, além da multa e da intimação, serão adotadas as seguintes medidas:

I – apreensão de máquinas, veículos e equipamentos que estejam sendo utilizados na implantação do parcelamento;

II – apreensão ou inutilização de materiais de construção.

§ 3º. No caso das edificações não autorizadas, serão aplicadas as seguintes penalidades:

I – multa e embargo de cada edificação, nos termos do Código de Obras e Edificações (COE), vigente na época da constatação da irregularidade;

II – apreensão ou inutilização dos materiais de construção;

III – intimação dos responsáveis para desfazerem voluntariamente as obras, ampliações ou edificações em parcelamento não consolidados, no prazo de 2 (dois) dias.

§ 4º. O não atendimento à intimação prevista no inciso III do § 3º deste artigo acarretará a demolição das obras, ampliações ou edificações, que deverá ser previamente autorizada pelo Subprefeito competente mediante despacho fundamentado proferido no processo administrativo correspondente.

§ 5º. A qualquer tempo, poder ser apreendido todo material utilizado para promoção de venda e compra de lotes, tais como plantas, propostas de venda e compra, faixas e papéis de propaganda.

§ 6º. Para efeito do disposto neste artigo, considera-se:

I – infrator o proprietário ou seu sucessor a qualquer título, o possuidor do imóvel, ou, ainda, as associações, cooperativas ou imobiliárias que promoverem a ocupação irregular;

II – Parcelamento Consolidado aquele que apresenta vias dotadas de iluminação pública, guias e sarjetas, e que tenha suas edificações dotadas de redes de água encanada, esgoto e eletricidade implantados oficialmente pelas empresas concessionárias de serviços públicos.

Seção IV
Do Procedimento

Art. 150. Cadastrado o Auto de Multa, far-se-á a notificação do infrator para, no prazo nela determinado, pagar ou apresentar defesa, dirigida ao Supervisor de Fiscalização, sob pena de subsequente inscrição na dívida ativa.

§ 1º. Apresentada a defesa e feita a análise, a respectiva decisão será publicada no Diário Oficial da Cidade e cadastrada, expedindo-se nova notificação ao infrator, da qual constará a data máxima para pagamento ou interposição de recurso dirigido ao Subprefeito.

§ 2º. O despacho que indeferir o recurso será publicado no Diário Oficial da Cidade e cadastrado, encaminhando-se nova notificação ao infrator, da qual constará a data máxima para pagamento, estando encerrada a instância administrativa.

§ 3º. Nas hipóteses previstas na Seção II deste Capítulo, as defesas serão dirigidas ao Diretor do PSIU e os recursos ao Supervisor Geral de Uso e Ocupação do Solo, aplicando-se as demais disposições previstas neste artigo.

Art. 151. As notificações e as intimações serão dirigidas ao infrator ou seu representante legal, como tal considerados os sócios da empresa, o mandatário, o administrador ou o gerente, efetivando-se:

I – por via postal, com aviso de recebimento, no endereço do estabelecimento ou local de trabalho ou no domicílio tributário constante dos cadastros municipais;

II – por edital publicado no Diário Oficial da Cidade.

Art. 152. A aplicação das multas pecuniárias estabelecidas nesta Lei não afasta as sanções imputadas ou medidas judiciais cabíveis.

Art. 153. Os procedimentos administrativos e ações judiciais iniciados antes da data da publicação desta Lei, referentes ao parcelamento, edificação e uso irregular, deverão prosseguir com observância das normas estabelecidas nesta Lei.

TÍTULO VII
DAS DISPOSIÇÕES FINAIS

Art. 154. Nas áreas das operações urbanas e operações urbanas consorciadas em curso, aplicam-se as disposições desta Lei, mantidas as disposições das leis específicas que as instituíram.

Art. 155. Os parâmetros de parcelamento, uso e ocupação do solo estabelecidos nos Projetos de Intervenção Urbana, que forem instituídos por lei específica, nos termos da Lei nº 16.050, de 31 de julho de 2014 – PDE, prevalecerão em relação aos parâmetros estabelecidos na presente lei.

Parágrafo único. Os Projetos de Intervenção Urbana instituídos por lei poderão prever incentivos para a recuperação de áreas degradadas ou contaminadas.

Art. 156. Os projetos de lei originários do Executivo que proponham alterações nos perímetros de zonas ou caracterização de novos perímetros serão submetidos ao Conselho Municipal de Política Urbana (CMPU) previamente ao seu encaminhamento à Câmara Municipal.

Art. 157. Os casos omissos e aqueles que não se enquadrarem nas disposições desta Lei relacionados com parcelamento, uso ou ocupação do solo no Município serão instruídos pelas unidades da Administração e decididos pela CTLU.

Art. 158. Por requerimento do interessado, a atividade que não constar da classificação de uso estabelecida pelo Executivo poderá ter seu enquadramento solicitado, desde que atendidos os requisitos pertinentes ao enquadramento.

Parágrafo único. Depois de instruído, o pedido será encaminhado à CTLU que deverá deliberar sobre o enquadramento definitivo.

Art. 159. No caso de alteração de localização da Companhia de Entrepostos e Armazéns Gerais de São Paulo – CEAGESP, lei específica definirá os parâmetros de parcelamento, uso e ocupação do solo do território destinado a abrigar tal atividade.

Parágrafo único. Na eventual alteração de uso do CEAGESP, deverão ser atendidas as seguintes condicionantes para a totalidade do perímetro da ZOE na qual está localizado o CEAGESP:

I – os parâmetros de uso e ocupação e os parâmetros de incomodidade deverão ser definidos em Projeto de Intervenção Urbana a ser regulamentado por decreto;

II – o coeficiente de aproveitamento máximo poderá ser diferente daquele previsto no art. 15 desta Lei, desde que o potencial construtivo adicional seja limitado a 1.150.000 m² (um milhão cento e cinquenta mil metros quadrados) de área construída computável;

III – não se aplicam os limites mínimos e máximos estabelecidos nos arts. 41, 42 e 43 desta Lei;

IV – No caso do CEAGESP se instalar em outra localidade dentro do Município de São Paulo, o fator de planejamento (Fp) será igual a zero para fins de cálculo da contrapartida financeira relativa à outorga onerosa de potencial construtivo adicional para novas construções que forem edificadas dentro do perímetro da ZOE referida no *caput* e desde que os novos empreendimentos estejam envolvidos em parceria público-privada para a transferência do CEAGESP.

Art. 160. As propostas de utilização das áreas públicas pertencentes ao Município serão analisadas por comissão intersecretarial.

Art. 161. A revisão do enquadramento de atividades de acordo com os grupos de atividade e respectivas subcategorias de uso será realizada pelo Poder Executivo, num prazo máximo de 180 (cento e oitenta) dias, com base na Classificação Nacional de Atividades Econômicas (CNAE), oficializada pelo órgão federal competente, facultado o acréscimo de dígitos visando à adequação aos sistemas municipais nos assuntos tributários, urbanísticos e edilícios de sua competência.

§ 1º. Até que seja editado o decreto previsto no *caput*, ficam mantidas as mesmas classificações vigentes, sendo os casos não previstos ou em que se constatarem dúvidas submetidos à Câmara Técnica de Legislação Urbanística – CTLU, para solução com base na competência atribuída pela Lei nº 16.050, de 31 de julho de 2014 – PDE.

§ 2º. O enquadramento previsto no *caput* deverá considerar o disposto no Quadro 10 da Lei nº 16.050, de 31 de julho de 2014 – PDE.

Art. 162. Os processos de licenciamento de obras, edificações e atividades e os projetos de parcelamento do solo, protocolados até a data de publicação desta Lei e sem despacho decisório serão apreciados integralmente de acordo com a legislação em vigor à época do protocolo, exceto nos casos de manifestação formal do interessado a qualquer tempo, optando pela análise integral de acordo com suas disposições.

§ 1º. Os processos de licenciamento de obras e edificações referidos no *caput* serão indeferidos:

I – nos casos previstos no Código de Obras e Edificações (COE) e alterações posteriores;

II – se for requerida a modificação da versão do projeto constante do processo em análise na data de promulgação desta Lei, nos seguintes termos:

a) alteração de uso, categoria de uso ou subcategoria de uso;

b) acréscimo superior a mais de 5% (cinco por cento) nas áreas computáveis ou não computáveis;

c) alteração em mais de 5% (cinco por cento) na taxa de ocupação.

§ 2º. Serão apreciados nos termos do *caput* os projetos de parcelamento do solo cuja Certidão de Diretrizes já tiver sido emitida pelo órgão municipal competente.

§ 3º. Os projetos de parcelamento do solo previstos no parágrafo anterior serão indeferidos quando for requerida alteração em mais de 5% (cinco por cento) do projeto após a vigência desta Lei.

Art. 163. Os projetos modificativos de projetos de edificação com licenças expedidas nos termos da legislação vigente anteriormente à data de publicação desta Lei e protocolados após a data de sua publicação serão analisados de acordo com as disposições do art. 162 desta Lei.

§ 1º. Os projetos modificativos não poderão agravar as desconformidades da edificação, nos termos da nova regência legal.

§ 2º. A incorporação de novos lotes será admitida, aplicando-se ao lote resultante todas as disposições, índices e parâmetros estabelecidos nesta Lei.

Art. 164. Os mapas integrantes desta Lei correspondem aos arquivos digitais da Secretaria Municipal de Desenvolvimento Urbano (SMDU), assinados eletronicamente, os quais serão disponibilizados pelo Executivo no Portal da Prefeitura do Município de São Paulo na internet.

§ 1º. O Executivo deverá disponibilizar em até 180 (cento e oitenta) dias após a sanção desta Lei mapa em escala 1:5.000 (um para cinco mil), em folhas articuladas, com o zoneamento consolidado e os lotes do Município.

§ 2º. Os mapas articulados deverão ser atualizados sempre que necessário, mantendo nos mapas os históricos de todas as alterações.

Art. 165. O valor das multas será atualizado anualmente pela variação do Índice de Preços ao Consumidor Amplo (IPCA), apurado pelo Instituto Brasileiro de Geografia e Estatística (IBGE), ou por outro índice que venha a substituí-lo.

Art. 166. Os imóveis ou territórios demarcados como ZEPEC, com fundamento no inciso I do art. 64 da Lei nº 16.050, de 31 de julho de 2014 – PDE, indicados para tombamento no Mapa 2 desta Lei e aqueles com processo de tombamento aberto serão automaticamente desenquadrados como ZEPEC se no período de 2 (dois) anos após a publicação desta Lei não tiverem sido tombados pelos órgãos de preservação competentes.

Art. 167. Não se aplicam os limites máximos estabelecidos nos arts. 41, 42 e 43 desta Lei na área denominada Pátio do Pari.

Art. 168. Para fins de aplicação do art. 55 e do Quadro 04, todos da Lei nº 16.050, de 31 de julho de 2014 – PDE, os percentuais mínimos a que se referem deverão ser destinados às áreas construídas computáveis, desconsideradas as áreas construídas não computáveis, conforme cada categoria de uso.

Art. 169. Ficam estabelecidos os seguintes parâmetros específicos para os respectivos perímetros de ZOE:

I – no perímetro da ZOE do Anhembi o coeficiente de aproveitamento máximo poderá ser diferente daquele previsto no art. 15 desta Lei, desde que o potencial construtivo total seja limitado a 1.000.000 m² (um milhão de metros quadrados) de área construída computável e os percentuais de destinação mínima de área pública poderão ser diferentes daqueles estabelecidos no Quadro 2 desta Lei, respeitada a destinação mínima obrigatória de 20% (vinte por cento) de área.

II – no perímetro da ZOE do Canindé o coeficiente de aproveitamento máximo poderá ser diferente daquele previsto no art. 15 desta Lei, desde que o potencial construtivo total seja limitado a 300.000 m² (trezentos mil metros quadrados) de área construída computável e os percentuais de destinação mínima de área pública poderão ser diferentes daqueles estabelecidos no Quadro 2 desta Lei, respeitada a destinação mínima obrigatória de 20% (vinte por cento) de área.

Art. 170. Para fins de aplicação do art. 46 da Lei nº 16.050, de 31 de julho de 2014 – PDE, a atualização dos valores da renda familiar mensal para HIS e HMP deverá considerar o maior valor dentre aquele decorrente da aplicação do Índice Nacional de Preços ao Consumidor Amplo (IPCA) e aquele definido para o salário mínimo, considerando o número de salários conforme HIS 1, HIS 2 e HMP, respeitados os limites estabelecidos no parágrafo único do referido artigo.

Art. 171. No caso de novas construções ou de reformas com ampliação de área construída com ou sem mudança de uso que forem realizadas em bens públicos reversíveis de entidades da administração pública direta e indireta, o fator de planejamento (Fp) será igual a zero para fins de cálculo da contrapartida financeira relativa à outorga onerosa de potencial construtivo adicional nos termos do art. 117 da Lei nº 16.050, de 31 de julho de 2014 – PDE.

Art. 172. O valor total da contrapartida financeira relativa à outorga onerosa de potencial construtivo adicional nos termos da Lei nº 16.050, de 31 de julho de 2014 – PDE, poderá ser pago em até 10 (dez) parcelas mensais.

Parágrafo único. Para fins de aplicação do disposto no *caput*, o pagamento parcelado deverá ocorrer após a expedição do alvará de aprovação e ser totalmente quitado antes da emissão do alvará de execução.

Art. 173. Não se aplica o disposto nos arts. 111 e 112 da Lei nº 16.050, de 31 de julho de 2014 – PDE, nos empreendimentos e atividades públicos enquadrados nos grupos de atividades da subcategoria INFRA e nos seguintes grupos de atividade:

I – nR1-10 da subcategoria de uso nR1;

II – nR2-8 da subcategoria de uso nR2;

III – nR3-3 da subcategoria de uso nR3.

Art. 174. Durante o período de 3 (três) anos após a entrada em vigor desta Lei, aplicam-se os seguintes incentivos na zona ZEU:

I – a cota parte máxima de terreno por unidade residencial será igual a 30 m²/un (trinta metros quadrados por unidade residencial);

II – no disposto na alínea "a" do inciso I do art. 62 desta Lei, fica admitida 1 (uma) vaga a cada 60 m² (sessenta metros quadrados) de área construída computável da unidade.

Parágrafo único. A vigência dos incentivos previstos neste artigo será improrrogável.

Art. 175. Quando finalizado o Plano Municipal da Mata Atlântica – PMMA, nos termos do art. 287 da Lei nº 16.050, de 31 de julho de 2014 – PDE, lei específica poderá demarcar novas ZEPAM, conforme mapeamento identificado no referido plano.

Art. 176. No prazo de 180 dias (cento e oitenta dias), a Municipalidade deverá regulamentar em decreto a fiscalização de natureza prioritariamente orientadora para microempresas e empresas de pequeno porte em atendimento à legislação federal pertinente.

Art. 177. (Vetado).

Art. 178. Integram a presente lei:

I – os seguintes quadros:

a) Quadro 1 – Conceitos e definições;

b) Quadro 2 – Percentuais de destinação de área pública;

c) Quadro 2A – Parâmetros de parcelamento do solo (dimensões de lote) por zona;

d) Quadro 2B – Parâmetros de parcelamento do solo (sistema viário);

e) Quadro 3 – Parâmetros de ocupação, exceto de Quota Ambiental;

f) Quadro 3A – Quota Ambiental: Pontuação mínima, Taxa de Permeabilidade Mínima e fatores por perímetros de qualificação ambiental;

g) Quadro 3B – Composição da pontuação da Quota Ambiental;

h) Quadro 3C – Fator de incentivo da Quota Ambiental;

i) Quadro 4 – Usos permitidos por zona;

j) Quadro 4A – Condições de instalação por subcategoria de uso, grupos de atividade e usos específicos;

k) Quadro 4B – Parâmetros de incomodidade por zona;

l) Quadro 5 – Multas;

II – os seguintes mapas:

a) Mapa 1 – Perímetros das Zonas, exceto ZEPEC;

b) Mapa 2 – Imóveis e territórios enquadrados como ZEPEC e indicados para tombamento;

c) Mapa 3 – Perímetros de qualificação ambiental;

d) Mapa 4 – Perímetros de incentivos para edifícios-garagem.

Art. 179. Ficam revogados:

I – a Lei nº 4.124, de 14 de novembro de 1951;

II – os incisos I e II, a alínea "d" do inciso III e as alíneas "a" e "b" do inciso IV do art. 1º da Lei nº 4.495, de 14 de junho de 1954;

III – a Lei nº 4.846, de 17 de dezembro de 1955;

IV – os incisos II e III do art. 15 da Lei nº 7.805, de 1º de novembro de 1972;

V – o art. 18 da Lei nº 8.001, de 24 de dezembro de 1973;

VI – a Lei nº 8.006, de 8 de janeiro de 1974;

VII – a Lei nº 8.076, de 26 de junho de 1974;

VIII – a Lei nº 8.106, de 30 de agosto de 1974;

IX – a alínea "d" do art. 1º e os Quadros 8B e 9B da Lei nº 8.328, de 2 de dezembro de 1975;

X – a Lei nº 8.416, de 2 de julho de 1976;

XI – a Lei nº 8.759, de 7 de julho de 1978;

XII – o Quadro 8C da Lei nº 8.769, de 31 de agosto de 1978;

XIII – a Lei nº 8.793, de 28 de setembro de 1978;

XIV – a Lei nº 8.843, de 19 de dezembro de 1978;

XV – a Lei nº 8.844, de 19 de dezembro de 1978;

XVI – o Quadro 8D da Lei nº 8.848, de 20 de dezembro de 1978;

XVII – a Lei nº 8.856, de 21 de fevereiro de 1979;

XVIII – os arts. 17 e 19 da Lei nº 8.881, de 29 de março de 1979;

XIX – a Lei nº 8.964, de 6 de setembro de 1979;

XX – a Lei nº 9.114, de 8 de outubro de 1980;

XXI – a Lei nº 9.014, de 13 de dezembro de 1979;

XXII – a Lei nº 9.195, de 18 de dezembro de 1980;

XXIII – os arts. 4º e 5º da Lei nº 9.300, de 24 de agosto de 1981;

XXIV – a Lei nº 9.334, de 13 de outubro de 1981;

XXV – o art. 4º da Lei nº 9.411, de 30 de dezembro de 1981;

XXVI – a Lei nº 9.412, de 30 de dezembro de 1981;

XXVII – a Lei nº 9.413, de 30 de dezembro de 1981;

XXVIII – a Lei nº 9.419, de 7 de janeiro de 1982;

XXIX – a Lei nº 9.483, de 22 de junho de 1982;

XXX – a Lei nº 9.719, de 28 de junho de 1984;

XXXI – o art. 17 e o Quadro 8M da Lei nº 9.725, de 2 de julho de 1984;

XXXII – a Lei nº 9.747, de 25 de outubro de 1984;

XXXIII – a Lei nº 9.749, de 7 de novembro de 1984;

XXXIV – a Lei nº 9.773, de 10 de dezembro de 1984;

XXXV – a Lei nº 9.959, de 26 de julho de 1985;

XXXVI – a Lei nº 10.094, de 8 de julho de 1986;

XXXVII – a Lei nº 10.096, de 10 de julho de 1986;

XXXVIII – a Lei nº 10.137, de 29 de setembro de 1986;

XXXIX – a Lei nº 10.282, de 10 de abril de 1987;

XL – a Lei nº 10.327, de 1º de junho de 1987;

XLI – a Lei nº 10.439, de 2 de março de 1988;

XLII – a Lei nº 10.579, de 11 de julho de 1988;

XLIII – a Lei nº 10.714, de 16 de dezembro de 1988;

XLIV – a Lei nº 10.737, de 12 de julho de 1989;

XLV – a Lei nº 10.759, de 5 de outubro de 1989;

XLVI – a Lei nº 10.948, de 24 de janeiro de 1991;

XLVII – a Lei nº 11.119, de 8 de novembro de 1991;

XLVIII – a Lei nº 11.156, de 30 de dezembro de 1991;

XLIX – os itens 10.1.5 e 13.3.8 do Anexo I da Lei nº 11.228, de 25 de junho de 1992;

L – a Lei nº 11.322, de 22 de dezembro de 1992;

LI – os §§ 1º, 2º, 3º, 4º e 5º do art. 1º da Lei nº 11.338, de 30 de dezembro de 1992;

LII – a Lei nº 11.501/94, alterada pelas Leis nº 11.631/94 e nº 11.986/96;

LIII – a Lei nº 11.536, de 23 de maio de 1994;

LIV – a Lei nº 11.605, de 12 de julho de 1994;

LV – a Lei nº 11.610, de 13 de julho de 1994;

LVI – a Lei nº 11.783, de 26 de maio de 1995;

LVII – a Lei nº 11.938, de 29 de novembro de 1995;

LVIII – o inciso IV do *caput* do art. 1º da Lei nº 12.047, de 25 de abril de 1996;

LIX – a Lei 12.879, de 13 de julho de 1999;

LX – a Lei nº 13.276, de 4 de janeiro de 2002;

LXI – a Lei nº 13.302, de 17 de janeiro de 2002;

LXII – a Lei nº 13.549, de 1 de abril de 2003;

LXIII – a Lei nº 13.772, de 3 de fevereiro de 2004;

LXIV – a Lei nº 13.703, de 24 de dezembro de 2003;

LXV – a Lei nº 13.880, de 29 de julho de 2004;

LXVI – a Lei nº 13.885, de 25 de agosto de 2004;

LXVII – a Lei nº 13.944, de 30 de dezembro de 2004;

LXVIII – a Lei nº 14.044, de 2 de setembro de 2005;

LXIX – o inciso V do art. 3º da Lei nº 14.094, de 6 de dezembro de 2005;

LXX – a Lei nº 14.242, de 28 de novembro de 2006;

LXXI – a Lei nº 14.940, de 2 de julho de 2009;

LXXII – a Lei nº 15.526, de 12 de janeiro de 2012;

LXXIII – a Lei nº 15.959, de 8 de janeiro de 2014;

LXXIV – o § 1º do art. 382 da Lei nº 16.050, de 31 de julho de 2014 – PDE.

Art. 180. Esta Lei entrará em vigor na data de sua publicação.

Prefeitura do Município de São Paulo, aos 22 de março de 2016, 463º da fundação de São Paulo.

Fernando Haddad, Prefeito

Francisco Macena da Silva, Secretário do Governo Municipal

DOM de 23.3.2016

ANEXOS INTEGRANTES DA LEI Nº 16.402, DE 22 DE MARÇO DE 2016

Quadro 1 – Conceitos e definições

CONCEITO	DEFINIÇÃO
Alinhamento	Linha divisória entre o lote e o logradouro público;
Área ajardinada sobre laje com espessura de solo maior que 40 cm	Área livre de qualquer edificação ou qualquer pavimento ou cobertura, ainda que semipermeável, sobre o solo, mas com edificação no subsolo, com uma camada de solo para plantio de vegetação de no mínimo 40 cm (quarenta centímetros) de espessura;
Área ajardinada sobre solo natural	Área livre de qualquer edificação ou pavimento, ou cobertura, tanto sobre solo quanto no subsolo, que permite a infiltração de água e é destinada ao ajardinamento;
Área de utilização comum ou Áreas Comuns	Área que pode ser utilizada em comum por todos os proprietários de um condomínio edificado, sendo livre o acesso e o uso, de forma comunitária;
Área impermeabilizada	Área do lote coberta por piso impermeável ou edificação que não permite nenhuma infiltração da água no solo;
Áreas institucionais	Áreas destinadas à instalação dos equipamentos comunitários;
Certificação de Sustentabilidade de Edificações	Reconhecimento formal por parte de instituição acreditada junto ao órgão competente de Sistema de Certificação de sustentabilidade de que a edificação atingiu níveis de desempenho relacionados a aspectos de sustentabilidade predefinidos por um determinado sistema de avaliação;
Cobertura Verde com espessura de substrato inferior ou igual a 40 cm	Área ajardinada implantada sobre a cobertura de uma edificação (telhado ou laje) cuja camada de substrato suporte para a vegetação tenha espessura menor ou igual à 40 cm (quarenta centímetros);
Cobertura Verde com espessura de substrato superior a 40 cm	Área ajardinada implantada sobre a cobertura de uma edificação (telhado ou laje) cuja camada de substrato suporte para a vegetação tenha espessura maior do que 40 cm (quarenta centímetros);
Cota Parte Mínima de Terreno por Unidade	Relação de densidade habitacional máxima admitida, expressa em unidade de área, entre a área total do terreno e o número de unidades habitacionais a serem idealmente produzidas;
Desmembramento	Subdivisão de glebas em lotes destinados à edificação, com aproveitamento do sistema viário existente, desde que não implique a abertura de novas vias e logradouros públicos, nem o prolongamento, modificação ou ampliação dos já existentes;
Diâmetro à Altura do Peito	Diâmetro à Altura do Peito (DAP) é o diâmetro do caule da árvore à altura de, aproximadamente, 1,3 m (um metro e trinta centímetros) do solo;
Edifícios-garagem	Edificações em que pelo menos 75% (setenta e cinco por cento) da área construída total é destinada à circulação, manobra e estacionamento de veículos;
Eixo da via	Linha que passa eqüidistante aos alinhamentos;
Face de quadra	É formada pelo conjunto de lotes, cuja frente esteja voltada para um mesmo logradouro no intervalo entre dois logradouros distintos que tenham acesso ao logradouro gerador da face de quadra, sendo considerada a situação fática de todos os logradouros,

CONCEITO	DEFINIÇÃO
Fachada Ativa	Corresponde à exigência de ocupação da extensão horizontal da fachada por uso não residencial com acesso direto e abertura para o logradouro, a fim de evitar a formação de planos fechados na interface entre as construções e os logradouros, promovendo a dinamização dos passeios públicos;
Fachada / muro verde tradicional	Face externa de uma edificação ou muro de vedação do lote que funciona como suporte para o plantio de vegetação do tipo trepadeira;
Fator alfa	Fator de ponderação relacionado ao indicador Cobertura Vegetal utilizado no cálculo de composição da pontuação final da Quota;
Fator beta	Fator de ponderação relacionado ao indicador Drenagem utilizado no cálculo de composição da pontuação final da Quota ambiental;
Fator de eficácia ambiental FD	Fator usado no cálculo do indicador Drenagem, sendo tanto mais ambientalmente eficaz quanto menor seu valor numérico;
Fator de eficácia ambiental FV	Fator usado no cálculo do indicador Cobertura Vegetal, sendo tanto mais ambientalmente eficaz quanto maior seu valor numérico;
Frente do lote	Face do lote com frente para a via oficial de circulação na qual o imóvel está cadastrado ou tem acesso principal;
Fruição pública	Corresponde à área livre externa ou interna às edificações, localizada nos pavimentos de acesso direto ao logradouro público, com conexão em nível ao logradouro e demais espaços públicos sempre que o lote tiver frente para mais de um logradouro público, destinada à circulação de pessoas, não sendo exclusiva dos usuários e moradores;
Gabarito de altura máximo	Medida decorrente da diferença entre o pavimento térreo e o nível da cobertura, excluídos o ático, as casas de máquinas e a caixa d'água;
Gleba	Área de terra que não foi objeto de loteamento ou desmembramento;
Indivíduo arbóreo a ser plantado de porte grande	Espécime vegetal lenhoso a ser plantado no lote com diâmetro do caule da muda à altura do peito (DAP) maior ou igual a 10 cm (dez centímetros) e classificado como de grande porte de acordo com o Manual Técnico de Arborização Urbana (3ª Edição revisada e atualizada) da Secretaria Municipal do Verde e do Meio Ambiente e da Prefeitura do Município de São Paulo, ou regulamentação que venha a alterá-lo ou substituí-lo;
Indivíduo arbóreo a ser plantado de porte médio	Espécime vegetal lenhoso a ser plantado no lote com diâmetro do caule da muda à altura do peito (DAP) maior ou igual a 7 cm (sete centímetros) e classificado como de médio porte de acordo com o Manual Técnico de Arborização Urbana (3ª Edição revisada e atualizada) da Secretaria Municipal do Verde e do Meio Ambiente e da Prefeitura do Município de São Paulo, ou regulamentação que venha a alterá-lo ou substituí-lo;
Indivíduo arbóreo a ser plantado de porte pequeno	Espécime vegetal lenhoso a ser plantado no lote com diâmetro do caule da muda à altura do peito (DAP) igual ou superior a 5 cm (cinco centímetros) e classificado como de pequeno porte de acordo com o Manual Técnico de Arborização Urbana (3ª Edição revisada e atualizada) da Secretaria Municipal do Verde e do Meio Ambiente e da Prefeitura do Município de São Paulo, ou regulamentação que venha a alterá-lo ou substituí-lo;
Indivíduo arbóreo existente de pequeno porte e com DAP entre 20 e 30 cm	Espécime vegetal lenhoso existente no lote com diâmetro do caule à altura do peito (DAP) maior do que 20 (vinte) e menor ou igual a 30 cm (trinta centímetros) e classificado como de pequeno porte de acordo com o Manual Técnico de Arborização Urbana (3ª Edição revisada e atualizada) da Secretaria Municipal do Verde e do Meio Ambiente e da Prefeitura do Município de São Paulo, ou regulamentação que venha a alterá-lo ou substituí-lo;

CONCEITO	DEFINIÇÃO
Indivíduo arbóreo existente de médio porte e com DAP entre 30 e 40 cm	Espécime vegetal lenhoso existente no lote com diâmetro do caule à altura do peito (DAP) maior do que 30 (trinta) e menor ou igual a 40 cm (quarenta centímetros) e classificado como de médio porte de acordo com o Manual Técnico de Arborização Urbana (3ª Edição revisada e atualizada) da Secretaria Municipal do Verde e do Meio Ambiente e da Prefeitura do Município de São Paulo, ou regulamentação que venha a alterá-lo ou substituí-lo;
Indivíduo arbóreo existente de grande porte e com DAP maior que 40 cm	Espécime vegetal lenhoso existente no lote com diâmetro do caule à altura do peito (DAP) maior do que 40 cm (quarenta centímetros) e classificado como de grande porte de acordo com o Manual Técnico de Arborização Urbana (3ª Edição revisada e atualizada) da Secretaria Municipal do Verde e do Meio Ambiente e da Prefeitura do Município de São Paulo, ou regulamentação que venha a alterá-lo ou substituí- lo;
Jardim vertical	Face externa de uma edificação ou muro de vedação do lote revestido de vegetação através do uso de estruturas intermediárias de suporte da vegetação, como vasos, molduras, quadros, painéis, dentre outras opções;
Largura da via	Distância entre os alinhamentos dos lotes, englobando leito carroçável e o passeio público;
Limite de vedação da testada do lote com muros	Limite da extensão do fechamento do lote por anteparo vertical vedado, de modo a possibilitar permeabilidade visual do lote;
Lote	Área resultante de loteamento, desmembramento ou desdobro, com pelo menos uma divisa com frente para via oficial de circulação;
Loteamento	Subdivisão de glebas em lotes destinados a edificação, com abertura de novas vias de circulação, de logradouros públicos ou prolongamento, modificação ou ampliação das vias existentes;
Maciço arbóreo	Agrupamento com no mínimo 15 (quinze) árvores de espécies nativas ou exóticas, que vivem em determinada área, que guardam relação entre si e as demais espécies vegetais do local, tendo uma área mínima de 500 m² (quinhentos metros quadrados) de projeção contínua de copa;
Medidas de controle do escoamento superficial na fonte	Medidas destinadas a promover no lote infiltração, percolação ou interceptação das águas pluviais ou realizar controle na entrada em superfícies do lote tais como estacionamentos e coberturas;
Palmeira a ser plantada	Palmeira a ser plantada no lote com diâmetro do caule da muda à altura do peito (DAP) igual ou superior a 5 cm (cinco centímetros) e classificada como tal de acordo com o Manual Técnico de Arborização Urbana (3ª Edição revisada e atualizada) da Secretaria Municipal do Verde e do Meio Ambiente e da Prefeitura do Município de São Paulo, ou regulamentação que venha a alterá-lo ou substituí-lo;
Palmeira existente	Palmeira existente no lote com diâmetro do caule à altura do peito (DAP) maior do que 10 cm (dez centímetros) e classificada como tal de acordo o Manual Técnico de Arborização Urbana (3ª Edição revisada e atualizada) da Secretaria Municipal do Verde e do Meio Ambiente e da Prefeitura do Município de São Paulo, ou regulamentação que venha a alterá-lo ou substituí-lo;
Pavimento de acesso	É qualquer pavimento com acesso direto de veículos e pedestres ao logradouro público;
Pavimento poroso	Superfície constituída de material cuja porosidade, em combinação com uma sub-base de pedras de granulometria diferenciada, assegura a retenção temporária das águas, seguido de drenagem e se possível, infiltração, no solo do subleito, conforme especificação técnica ETS-03/2013 da Secretaria Municipal de Infraestrutura Urbana e Obras da Prefeitura do Município de São Paulo, ou regulamentação que venha a alterá-la ou substituí-la;

CONCEITO	DEFINIÇÃO
Pavimento semipermeável com vegetação sobre solo natural	Pavimento vazado que permite o plantio de forração, geralmente grama, permitindo a infiltração de água no solo através de suas juntas. Para ser considerado como pavimento semipermeável, a área correspondente ao percentual efetivo de permeabilidade deverá ser no mínimo de 50% (cinquenta por cento) de cada peça;
Pavimento semipermeável sem vegetação	Pavimentos que por sua constituição e forma de instalação não promovam a impermeabilização total do solo, seja pelo uso de juntas secas, seja pela constituição porosa de cada peça, permitindo a infiltração de água;
Pavimento térreo	É o pavimento de acesso principal de veículos e pedestres ao logradouro público;
Perímetro de qualificação ambiental	Porção do Município grafada a partir da análise de sua situação ambiental e de seu potencial de transformação urbanística, tendo como base inicial as Macroáreas definidas no Plano Diretor (Lei nº 16.050, de 31 de julho de 2014), com o objetivo de definir parâmetros de aplicação da Quota;
Período de retorno	Período de tempo médio que um determinado evento hidrológico é igualado ou superado pelo menos uma vez;
Processos geológico-geotécnicos	Consistem em enchentes, escorregamentos, erosão, colapsos e subsidência de solos;
Quadra	Área resultante de loteamento, delimitada por vias oficiais de circulação ou demais logradouros públicos;
Recuo	Distância medida em projeção horizontal entre o limite externo da edificação e a divisa do lote e são definidos por linhas paralelas às divisas do lote, ressalvados o aproveitamento do subsolo e a execução de saliências em edificações, nos casos previstos em lei;
Reservação de controle de escoamento superficial	Sistema de reservatórios não infiltrantes e estruturas implantadas no lote com o objetivo abater e retardar o pico da vazão de saída das águas pluviais que incidem sobre o lote;
Reservação para aproveitamento de águas pluviais provenientes de coberturas das edificações para fins não potáveis	Sistema de reservatórios e estruturas auxiliares de capitação e reservação de águas pluviais provenientes da cobertura destinada ao uso não potável, como rega de jardins e lavagem de superfícies impermeáveis e de automóveis;
Subsolo	Todo pavimento da edificação localizado abaixo do pavimento térreo;
Via de circulação	Espaço destinado à circulação de veículos ou pedestres, sendo que:
Via oficial de circulação de veículos ou pedestres	É aquela aceita, declarada ou reconhecida como oficial pelo Executivo;
Via particular de circulação de veículos ou pedestres	É aquela de propriedade privada, mesmo quando aberta ao uso público;
Via de pedestre	É o espaço destinado à circulação de pedestres, aberto ao público, de propriedade pública, incluindo passeio público e escadarias, desde que combinadas com rampas.
Via sem saída	Via oficial cujo acesso se dá por meio de uma única via de circulação de veículos e cujo traçado original não tem continuidade com a malha viária na sua outra extremidade;
Vila	Conjunto de lotes fiscais, originalmente destinados à habitação, constituído de casas geminadas, cujo acesso se dá por meio de via de circulação de veículos de modo a formar rua ou praça no interior da quadra com ou sem caráter de logradouro público.

Quadro 2 – Percentuais de destinação de área pública

ÁREA DO LOTE OU GLEBA (m²)	PERCENTUAL MÍNIMO DE ÁREA VERDE (%)	PERCENTUAL MÍNIMO DE ÁREA INSTITUCIONAL (%)	PERCENTUAL MÍNIMO DE SISTEMA VIÁRIO (%)	PERCENTUAL MÍNIMO DE ÁREA SEM AFETAÇÃO PREVIAMENTE DEFINIDA	TOTAL DO PERCENTUAL MÍNIMO DE DESTINAÇÃO DE ÁREA PÚBLICA (%)
Maior que 20.000 m² (vinte mil metros quadrados) e menor ou igual a 40.000 m² (quarenta mil metros quadrados)	5	5	NA	20	30
Maior que 40.000 m² (quarenta mil metros quadrados) (a)	10	5	15	10	40

Notas:

(a) lotes ou glebas com áreas superiores a 40.000 m² (quarenta mil metros quadrados) deverão ser obrigatoriamente loteados nos termos do §2º do artigo 44 desta Lei.

Quadro 2A – Parâmetros de parcelamento do solo (dimensões de lote) por zona

TIPO DE ZONA		ZONA	Dimensões mínimas de lote		Dimensões máximas de lote	
			Frente mínima (m)	Área mínima (m²)	Frente máxima (m)	Área máxima (m²)
TRANSFORMAÇÃO	ZEU	ZEU	20	1.000	150	20.000
		ZEUa				
		ZEUP	20	1.000	150	20.000
		ZEUPa				
	ZEM	ZEM	20	1.000	150	20.000
		ZEMP				
QUALIFICAÇÃO	ZC	ZC	5	125	150	20.000
		ZCa				
		ZC-ZEIS				
	ZCOR	ZCOR-1	10	250	100	10.000
		ZCOR-2				
		ZCOR-3				
		ZCORa				
	ZM	ZM	5	125	150	20.000
		ZMa				
		ZMIS				
		ZMISa				

QUALIFICAÇÃO	**ZEIS**	ZEIS-1	5	125	150	20.000
		ZEIS-2				
		ZEIS-3				
		ZEIS-4				
		ZEIS-5				
	ZDE	ZDE-1	5	125	20	1.000
		ZDE-2	10	1.000	150	20.000 (a)
	ZPI	ZPI-1	10	1.000	150	20.000 (a)
		ZPI-2	20	5.000	150	20.000 (a)
PRESERVAÇÃO	**ZPR**	ZPR	5	125	100	10.000
	ZER	ZER-1	10	250	100	10.000
		ZER-2	5	125	100	10.000
		ZERa	10	500	100	10.000
	ZPDS	ZPDS	20	1.000	NA	NA
		ZPDSr	NA	20.000	NA	NA
	ZEPAM	ZEPAM	20	5.000 (b)	NA	NA

Notas:

NA = Não se aplica

(a) Se aplica apenas aos usos que não se enquadrem nas subcategorias Ind-1a, Ind-1b e Ind-2.

(b) Nas ZEPAMs localizadas nas Macroáreas de Contenção Urbana e Uso Sustentável e de Preservação dos Ecossistemas Naturais a área do lote mínimo será de 20.000 m² (vinte mil metros quadrados).

Quadro 2B – Parâmetros de parcelamento do solo (sistema viário)

Características da via	VIAS ESTRUTURAIS			VIAS NÃO ESTRUTURAIS			
	N1	**N2**	**N3**	**Cole-tora**	**Local**	**Ciclo-via**	**Via de pedestre**
Largura total	44 m	44 m	31 a 33 m	23 m	12 m	3 m (a)	5 m
Faixa carroçável	28 m	28 m	20 m	13 m	7 m	—	—
Passeio público – calçada (de cada lado da via)	5 m	5 m	4 m	3,5 m	2,5 m	—	—
Ciclovia	3 m (b)	3 m (b)	3 m (c)	—	—	—	—
Ciclofaixa	—	—	—	3 (e)	—	—	—
Canteiro central mínimo	3 m	3 m	2 m (d)	—	—	—	—
Declividade longitudinal máxima	6%	6%	8%	10%	15%	10%	8,33% (f)
Declividade longitudinal mínima	0,5%	0,5%	0,5%	0,5%	0,5%	0,5%	0,5% (f)

Notas:

(a) Bidirecional.

(b) Bidirecional, no canteiro central ou nas laterais direitos da via, com separador físico. Para vias expressas parâmetro fornecido pelo órgão de trânsito.

(c) Bidirecional, no canteiro central, ou de um lado da via ou dos dois lados da via, com separador físico.
(d) Não obrigatório.
(e) Bidirecional, ou em duas faixais unidirecionais, sem separador físico.
(f) No caso de escadarias, observar parâmetros em regulamento específico.

Quadro 3 – Parâmetros de ocupação, exceto de Quota Ambiental

TIPO DE ZONA		ZONA (a)	Coeficiente de Aproveitamento – C.A. mínimo	C.A. básico	C.A. máximo (m)	Taxa de Ocupação Máxima – T.O. para lotes até 500 metros^2	T.O. para lotes igual ou superior a 500 metros^2	Gabarito de altura máxima (metros)	Recuos Mínimos (metros) – Frente (i)	Fundos e Laterais – Altura da edificação menor ou igual a 10 metros	Altura da edificação superior a 10 metros	Cota parte máxima de terreno por unidade (metros^2)
TRANSFORMAÇÃO	ZEU	ZEU	0,5	1	4	0,85	0,70	NA	NA	NA	3 (j)	20
		ZEUa	NA	1	2	0,70	0,50	28	NA	NA	3 (j)	40
	ZEUP	ZEUP (b)	0,5	1	2	0,85	0,70	28	NA	NA	3 (j)	NA
		ZEUPa (c)	NA	1	1	0,70	0,50	28	NA	NA	3 (j)	NA
	ZEM	ZEM	0,5	1	2 (d)	0,85	0,70	28	NA	NA	3 (j)	20
		ZEMP	0,5	1	2 (e)	0,85	0,70	28	NA	NA	3 (j)	40
QUALIFICAÇÃO	ZC	ZC	0,3	1	2	0,85	0,70	48	5	NA	3 (j)	NA
		ZCa	NA	1	1	0,70	0,70	20	5	NA	3 (j)	NA
		ZC-ZEIS	0,5	1	2	0,85	0,70	NA	5	NA	3 (j)	NA
	ZCOR	ZCOR-1	0,05	1	1	0,50	0,50	10	5	NA	3 (j)	NA
		ZCOR-2	0,05	1	1	0,50	0,50	10	5	NA	3 (j)	NA
		ZCOR-3	0,05	1	1	0,50	0,50	10	5	NA	3 (j)	NA
		ZCORa	NA	1	1	0,50	0,50	10	5	NA	3 (j)	NA
	ZM	ZM	0,3	1	2	0,85	0,70	28	5	NA	3 (j)	NA
		ZMa	NA	1	1	0,70	0,50	15	5	NA	3 (j)	NA
		ZMIS	0,3	1	2	0,85	0,70	28	5	NA	3 (j)	NA
		ZMISa	NA	1	1	0,70	0,50	15	5	NA	3 (j)	NA
	ZEIS	ZEIS-1	0,5	1	2,5 (f)	0,85	0,70	NA	5	NA	3 (j)	NA
		ZEIS-2	0,5	1	4 (f)	0,85	0,70	NA	5	NA	3 (j)	NA
		ZEIS-3	0,5	1	4 (g)	0,85	0,70	NA	5	NA	3 (j)	NA
		ZEIS-4	NA	1	2 (h)	0,70	0,50	NA	5	NA	3 (j)	NA
		ZEIS-5	0,5	1	4 (f)	0,85	0,70	NA	5	NA	3 (j)	NA
	ZDE	ZDE-1	0,5	1	2	0,70	0,70	28	5	NA	3 (j)	NA
		ZDE-2	0,5	1	2	0,70	0,50	28	5	3	3	NA
	ZPI	ZPI-1	0,5	1	1,5	0,70	0,70	28	5	3	3	NA
		ZPI-2	NA	1	1,5	0,50	0,30	28	5	3	3	NA

(*cont.*)

TIPO DE ZONA		ZONA (a)	Coeficiente de Aproveitamento			Taxa de Ocupação Máxima		Gabarito de altura máxima (metros)	Recuos Mínimos (metros)			Cota parte máxima de terreno por unidade (metros²)
			C.A. mínimo	C.A. básico	C.A. máximo (m)	T.O. para lotes até 500 metros²	T.O. para lotes igual ou superior a 500 metros²		Frente (i)	Fundos e Laterais: Altura da edificação menor ou igual a 10 metros	Fundos e Laterais: Altura da edificação superior a 10 metros	
PRESERVAÇÃO	ZPR	ZPR	0,05	1	1	0,50	0,50	10	5	NA	3	NA
PRESERVAÇÃO	ZER	ZER-1	0,05	1	1	0,50	0,50	10	5	NA	3	NA
PRESERVAÇÃO	ZER	ZER-2	0,05	1	1	0,50	0,50	10	5	NA	3	NA
PRESERVAÇÃO	ZER	ZERa	NA	1	1	0,50	0,50	10	5	NA	3	NA
PRESERVAÇÃO	ZPDS	ZPDS	NA	1	1	0,35	0,25	20	5	NA	3	NA
PRESERVAÇÃO	ZPDS	ZPDSr	NA	0,2	0,2	0,20	0,15	10	5	NA	3	NA
PRESERVAÇÃO	ZEPAM	ZEPAM	NA	0,1	0,1	0,10	0,10	10	5	NA	3	NA
ÁREAS PÚBLICAS E SAPAVEL (l)	VERDES	AVP-1	NA	(k)	(k)	(k)	(k)	28	NA	NA	3 (j)	NA
ÁREAS PÚBLICAS E SAPAVEL (l)	VERDES	AVP-2	NA	1	1	0,3	0,3	28	NA	NA	3 (j)	NA
ÁREAS PÚBLICAS E SAPAVEL (l)	INSTI-TUCIO-NAIS	AI	NA	1	4	0,85	0,7	28	NA	NA	3 (j)	NA
ÁREAS PÚBLICAS E SAPAVEL (l)	INSTI-TUCIO-NAIS	AIa	NA	1	2	0,5	0,5	15	NA	NA	3 (j)	NA
ÁREAS PÚBLICAS E SAPAVEL (l)	CLUBES	AC-1	NA	0,6	0,6	0,6	0,6	20	5	3	3	NA
ÁREAS PÚBLICAS E SAPAVEL (l)	CLUBES	AC-2	NA	0,4	0,4	0,4	0,4	10	5	3	3	NA

Notas:

NA = Não se aplica

(a) Nas zonas inseridas na área de proteção e recuperação aos mananciais aplica-se a legislação estadual pertinente, quando mais restritiva, conforme §2º do artigo 5º desta Lei.

(b) Atendidos os requisitos previstos no artigo 83 da Lei nº 16.050, de 31 de Julho de 2014 – PDE, a zona ZEUP passa a recepcionar automaticamente os parâmetros da zona ZEU.

(c) Atendidos os requisitos previstos no artigo 83 da Lei nº 16.050, de 31 de Julho de 2014 – PDE, a zona ZEUPa passa a recepcionar automaticamente os parâmetros da zona ZEUa.

(d) O CAmáx será igual a 4 nos casos dispostos no § 1º do artigo 8º desta Lei.

(e) O CAmáx será igual a 4 nos casos dispostos no § 2º do artigo 8º desta Lei.

(f) O CAmáx será igual a 2 nos casos em que o lote for menor que 1.000 m² (mil metros quadrados).

(g) O CAmáx será igual a 2 nos casos em que o lote for menor que 500 m² (quinhentos metros quadrados).

(h) O CAmáx será igual a 1 nos casos em que o lote for menor que 1.000 m² (mil metros quadrados).

(i) O recuo frontal será facultativo quando atendido o disposto nos artigos 67 ou 69 desta Lei.

(j) Os recuos laterais e de fundo para altura da edificação superior a 10 m (dez metros) serão dispensados conforme disposições estabelecidas nos incisos II e III do artigo 66 desta Lei.

(k) Ver artigo 30 desta Lei.

(l) Observar as disposições estabelecidas no § 4º do artigo 28 desta Lei.

(m) Para áreas contidas nos perímetros de incentivo ao desenvolvimento econômico Jacu-Pêssego e Cupecê, conforme Mapa 11 da Lei nº 16.050, de 31 de Julho de 2014 – PDE, verificar disposições dos artigos 362 e 363 da referida lei quanto ao coeficiente de aproveitamento máximo e outorga onerosa de potencial construtivo adicional.

Quadro 3A – Quota Ambiental: Pontuação mínima, Taxa de Permeabilidade Mínima e fatores por perímetros de qualificação ambiental

Perímetro de Qualificação Ambiental	TAXA DE PERMEABILIDADE (a) (b)		PONTUAÇÃO QA MÍNIMO					FATORES	
	Lote ≤ 500 m²	Lote > 500 m²	Lote > 500 e ≤ 1000 m²	Lote > 1000 e ≤ 2500 m²	Lote > 2500 e ≤ 5000 m²	Lote > 5000 e ≤ 10000 m²	Lote > 10000 m²	Cobertura Vegetal (alfa)	Drenagem (beta)
PA 1	0,15	0,25	0,45	0,60	0,70	0,80	1,00	0,5	0,5
PA 2	0,15	0,25	0,40	0,52	0,64	0,70	0,86	0,5	0,5
PA 3	0,15	0,25	0,37	0,48	0,60	0,65	0,78	0,5	0,5
PA 4	0,15	0,25	0,37	0,48	0,60	0,65	0,78	0,5	0,5
PA 5	0,15	0,25	0,29	0,37	0,46	0,50	0,57	0,4	0,6
PA 6	0,15	0,20	0,34	0,44	0,55	0,60	0,71	0,5	0,5
PA 7	0,15	0,20	0,31	0,41	0,51	0,55	0,64	0,3	0,7
PA 8	0,15	0,20	0,37	0,48	0,60	0,65	0,78	0,5	0,5
PA 9	0,10	0,15	0,37	0,48	0,60	0,65	0,78	0,5	0,5
PA 10	0,20	0,25	0,23	0,30	0,37	0,40	0,42	0,6	0,4
PA 11	0,20	0,30	0,26	0,34	0,42	0,45	0,49	0,6	0,4
PA 12	0,20	0,30	0,26	0,34	0,42	0,45	0,49	0,5	0,5
PA 13 (c)	NA	NA	NA	NA	NA	NA	NA	NA	NA

Notas:

NA = Não se Aplica

(a) Nos lotes inseridos em ZEPAM, ZPDSr, ZPDS, ZCOR, ZPR e ZER deverão ser aplicadas as seguintes taxas de permeabilidade mínima: 0,90, 0,70, 0,50, 0,30, 0,30 e 0,30, respectivamente, independente do tamanho do lote;

(b) Quando a somatória da taxa de permeabilidade do Quadro 3A com a taxa de ocupação do Quadro 3 for superior a 1,00 (um inteiro), a taxa de permeabilidade deverá ser respeitada e a taxa de ocupação reduzida proporcionalmente;

(c) O PA 13 corresponde às Macroáreas de Contenção Urbana e Uso Sustentável e de Preservação dos Ecossistemas Naturais, nas quais não se aplicam as exigências da Quota Ambiental.

Quadro 3B – Composição da pontuação da Quota Ambiental

ITEM I – CARACTERÍSTICAS DO LOTE	
Área total do lote – A (m²)	inserir área
Perímetro de Qualificação Ambiental	ver mapa 3
Taxa de Permeabilidade – TP	ver quadro 3A
Fator alfa α	ver quadro 3A
Fator beta β	ver quadro 3A
QA mínimo obrigatório	ver quadro 3A

(*cont.*)

ITEM II – COBERTURA VEGETAL					
SOLUÇÕES CONSTRUTIVAS E PAISAGÍSTICAS	**PROJETO (1)**	**UNID.**	**FATOR FV (2)**	**TCA (5)**	**PONTUAÇÃO ATINGIDA (3)**
A. Áreas ajardinadas					
A1. Área ajardinada sobre solo natural	medida do projeto	(m^2)	0,25	n/a	cálculo conforme (I)
A2. Área ajardinada sobre laje com espessura de solo maior que 40 cm	medida do projeto	(m^2)	0,20	n/a	cálculo conforme (I)
A3. Pavimento semi-permeável com vegetação sobre solo natural	medida do projeto	(m^2)	0,10	n/a	cálculo conforme (I)
B. Vegetação					
B1. Indivíduo arbóreo a ser plantado de porte pequeno (4)	medida do projeto	(unidade)	15	TCA	cálculo conforme (I.I)
B2. Indivíduo arbóreo a ser plantado de porte médio (4)	medida do projeto	(unidade)	35	TCA	cálculo conforme (I.I)
B3. Indivíduo arbóreo a ser plantado de porte grande (4)	medida do projeto	(unidade)	80	TCA	cálculo conforme (I.I)
B4. Palmeira a ser plantada (4)	medida do projeto	(unidade)	20	TCA	cálculo conforme (I.I)
B5. Indivíduo arbóreo existente com DAP entre 20 e 30 cm (7)	medida do projeto	(unidade)	80	n/a	cálculo conforme (I)
B6. Indivíduo arbóreo existente com DAP entre 30 e 40 cm (7)	medida do projeto	(unidade)	180	n/a	cálculo conforme (I)
B7. Indivíduo arbóreo existente com DAP maior que 40 cm (7)	medida do projeto	(unidade)	400	n/a	cálculo conforme (I)
B8. Palmeira existente (7)	medida do projeto	(unidade)	90	n/a	cálculo conforme (I)
B9. Maciço arbóreo existente (7)	medida do projeto	(m^2)	17	n/a	cálculo conforme (I)
C. Cobertura verde					
C1. Cob. Verde com espessura de substrato superior a 40 cm	medida do projeto	(m^2)	0,20	n/a	cálculo conforme (I)
C2. Cob. Verde com espessura de substrato inferior ou igual a 40 cm	medida do projeto	(m^2)	0,15	n/a	cálculo conforme (I)
D. Fachada / muro verde					
D1. Porção de fachada / muro verde	medida do projeto	(m^2)	0,10	n/a	cálculo conforme (I)
D2. Jardim Vertical	medida do projeto	(m^2)	0,15	n/a	cálculo conforme (I)
V PARCIAL					cálculo conforme (II)
V FINAL					cálculo conforme (III)

(*cont.*)

ITEM III – DRENAGEM				
SOLUÇÕES CONSTRUTIVAS E PAISAGÍSTICAS	**PROJETO (1)**	**UNID.**	**FATOR FD (8)**	**PONTUAÇÃO ATINGIDA (9)**
A1*. Área ajardinada sobre solo	medida do projeto	(m^2)	0,22	cálculo conforme (IV)
A2*. Área ajardinada sobre laje com espessura de solo maior que 40 cm	medida do projeto	(m^2)	0,26	cálculo conforme (IV)
A3*. Pavimento semi-permeável com vegetação sobre solo natural	medida do projeto	(m^2)	0,60	cálculo conforme (IV)
C1*. Cob. Verde com espessura de substrato superior a 40 cm	medida do projeto	(m^2)	0,26	cálculo conforme (IV)
C2*. Cob. Verde com espessura de substrato inferior ou igual a 40 cm	medida do projeto	(m^2)	0,31	cálculo conforme (IV)
E. Pavimento poroso (10)	medida do projeto	(m^2)	0,1	cálculo conforme (IV)
F. Pavimento semi-permeável sem vegetação	medida do projeto	(m^2)	0,78	cálculo conforme (IV)
G. Superfícies com pavimentos não permeáveis (11)	medida do projeto	(m^2)	0,82	cálculo conforme (IV)
D PARCIAL (12)				cálculo conforme (V)
Volume de reservação mínima obrigatório para controle de escoamento superficial	medida do projeto	(ℓ)	n/a	n/a
H. Volume de reservação proposto para controle de escoamento superficial	medida do projeto	(ℓ)	n/a	n/a
D FINAL				cálculo conforme (VII)
ITEM IV – PONTUAÇÃO FINAL – QA				cálculo conforme (VIII)

NOTAS EXPLICATIVAS:

* mesmos valores do item II;

(1) P: Projeto proposto, conforme unidade indicada;

(2) FV: Fator de eficácia ambiental do indicador cobertura vegetal, quanto maior valor mais eficaz;

(3) Pontuação de cada solução construtiva ou paisagística na composição do indicador cobertura vegetal obtida pela equação na nota de cálculo I abaixo;

(4) Classificação do porte conforme definição do Quadro 1 da presente lei;

(5) Indivíduos arbóreos ou palmeiras a serem plantados, oriundos de Termo de Compromisso Ambiental – TCA;

(6) Os indivíduos arbóreos existentes com DAP menor do que o constante dos itens B5 a B8 deverão ser computados como indivíduos arbóreos a serem plantados, conforme itens B1 a B4;

(7) A vegetação integrante de maciço arbóreo, definido conforme Quadro 1 da presente lei, não poderá ser computada individualmente como palmeira ou indivíduo arbóreo existente ou a ser plantado;

(8) FD: Fator de eficácia ambiental do indicador drenagem, corresponde ao coeficiente de escoamento superficial, quanto menor o valor mais eficaz;

(9) Pontuação de cada mecanismo na composição do indicador drenagem obtida pela equação na nota de cálculo IV abaixo;

(10) Ver definição do Quadro 1 da presente lei;

(11) Superfícies com pavimentos não permeáveis do lote corresponde à área total do lote subtraída a soma das áreas dos itens A1, A2, A3, C1, C2, E e F;

(12) A somatória das áreas de projeto listadas no item III deve ser igual à área total do lote.

NOTAS DE CÁLCULO:

(I) Pontuação atingida = P x FV/A

Sendo:

P: Projeto proposto, conforme unidade indicada;

FV: Fator de eficácia ambiental do indicador cobertura vegetal; A: Área do lote, em metros quadrados.

(I.I) Em caso de TCA: Pontuação atingida = P x FV – (TCA x FV x 0,5)/A

Sendo:

P: Projeto proposto, conforme unidade indicada;

FV: Fator de eficácia ambiental do indicador cobertura vegetal;

TCA: número de indivíduos oriundos de Termo de Compromisso Ambiental – TCA; A: Área do lote, em metros quadrados.

(II) V PARCIAL = somatória de (I) e (I.I)

(III) PONTUAÇÃO FINAL DO INDICADOR COBERTURA VEGETAL (V): V FINAL = V PARCIAL/0,38

Sendo:

V FINAL: pontuação final do indicador cobertura vegetal; V PARCIAL = somatória de (I);

0,38 = valor de referência do indicador cobertura vegetal.

(IV) Pontuação atingida = P x FD/A

Sendo:

P: Projeto proposto, conforme unidade indicada;

FD: Fator de eficácia ambiental do indicador drenagem; A: Área do lote, em metros quadrados.

(V) D PARCIAL = somatória de (IV)

Obs. D PARCIAL deve ser arredondado para 2 (duas) casas decimais depois da vírgula.

(VI) Vol. min = 6,3 x A

Sendo:

Vol. Min.: Volume de reservação mínima obrigatório para controle do escoamento superficial, em litros; A: Área total do lote, em metros quadrados.

(VII) PONTUAÇÃO FINAL DO INDICADOR DRENAGEM (D), calculado conforme as variáveis a seguir:

se DP ≤ 0,38; então D FINAL = 1,0

se DP > 0,38; então D FINAL = 1-(0,0105 x (VP/A)-DP+0,38)/(0,38-DP)

Sendo:

D FINAL: pontuação final do indicador drenagem;

DP: D PARCIAL, calculado conforme nota de cálculo (V);

VP: Volume de reservação para controle do escoamento superficial proposto, conforme item III H, em litros; A: Área do lote, em metros quadrados.

Obs. O volume de VP não inclui o volume de reservação de aproveitamento de águas pluviais provenientes da cobertura.

(VIII) PONTUAÇÃO FINAL QUOTA AMBIENTAL: QA = V^{α} x D^{β}

Sendo:

QA: pontuação atingida da Quota Ambiental;

V: pontuação final do indicador cobertura vegetal, conforme nota de cálculo (III); D: pontuação final do indicador drenagem, conforme nota de cálculo (VII);

α: fator alfa, conforme quadro 3A; β: fator beta, conforme quadro 3A.

Quadro 3C – Fator de incentivo da Quota Ambiental [(a)]

Perímetro de Qualificação Ambiental	Lote > 500 e ≤ 1.000 m²				Lote > 1.000 e ≤ 2.500 m²				Lote > 2.500 e ≤ 5.000 m²				Lote > 5.000 m²			
	(*) ≥ 1,5 e <	(*) ≥ 2 e < 3	(*) ≥ 3 e < 4	(*) ≥ 4	(*) ≥ 1,5 e < 2	(*) ≥ 2 e < 3	(*) ≥ 3 e < 4	(*) ≥ 4	(*) ≥ 1,5 e < 2	(*) ≥ 2 e < 3	(*) ≥ 3 e < 4	(*) ≥ 4	(*) ≥ 1,5 e < 2	(*) ≥ 2 e < 3	(*) ≥ 3 e < 4	(*) ≥ 4
PA 1	28	34	44	52	30	34	44	54	30	40	58	76	32	42	60	76
PA 2	26	32	40	50	26	32	40	50	28	38	58	76	30	38	58	76
PA 3	26	30	38	48	26	30	38	48	28	34	44	54	32	44	70	80
PA 4	28	32	42	52	28	32	42	52	30	40	60	78	36	42	60	78
PA 5	24	28	36	44	24	28	36	46	28	32	40	50	28	36	54	72
PA 6	26	30	40	50	26	30	40	50	28	32	44	54	28	38	58	76
PA 7	28	32	40	48	30	32	40	48	32	36	44	52	32	36	44	52
PA 8	28	32	42	52	28	32	42	52	28	38	58	76	30	38	58	76
PA 9	28	32	42	52	28	32	42	52	30	40	60	78	36	42	60	78
PA 10	20	22	26	30	20	22	26	32	20	24	30	36	20	24	30	38
PA 11	20	24	28	32	20	24	28	34	20	24	30	38	20	24	32	40
PA 12	22	24	30	36	22	26	32	36	24	26	34	42	24	28	36	42
PA 13	NA	NA	NA	NA	NA	NA	NA	NA	NA	NA	NA	NA	NA	NA	NA	NA
(*) pontuação vezes QA min																

Nota:

NA = Não se Aplica

(a) Em Reais (R$) por metro quadrado.

Quadro 4 – Usos permitidos por zona

SUBCATEGORIA DE USO	ZONAS DOS TERRITÓRIOS DE TRANSFORMAÇÃO E QUALIFICAÇÃO	ZONAS DOS TERRITÓRIOS DE PRESERVAÇÃO E ÁREAS PÚBLICAS E INTEGRANTES DO SAPAVEL
R	Folha 2 [* vide p. 100]	Folha 7 [* vide p. 110]
nRa		
nR1	Folha 3 [* vide p. 102]	Folha 8 [* vide p. 111]
nR2	Folha 4 [* vide p. 104]	Folha 9 [* vide p. 112]
nR3		
Ind-1a	Folha 5 [* vide p. 106]	Folha 10 [* vide p. 113]
Ind-1b		
Ind-2	Folha 6 [* vide p. 108]	Folha 11 [* vide p. 114]

* Indicação de páginas em que estão presentes os referidos quadros nesta edição. (N.E.)

Quadro 4 – Usos permitidos por zona

CAT. USO	SUBCAT. USO	GRUPOS DE ATIVIDADES	TRANSFORMAÇÃO						QUALIFICAÇÃO																			
			ZEU				ZEM		ZC			ZCOR (f) (g) (j)				ZM				ZEIS (b)					ZDE		ZPI	
			ZEU	ZEUa	ZEUP	ZEUPa	ZEM	ZEMP	ZC	ZCa	ZC- ZEIS	ZCOR-1	ZCOR-2	ZCOR-3	ZCORa	ZM	ZMa	ZMIS	ZMISa	ZEIS-1	ZEIS-2	ZEIS-3	ZEIS-4	ZEIS-5	ZDE-1	ZDE- 2	ZPI-1	ZPI-2
RESIDENCIAL	R	R1	SIM	SIM	SIM	SIM	SIM	SIM	SIM	SIM	SIM	SIM	SIM	SIM	SIM	SIM	SIM	SIM	SIM	SIM	SIM	SIM	SIM	SIM	SIM	SIM	SIM	SIM
		R2h-1	SIM	SIM	SIM	SIM	SIM	SIM	SIM	SIM	SIM	SIM	SIM	SIM	SIM	SIM	SIM	SIM	SIM	SIM	SIM	SIM	SIM	SIM	SIM	SIM	SIM	SIM
		R2h-2	SIM	SIM	SIM	SIM	SIM	SIM	SIM	SIM	SIM	SIM	SIM	SIM	SIM	SIM	SIM	SIM	SIM	SIM	SIM	SIM	SIM	SIM	SIM	SIM	SIM	SIM
		R2h-3	SIM	SIM	SIM	SIM	SIM	SIM	SIM	SIM	NÃO	SIM	SIM	SIM	SIM	SIM	SIM	NÃO	NÃO	SIM	SIM	SIM	SIM	SIM	SIM	NÃO	NÃO	NÃO
		R2v-1	SIM	SIM	SIM	SIM	SIM	SIM	SIM	SIM	NÃO	NÃO	SIM	SIM	SIM	SIM	SIM	NÃO	NÃO	SIM	SIM	SIM	SIM	SIM	SIM	NÃO	NÃO	NÃO
		R2v-2	SIM	SIM	SIM	SIM	SIM	SIM	SIM	SIM	NÃO	NÃO	NÃO	SIM	SIM	SIM	SIM	NÃO	NÃO	SIM	SIM	SIM	SIM	SIM	SIM	NÃO	NÃO	NÃO
		R2v-3	SIM	SIM	SIM	SIM	SIM	SIM	SIM	SIM	NÃO	NÃO	NÃO	NÃO	NÃO	SIM	SIM	NÃO	NÃO	SIM	SIM	SIM	SIM	SIM	NÃO	NÃO	NÃO	NÃO
		R2v-4	SIM	SIM	SIM	SIM	SIM	SIM	NÃO	NÃO	NÃO	NÃO	NÃO	NÃO	NÃO	NÃO	NÃO	NÃO	NÃO	SIM	SIM	SIM	SIM	SIM	NÃO	NÃO	NÃO	NÃO
		EHIS	SIM	SIM	SIM	SIM	SIM	SIM	SIM	SIM	SIM	NÃO	SIM	SIM	SIM	SIM	SIM	SIM	SIM	SIM	SIM	SIM	SIM	SIM	SIM	SIM	SIM	SIM
		EHMP	SIM	SIM	SIM	SIM	SIM	SIM	SIM	SIM	NÃO	NÃO	SIM	SIM	SIM	SIM	SIM	NÃO	NÃO	SIM	SIM	SIM	SIM	SIM	NÃO	NÃO	NÃO	NÃO
NÃO RESIDENCIAL	nRa	nRa-1	SIM	SIM	SIM	SIM	SIM	SIM	SIM	SIM	SIM	SIM	SIM	SIM	SIM	SIM	SIM	SIM	SIM	SIM	SIM	SIM	SIM	SIM	SIM	SIM	SIM	SIM
		nRa-2	SIM	SIM	SIM	SIM	SIM	SIM	SIM	SIM	SIM	SIM	SIM	SIM	SIM	SIM	SIM	SIM	SIM	SIM	SIM	SIM	SIM	SIM	SIM	SIM	SIM	SIM
		nRa-3	SIM	SIM	SIM	SIM	SIM	SIM	SIM	SIM	SIM	NÃO	NÃO	NÃO	SIM	SIM	SIM	SIM	SIM	SIM	SIM	SIM	SIM	SIM	SIM	SIM	SIM	SIM
		nRa-4	SIM	SIM	SIM	SIM	SIM	SIM	SIM	SIM	SIM	NÃO	NÃO	NÃO	SIM	SIM	SIM	SIM	SIM	SIM	SIM	SIM	SIM	SIM	SIM	SIM	SIM	SIM
		nRa-5	SIM	SIM	SIM	SIM	SIM	SIM	SIM	SIM	SIM	SIM	SIM	SIM	SIM	SIM	SIM	SIM	SIM	SIM	SIM	SIM	SIM	SIM	SIM	SIM	SIM	SIM
		nRa-6	NÃO	NÃO	NÃO	NÃO	NÃO	NÃO	NÃO	NÃO	NÃO	NÃO	NÃO	NÃO	NÃO	NÃO	NÃO	NÃO	NÃO	NÃO	NÃO	NÃO	NÃO	NÃO	NÃO	NÃO	NÃO	NÃO

Notas:

(a) Permitidos oficina automotiva e posto de gasolina desde que localizados numa distância de até 500 m (quinhentos metros) da zona urbana.

(b) As subcategorias Residenciais (R) são permitidas observadas as disposições estabelecidas no artigo 55 da Lei nº 16.050, de 31 de Julho de 2014 – PDE.

(c) Somente a atividade museu, com possibilidade de usos comerciais e de serviços associados.

(d) Nas ZPI localizadas em área de proteção aos mananciais, só é permitida a subcategoria de uso Ind-1a, conforme Lei Estadual nº 1.817, de 27 de outubro 1978.

(e) Permitidos somente os usos públicos.

(f) Nas zonas ZCOR ficam proibidas as seguintes atividades: albergue; dispensário; flats; apart hotel; hotel; motel; pensionato; pensão; ensino a distância; ensino supletivo; ensino preparatório para escolas; estacionamento privativo do tipo drive-in.

(g) Nos lotes localizados nas ZCOR-1 e ZCOR-2 inseridas no perímetro de ZEPEC/AUE nas Subprefeituras Sé, Lapa e Pinheiros, incluindo os lotes externos e lindeiros às ZEPEC/AUE nas respectivas subprefeituras, fica proibida a instalação de usos enquadrados nas subcategorias de uso nR1-2 e nR1-13 e proibidas as seguintes atividades: buffet, buffet infantil, salão de festas e eventos, auditórios, cinemas, teatros, anfiteatros e arenas.

(h) Observado o disposto no artigo 123 desta Lei.

(i) Atividade shopping center permitida somente nos lotes localizados na área contida no perímetro de incentivo ao desenvolvimento econômico Jacu-Pêssego, nos termos do art. 362 e Mapa 11 anexo à Lei nº 16.050, de 31 de julho de 2014 – PDE.

(j) Nas zonas ZCOR a atividade abrigo de medidas protetivas para crianças e adolescentes dependerá de anuência expressa, devidamente firmada e registrada em Cartório de Registro de Títulos e Documentos, de todos os proprietários limítrofes do imóvel em que se pretenda a instalação do estabelecimento, bem como de, pelo menos, 2/3 (dois terços) dos proprietários dos imóveis que tenham mais de 50% (cinquenta por cento) de sua área contida na faixa de 100 m (cem metros) medida a partir do perímetro externo do lote a ser ocupado pelo estabelecimento.

(k) Nos parques inseridos em ZEPAM, a permissão de instalação de atividades de comércio e serviços e de espaços destinados a eventos fica condicionada à aprovação do órgão ambiental competente, ouvido o conselho gestor do parque ou, na ausência deste, do Conselho Municipal do Meio Ambiente e Desenvolvimento Sustentável – CADES.

(*cont.*)

CAT. USO	SUBCAT. USO	GRUPOS DE ATIVIDADES	TRANSFORMAÇÃO						QUALIFICAÇÃO																			
			ZEU				ZEM		ZC			ZCOR (f) (g) (j)				ZM				ZEIS					ZDE		ZPI	
			ZEU	ZEUa	ZEUP	ZEUPa	ZEM	ZEMP	ZC	ZCa	ZC- ZEIS	ZCOR-1	ZCOR-2	ZCOR-3	ZCORa	ZM	ZMa	ZMIS	ZMISa	ZEIS-1	ZEIS-2	ZEIS-3	ZEIS-4	ZEIS-5	ZDE-1	ZDE-2	ZPI-1	ZPI-2
NÃO RESIDENCIAL	nR1	nR1-1	SIM	SIM	SIM	SIM	SIM	SIM	SIM	SIM	SIM	NÃO	SIM	SIM	SIM	SIM	SIM	SIM	SIM	SIM	SIM	SIM	SIM	SIM	SIM	SIM	SIM	SIM
		nR1-2	SIM	SIM	SIM	SIM	SIM	SIM	SIM	SIM	SIM	NÃO	SIM	SIM	SIM	SIM	SIM	SIM	SIM	SIM	SIM	SIM	SIM	SIM	SIM	SIM	SIM	SIM
		nR1-3	SIM	SIM	SIM	SIM	SIM	SIM	SIM	SIM	SIM	NÃO	SIM	SIM	SIM	SIM	SIM	SIM	SIM	SIM	SIM	SIM	SIM	SIM	SIM	SIM	SIM	SIM
		nR1-4	SIM	SIM	SIM	SIM	SIM	SIM	SIM	SIM	SIM	NÃO	SIM	SIM	SIM	SIM	SIM	SIM	SIM	SIM	SIM	SIM	SIM	SIM	SIM	SIM	SIM	SIM
		nR1-5	SIM	SIM	SIM	SIM	SIM	SIM	SIM	SIM	SIM	SIM	SIM	SIM	SIM	SIM	SIM	SIM	SIM	SIM	SIM	SIM	SIM	SIM	SIM	SIM	SIM	SIM
		nR1-6	SIM	SIM	SIM	SIM	SIM	SIM	SIM	SIM	SIM	SIM	SIM	SIM	SIM	SIM	SIM	SIM	SIM	SIM	SIM	SIM	SIM	SIM	SIM	SIM	SIM	SIM
		nR1-7	SIM	SIM	SIM	SIM	SIM	SIM	SIM	SIM	SIM	NÃO	SIM	SIM	SIM	SIM	SIM	SIM	SIM	SIM	SIM	SIM	SIM	SIM	SIM	SIM	SIM	SIM
		nR1-8	SIM	SIM	SIM	SIM	SIM	SIM	SIM	SIM	SIM	NÃO	SIM	SIM	SIM	SIM	SIM	SIM	SIM	SIM	SIM	SIM	SIM	SIM	SIM	SIM	SIM	SIM
		nR1-9	SIM	SIM	SIM	SIM	SIM	SIM	SIM	SIM	SIM	NÃO	SIM	SIM	SIM	SIM	SIM	SIM	SIM	SIM	SIM	SIM	SIM	SIM	SIM	SIM	SIM	SIM
		nR1-10	SIM	SIM	SIM	SIM	SIM	SIM	SIM	SIM	SIM	SIM	SIM	SIM	SIM	SIM	SIM	SIM	SIM	SIM	SIM	SIM	SIM	SIM	SIM	SIM	SIM	SIM
		nR1-11	SIM	SIM	SIM	SIM	SIM	SIM	SIM	SIM	SIM	NÃO	SIM	SIM	SIM	SIM	SIM	SIM	SIM	SIM	SIM	SIM	SIM	SIM	SIM	SIM	SIM	SIM
		nR1-12	SIM	SIM	SIM	SIM	SIM	SIM	SIM	SIM	SIM	SIM	SIM	SIM	SIM	SIM	SIM	SIM	SIM	SIM	SIM	SIM	SIM	SIM	SIM	SIM	SIM	SIM
		nR1-13	SIM	SIM	SIM	SIM	SIM	SIM	SIM	SIM	SIM	SIM	SIM	SIM	SIM	SIM	SIM	SIM	SIM	SIM	SIM	SIM	SIM	SIM	SIM	SIM	SIM	SIM
		nR1-14	SIM	SIM	SIM	SIM	SIM	SIM	SIM	SIM	SIM	NÃO	NÃO	SIM	SIM	SIM	SIM	SIM	SIM	SIM	SIM	SIM	SIM	SIM	SIM	SIM	SIM	SIM
		nR1-15	SIM	SIM	SIM	SIM	SIM	SIM	SIM	SIM	SIM	NÃO	SIM	SIM	SIM	SIM	SIM	SIM	SIM	SIM	SIM	SIM	SIM	SIM	SIM	SIM	SIM	SIM
		nR1-16	SIM	SIM	SIM	SIM	SIM	SIM	SIM	SIM	SIM	NÃO (h)	NÃO (h)	NÃO (h)	NÃO (h)	SIM	SIM	SIM	SIM	SIM	SIM	SIM	SIM	SIM	SIM	SIM	SIM	SIM

Notas:

(a) Permitidos oficina automotiva e posto de gasolina desde que localizados numa distância de até 500 m (quinhentos metros) da zona urbana.

(b) As subcategorias Residenciais (R) são permitidas observadas as disposições estabelecidas no artigo 55 da Lei nº 16.050, de 31 de Julho de 2014 – PDE.

(c) Somente a atividade museu, com possibilidade de usos comerciais e de serviços associados.

(d) Nas ZPI localizadas em área de proteção aos mananciais, só é permitida a subcategoria de uso Ind-1a, conforme Lei Estadual nº 1.817, de 27 de outubro 1978.

(e) Permitidos somente os usos públicos.

(f) Nas zonas ZCOR ficam proibidas as seguintes atividades: albergue; dispensário; flats; apart hotel; hotel; motel; pensionato; pensão; ensino a distância; ensino supletivo; ensino preparatório para escolas; estacionamento privativo do tipo drive-In.

(g) Nos lotes localizados nas ZCOR-1 e ZCOR-2 inseridas no perímetro de ZEPEC/AUE nas Subprefeituras Sé, Lapa e Pinheiros, incluindo os lotes externos e lindeiros às ZEPEC/AUE nas respectivas subprefeituras, fica proibida a instalação de usos enquadrados nas subcategorias de uso nR1-2 e nR1-13 e proibidas as seguintes atividades: buffet, buffet infantil, salão de festas e eventos, auditórios, cinemas, teatros, anfiteatros e arenas.

(h) Observado o disposto no artigo 123 desta Lei.

(i) Atividade shopping center permitida somente nos lotes localizados na área contida no perímetro de incentivo ao desenvolvimento econômico Jacu-Pêssego, nos termos do art. 362 e Mapa 11 anexo à Lei nº 16.050, de 31 de julho de 2014 – PDE.

(j) Nas zonas ZCOR a atividade abrigo de medidas protetivas para crianças e adolescentes dependerá de anuência expressa, devidamente firmada e registrada em Cartório de Registro de Títulos e Documentos, de todos os proprietários limítrofes do imóvel em que se pretenda a instalação do estabelecimento, bem como de, pelo menos, 2/3 (dois terços) dos proprietários dos imóveis que tenham mais de 50% (cinquenta por cento) de sua área contida na faixa de 100 m (cem metros) medida a partir do perímetro externo do lote a ser ocupado pelo estabelecimento.

(k) Nos parques inseridos em ZEPAM, a permissão de instalação de atividades de comércio e serviços e de espaços destinados a eventos fica condicionada à aprovação do órgão ambiental competente, ouvido o conselho gestor do parque ou, na ausência deste, do Conselho Municipal do Meio Ambiente e Desenvolvimento Sustentável – CADES.

(cont.)

CAT. USO	SUBCAT. USO	GRUPO DE ATIVIDADES	TRANSFORMAÇÃO						QUALIFICAÇÃO																			
			ZEU				ZEM		ZC			ZCOR (f) (g) (j)				ZM				ZEIS					ZDE		ZPI	
			ZEU	ZEUa	ZEUP	ZEUPa	ZEM	ZEMP	ZC	ZCa	ZC - ZEIS	ZCOR-1	ZCOR-2	ZCOR-3	ZCORa	ZM	ZMa	ZMIS	ZMISa	ZEIS-1	ZEIS-2	ZEIS-3	ZEIS-4	ZEIS-5	ZDE-1	ZDE-2	ZPI-1	ZPI-2
NÃO RESIDENCIAL	nR2	nR2-1	SIM	SIM	SIM	SIM	SIM	SIM	SIM	SIM	SIM	NÃO	NÃO	SIM	SIM	SIM	SIM	SIM	SIM	SIM	SIM	SIM	SIM	SIM	SIM	SIM	SIM	SIM
		nR2-2	SIM	SIM	SIM	SIM	SIM	SIM	SIM	SIM	SIM	NÃO	NÃO	SIM	SIM	SIM	SIM	SIM	SIM	SIM	SIM	SIM	SIM	SIM	SIM	SIM	SIM	SIM
		nR2-3	SIM	SIM	SIM	SIM	SIM	SIM	SIM	SIM	SIM	NÃO	NÃO	SIM	SIM	SIM	SIM	SIM	SIM	SIM	SIM	SIM	SIM	SIM	SIM	SIM	SIM	SIM
		nR2-4	SIM	SIM	SIM	SIM	SIM	SIM	SIM	SIM	SIM	NÃO	NÃO	SIM	SIM	SIM	SIM	SIM	SIM	SIM	SIM	SIM	SIM	SIM	SIM	SIM	SIM	SIM
		nR2-5	SIM	SIM	SIM	SIM	SIM	SIM	SIM	SIM	SIM	NÃO	SIM	SIM	SIM	SIM	SIM	SIM	SIM	SIM	SIM	SIM	SIM	SIM	SIM	SIM	SIM	SIM
		nR2-6	SIM	SIM	SIM	SIM	SIM	SIM	SIM	SIM	SIM	NÃO	NÃO	SIM	SIM	SIM	SIM	SIM	SIM	SIM	SIM	SIM	SIM	SIM	SIM	SIM	SIM	SIM
		nR2-7	SIM	SIM	SIM	SIM	SIM	SIM	SIM	SIM	SIM	SIM	SIM	SIM	SIM	SIM	SIM	SIM	SIM	SIM	SIM	SIM	SIM	SIM	SIM	SIM	SIM	SIM
		nR2-8	SIM	SIM	SIM	SIM	SIM	SIM	SIM	SIM	SIM	SIM	SIM	SIM	SIM	SIM	SIM	SIM	SIM	SIM	SIM	SIM	SIM	SIM	SIM	SIM	SIM	SIM
		nR2-9	SIM	SIM	SIM	SIM	SIM	SIM	SIM	SIM	SIM	NÃO	SIM	SIM	SIM	SIM	SIM	SIM	SIM	SIM	SIM	SIM	SIM	SIM	SIM	SIM	SIM	SIM
		nR2-10	SIM	SIM	SIM	SIM	SIM	SIM	SIM	SIM	SIM	NÃO	NÃO	SIM	SIM	SIM	SIM	SIM	SIM	SIM	SIM	SIM	SIM	SIM	SIM	SIM	SIM	SIM
		nR2-11	SIM	SIM	SIM	SIM	SIM	SIM	SIM	SIM	SIM	NÃO	NÃO	SIM	SIM	SIM	SIM	SIM	SIM	SIM	SIM	SIM	SIM	SIM	SIM	SIM	SIM	SIM
		nR2-12	SIM	SIM	SIM	SIM	SIM	SIM	SIM	SIM	SIM	NÃO	NÃO	SIM	SIM	SIM	SIM	SIM	SIM	SIM	SIM	SIM	SIM	SIM	SIM	SIM	SIM	SIM
		nR2-13	SIM	SIM	SIM	SIM	SIM	SIM	SIM	SIM	SIM	NÃO	NÃO	SIM	SIM	SIM	SIM	SIM	SIM	SIM	SIM	SIM	SIM	SIM	SIM	SIM	SIM	SIM
		nR2-14	SIM	SIM	SIM	SIM	SIM	SIM	SIM	SIM	SIM	NÃO	NÃO	SIM	SIM	SIM	SIM	SIM	SIM	SIM	SIM	SIM	SIM	SIM	SIM	SIM	SIM	SIM
		nR2-15	SIM	SIM	SIM	SIM	SIM	SIM	SIM	SIM	SIM	NÃO (h)	NÃO (h)	NÃO (h)	NÃO (h)	SIM	SIM	SIM	SIM	SIM	SIM	SIM	SIM	SIM	SIM	SIM	SIM	SIM
	nR3	nR3-1	SIM	SIM	SIM	SIM	SIM	SIM	SIM	SIM	SIM	NÃO	NÃO	NÃO	NÃO	SIM	NÃO	SIM	SIM	SIM	SIM	SIM	SIM	SIM	SIM	SIM	SIM	SIM
		nR3-2	SIM	SIM	SIM	SIM	SIM	SIM	SIM	SIM	SIM	NÃO	NÃO	NÃO	NÃO	SIM	SIM	SIM	SIM	SIM	SIM	SIM	SIM	SIM	SIM	SIM	NÃO (i)	SIM
		nR3-3	SIM	SIM	SIM	SIM	SIM	SIM	SIM	SIM	SIM	NÃO	NÃO	NÃO	NÃO	SIM	SIM	SIM	SIM	SIM	SIM	SIM	SIM	SIM	SIM	SIM	SIM	SIM
		nR3-4	SIM	SIM	SIM	SIM	SIM	SIM	SIM	SIM	SIM	NÃO	NÃO	NÃO	NÃO	SIM	NÃO	NÃO	NÃO	SIM	SIM	SIM	SIM	SIM	SIM	SIM	SIM	SIM
		nR3-5	SIM	SIM	SIM	SIM	SIM	SIM	SIM	SIM	SIM	NÃO	NÃO	NÃO	NÃO	SIM	NÃO	NÃO	NÃO	SIM	SIM	SIM	SIM	SIM	SIM	SIM	SIM	SIM
		nR3-6	SIM	SIM	SIM	SIM	SIM	SIM	SIM	SIM	SIM	NÃO	NÃO	NÃO	NÃO	SIM	NÃO	NÃO	NÃO	SIM	SIM	SIM	SIM	SIM	SIM	SIM	SIM	SIM
		nR3-7	SIM	SIM	SIM	SIM	SIM	SIM	SIM	SIM	SIM	NÃO (h)	NÃO (h)	NÃO (h)	NÃO (h)	SIM	SIM	SIM	SIM	SIM	SIM	SIM	SIM	SIM	SIM	SIM	SIM	SIM
		nR3-8	SIM	SIM	SIM	SIM	SIM	SIM	SIM	SIM	SIM	NÃO	NÃO	NÃO	NÃO	SIM	SIM	SIM	SIM	SIM	SIM	SIM	SIM	SIM	SIM	SIM	SIM	SIM
		nR3-9	SIM	SIM	SIM	SIM	SIM	SIM	SIM	SIM	SIM	NÃO	NÃO	NÃO	NÃO	SIM	SIM	SIM	SIM	SIM	SIM	SIM	SIM	SIM	SIM	SIM	SIM	SIM

Notas:

(a) Permitidos oficina automotiva e posto de gasolina desde que localizados numa distância de até 500 m (quinhentos metros) da zona urbana.

(b) As subcategorias Residenciais (R) são permitidas observadas as disposições estabelecidas no artigo 55 da Lei nº 16.050, de 31 de Julho de 2014 – PDE.

(c) Somente a atividade museu, com possibilidade de usos comerciais e de serviços associados.

(d) Nas ZPI localizadas em área de proteção aos mananciais, só é permitida a subcategoria de uso Ind-1a, conforme Lei Estadual nº 1.817, de 27 de outubro 1978.

(e) Permitidos somente os usos públicos.

(f) Nas zonas ZCOR ficam proibidas as seguintes atividades: albergue; dispensário; flats; apart hotel; hotel; motel; pensionato; pensão; ensino a distância; ensino supletivo; ensino preparatório para escolas; estacionamento privativo do tipo drive-in.

(g) Nos lotes localizados nas ZCOR-1 e ZCOR-2 inseridas no perímetro de ZEPEC/AUE nas Subprefeituras Sé, Lapa e Pinheiros, incluindo os lotes externos e lindeiros às ZEPEC/AUE nas respectivas subprefeituras, fica proibida a instalação de usos enquadrados nas subcategorias de uso nR1-2 e nR1-13 e proibidas as seguintes atividades: buffet, buffet infantil, salão de festas e eventos, auditórios, cinemas, teatros, anfiteatros e arenas.

(h) Observado o disposto no artigo 123 desta Lei.

(i) Atividade shopping center permitida somente nos lotes localizados na área contida no perímetro de incentivo ao desenvolvimento econômico Jacu-Pêssego, nos termos do art. 362 e Mapa 11 anexo à Lei nº 16.050, de 31 de julho de 2014 – PDE.

(j) Nas zonas ZCOR a atividade abrigo de medidas protetivas para crianças e adolescentes dependerá de anuência expressa, devidamente firmada e registrada em Cartório de Registro de Títulos e Documentos, de todos os proprietários limítrofes do imóvel em que se pretenda a instalação do estabelecimento, bem como de, pelo menos, 2/3 (dois terços) dos proprietários dos imóveis que tenham mais de 50% (cinquenta por cento) de sua área contida na faixa de 100 m (cem metros) medida a partir do perímetro externo do lote a ser ocupado pelo estabelecimento.

(k) Nos parques inseridos em ZEPAM, a permissão de instalação de atividades de comércio e serviços e de espaços destinados a eventos fica condicionada à aprovação do órgão ambiental competente, ouvido o conselho gestor do parque ou, na ausência deste, do Conselho Municipal do Meio Ambiente e Desenvolvimento Sustentável – CADES.

(cont.)

CAT. USO	SUBCAT. USO	GRUPOS DE ATIVIDADES	TRANSFORMAÇÃO						QUALIFICAÇÃO																			
			ZEU				ZEM		ZC			ZCOR (f) (g) (j)				ZM				ZEIS					ZDE		ZPI (d)	
			ZEU	ZEUa	ZEUP	ZEUPa	ZEM	ZEMP	ZC	ZCa	ZC-ZEIS	ZCOR-1	ZCOR-2	ZCOR-3	ZCORa	ZM	ZMa	ZMIS	ZMISa	ZEIS-1	ZEIS-2	ZEIS-3	ZEIS-4	ZEIS-5	ZDE-1	ZDE-2	ZPI-1	ZPI-2
NÃO RESIDENCIAL	Ind-1a	Ind-1a-1	SIM	SIM	SIM	SIM	SIM	SIM	SIM	SIM	SIM	NÃO	NÃO	NÃO	NÃO	SIM	SIM	SIM	SIM	SIM	SIM	SIM	SIM	SIM	SIM	SIM	SIM	SIM
		Ind-1a-2	SIM	SIM	SIM	SIM	SIM	SIM	SIM	SIM	SIM	NÃO	NÃO	NÃO	NÃO	SIM	SIM	SIM	SIM	SIM	SIM	SIM	SIM	SIM	SIM	SIM	SIM	SIM
		Ind-1a-3	SIM	SIM	SIM	SIM	SIM	SIM	SIM	SIM	SIM	NÃO	NÃO	NÃO	NÃO	SIM	SIM	SIM	SIM	SIM	SIM	SIM	SIM	SIM	SIM	SIM	SIM	SIM
		Ind-1a-4	SIM	SIM	SIM	SIM	SIM	SIM	SIM	SIM	SIM	NÃO	NÃO	NÃO	NÃO	SIM	SIM	SIM	SIM	SIM	SIM	SIM	SIM	SIM	SIM	SIM	SIM	SIM
		Ind-1a-5	SIM	SIM	SIM	SIM	SIM	SIM	SIM	SIM	SIM	NÃO	NÃO	NÃO	NÃO	SIM	SIM	SIM	SIM	SIM	SIM	SIM	SIM	SIM	SIM	SIM	SIM	SIM
		Ind-1a-6	SIM	SIM	SIM	SIM	SIM	SIM	SIM	SIM	SIM	NÃO	NÃO	NÃO	SIM	SIM	NÃO	SIM	SIM	SIM	SIM	SIM	SIM	SIM	SIM	SIM	SIM	SIM
		Ind-1a-7	SIM	SIM	SIM	SIM	SIM	SIM	SIM	SIM	SIM	NÃO	NÃO	NÃO	NÃO	SIM	SIM	SIM	SIM	SIM	SIM	SIM	NÃO	SIM	SIM	SIM	SIM	SIM
	Ind-1b	Ind-1b-1	SIM	NÃO	SIM	NÃO	SIM	SIM	SIM	NÃO	SIM	NÃO	NÃO	NÃO	NÃO	SIM	NÃO	SIM	NÃO	SIM	SIM	SIM	NÃO	SIM	SIM	SIM	SIM	SIM
		Ind-1b-2	SIM	NÃO	SIM	NÃO	SIM	SIM	SIM	NÃO	SIM	NÃO	NÃO	NÃO	NÃO	SIM	SIM	SIM	SIM	SIM	SIM	SIM	NÃO	SIM	SIM	SIM	SIM	SIM
		Ind-1b-3	SIM	NÃO	SIM	NÃO	SIM	SIM	SIM	NÃO	SIM	NÃO	NÃO	NÃO	NÃO	SIM	SIM	SIM	SIM	SIM	SIM	SIM	NÃO	SIM	SIM	SIM	SIM	SIM
		Ind-1b-4	SIM	NÃO	SIM	NÃO	SIM	SIM	SIM	NÃO	SIM	NÃO	NÃO	NÃO	NÃO	SIM	NÃO	SIM	NÃO	SIM	SIM	SIM	NÃO	SIM	SIM	SIM	SIM	SIM
		Ind-1b-5	SIM	NÃO	SIM	NÃO	SIM	SIM	SIM	NÃO	SIM	NÃO	NÃO	NÃO	NÃO	SIM	NÃO	SIM	NÃO	SIM	SIM	SIM	NÃO	SIM	SIM	SIM	SIM	SIM
		Ind-1b-6	SIM	NÃO	SIM	NÃO	SIM	SIM	SIM	NÃO	SIM	NÃO	NÃO	NÃO	NÃO	SIM	NÃO	SIM	NÃO	SIM	SIM	SIM	NÃO	SIM	SIM	SIM	SIM	SIM
		Ind-1b-7	SIM	NÃO	SIM	NÃO	SIM	SIM	SIM	NÃO	SIM	NÃO	NÃO	NÃO	NÃO	SIM	NÃO	SIM	NÃO	SIM	SIM	SIM	NÃO	SIM	SIM	SIM	SIM	SIM
		Ind-1b-8	SIM	NÃO	SIM	NÃO	SIM	SIM	SIM	NÃO	SIM	NÃO	NÃO	NÃO	NÃO	SIM	NÃO	SIM	NÃO	SIM	SIM	SIM	NÃO	SIM	SIM	SIM	SIM	SIM

Notas:

(a) Permitidos oficina automotiva e posto de gasolina desde que localizados numa distância de até 500 m (quinhentos metros) da zona urbana.

(b) As subcategorias Residenciais (R) são permitidas observadas as disposições estabelecidas no artigo 55 da Lei nº 16.050, de 31 de Julho de 2014 – PDE.

(c) Somente a atividade museu, com possibilidade de usos comerciais e de serviços associados.

(d) Nas ZPI localizadas em área de proteção aos mananciais, só é permitida a subcategoria de uso Ind-1a, conforme Lei Estadual nº 1.817, de 27 de outubro 1978.

(e) Permitidos somente os usos públicos.

(f) Nas zonas ZCOR ficam proibidas as seguintes atividades: albergue; dispensário; flats; apart hotel; hotel; motel; pensionato; pensão; ensino a distância; ensino supletivo; ensino preparatório para escolas; estacionamento privativo do tipo drive-in.

(g) Nos lotes localizados nas ZCOR-1 e ZCOR-2 inseridas no perímetro de ZEPEC/AUE nas Subprefeituras Sé, Lapa e Pinheiros, incluindo os lotes externos e lindeiros às ZEPEC/AUE nas respectivas subprefeituras, fica proibida a instalação de usos enquadrados nas subcategorias de uso nR1-2 e nR1-13 e proibidas as seguintes atividades: buffet, buffet infantil, salão de festas e eventos, auditórios, cinemas, teatros, anfiteatros e arenas.

(h) Observado o disposto no artigo 123 desta Lei.

(i) Atividade shopping center permitida somente nos lotes localizados na área contida no perímetro de incentivo ao desenvolvimento econômico Jacu-Pêssego, nos termos do art. 362 e Mapa 11 anexo à Lei nº 16.050, de 31 de julho de 2014 – PDE.

(j) Nas zonas ZCOR a atividade abrigo de medidas protetivas para crianças e adolescentes dependerá de anuência expressa, devidamente firmada e registrada em Cartório de Registro de Títulos e Documentos, de todos os proprietários limítrofes do imóvel em que se pretenda a instalação do estabelecimento, bem como de, pelo menos, 2/3 (dois terços) dos proprietários dos imóveis que tenham mais de 50% (cinquenta por cento) de sua área contida na faixa de 100 m (cem metros) medida a partir do perímetro externo do lote a ser ocupado pelo estabelecimento.

(k) Nos parques inseridos em ZEPAM, a permissão de instalação de atividades de comércio e serviços e de espaços destinados a eventos fica condicionada à aprovação do órgão ambiental competente, ouvido o conselho gestor do parque ou, na ausência deste, do Conselho Municipal do Meio Ambiente e Desenvolvimento Sustentável – CADES.

(*cont.*)

CAT. USO	SUBCAT. USO	GRUPOS DE ATIVIDADES	TRANSFORMAÇÃO						QUALIFICAÇÃO																			
			ZEU				ZEM		ZC			ZCOR (f, (g) (j)				ZM				ZEIS					ZDE		ZPI (d)	
			ZEU	ZEUa	ZEUP	ZEUPa	ZEM	ZEMP	ZC	ZCa	ZC-ZEIS	ZCOR-1	ZCOR-2	ZCOR-3	ZCORa	ZM	ZMa	ZMIS	ZMISa	ZEIS-1	ZEIS-2	ZEIS-3	ZEIS-4	ZEIS-5	ZDE-1	ZDE-2	ZPI-1	ZPI-2
NÃO RESIDENCIAL	Ind-2	Ind-2-1	NÃO	NÃO	NÃO	NÃO	NÃO	NÃO	NÃO	NÃO	NÃO	NÃO	NÃO	NÃO	NÃO	NÃO	NÃO	NÃO	NÃO	NÃO	NÃO	NÃO	NÃO	NÃO	NÃO	SIM	SIM	SIM
		Ind-2-2	NÃO	NÃO	NÃO	NÃO	NÃO	NÃO	NÃO	NÃO	NÃO	NÃO	NÃO	NÃO	NÃO	NÃO	NÃO	NÃO	NÃO	NÃO	NÃO	NÃO	NÃO	NÃO	NÃO	SIM	SIM	SIM
		Ind-2-3	NÃO	NÃO	NÃO	NÃO	NÃO	NÃO	NÃO	NÃO	NÃO	NÃO	NÃO	NÃO	NÃO	NÃO	NÃO	NÃO	NÃO	NÃO	NÃO	NÃO	NÃO	NÃO	NÃO	SIM	SIM	SIM
		Ind-2-4	NÃO	NÃO	NÃO	NÃO	NÃO	NÃO	NÃO	NÃO	NÃO	NÃO	NÃO	NÃO	NÃO	NÃO	NÃO	NÃO	NÃO	NÃO	NÃO	NÃO	NÃO	NÃO	NÃO	SIM	SIM	SIM
		Ind-2-5	NÃO	NÃO	NÃO	NÃO	NÃO	NÃO	NÃO	NÃO	NÃO	NÃO	NÃO	NÃO	NÃO	NÃO	NÃO	NÃO	NÃO	NÃO	NÃO	NÃO	NÃO	NÃO	NÃO	SIM	SIM	SIM
		Ind-2-6	NÃO	NÃO	NÃO	NÃO	NÃO	NÃO	NÃO	NÃO	NÃO	NÃO	NÃO	NÃO	NÃO	NÃO	NÃO	NÃO	NÃO	NÃO	NÃO	NÃO	NÃO	NÃO	NÃO	SIM	SIM	SIM
		Ind-2-7	NÃO	NÃO	NÃO	NÃO	NÃO	NÃO	NÃO	NÃO	NÃO	NÃO	NÃO	NÃO	NÃO	NÃO	NÃO	NÃO	NÃO	NÃO	NÃO	NÃO	NÃO	NÃO	NÃO	SIM	SIM	SIM
		Ind-2-8	NÃO	NÃO	NÃO	NÃO	NÃO	NÃO	NÃO	NÃO	NÃO	NÃO	NÃO	NÃO	NÃO	NÃO	NÃO	NÃO	NÃO	NÃO	NÃO	NÃO	NÃO	NÃO	NÃO	SIM	SIM	SIM
		Ind-2-9	NÃO	NÃO	NÃO	NÃO	NÃO	NÃO	NÃO	NÃO	NÃO	NÃO	NÃO	NÃO	NÃO	NÃO	NÃO	NÃO	NÃO	NÃO	NÃO	NÃO	NÃO	NÃO	NÃO	SIM	SIM	SIM
		Ind-2-10	NÃO	NÃO	NÃO	NÃO	NÃO	NÃO	NÃO	NÃO	NÃO	NÃO	NÃO	NÃO	NÃO	NÃO	NÃO	NÃO	NÃO	NÃO	NÃO	NÃO	NÃO	NÃO	NÃO	SIM	SIM	SIM
		Ind-2-11	NÃO	NÃO	NÃO	NÃO	NÃO	NÃO	NÃO	NÃO	NÃO	NÃO	NÃO	NÃO	NÃO	NÃO	NÃO	NÃO	NÃO	NÃO	NÃO	NÃO	NÃO	NÃO	NÃO	SIM	SIM	SIM
		Ind-2-12	NÃO	NÃO	NÃO	NÃO	NÃO	NÃO	NÃO	NÃO	NÃO	NÃO	NÃO	NÃO	NÃO	NÃO	NÃO	NÃO	NÃO	NÃO	NÃO	NÃO	NÃO	NÃO	NÃO	SIM	SIM	SIM
		Ind-2-13	NÃO	NÃO	NÃO	NÃO	NÃO	NÃO	NÃO	NÃO	NÃO	NÃO	NÃO	NÃO	NÃO	NÃO	NÃO	NÃO	NÃO	NÃO	NÃO	NÃO	NÃO	NÃO	NÃO	SIM	SIM	SIM
		Ind-2-14	NÃO	NÃO	NÃO	NÃO	NÃO	NÃO	NÃO	NÃO	NÃO	NÃO	NÃO	NÃO	NÃO	NÃO	NÃO	NÃO	NÃO	NÃO	NÃO	NÃO	NÃO	NÃO	NÃO	SIM	SIM	SIM
		Ind-2-15	NÃO	NÃO	NÃO	NÃO	NÃO	NÃO	NÃO	NÃO	NÃO	NÃO	NÃO	NÃO	NÃO	NÃO	NÃO	NÃO	NÃO	NÃO	NÃO	NÃO	NÃO	NÃO	NÃO	NÃO	SIM	SIM

Notas:

(a) Permitidos oficina automotiva e posto de gasolina desde que localizados numa distância de até 500 m (quinhentos metros) da zona urbana.

(b) As subcategorias Residenciais (R) são permitidas observadas as disposições estabelecidas no artigo 55 da Lei nº 16.050, de 31 de Julho de 2014 – PDE.

(c) Somente a atividade museu, com possibilidade de usos comerciais e de serviços associados.

(d) Nas ZPI localizadas em área de proteção aos mananciais, só é permitida a subcategoria de uso Ind-1a, conforme Lei Estadual nº 1.817, de 27 de outubro 1978.

(e) Permitidos somente os usos públicos.

(f) Nas zonas ZCOR ficam proibidas as seguintes atividades: albergue; dispensário; flats; apart hotel; hotel; motel; pensionato; pensão; ensino a distância; ensino supletivo; ensino preparatório para escolas; estacionamento privativo do tipo drive-in.

(g) Nos lotes localizados nas ZCOR-1 e ZCOR-2 inseridas no perímetro de ZEPEC/AUE nas Subprefeituras Sé, Lapa e Pinheiros, incluindo os lotes externos e lindeiros às ZEPEC/AUE nas respectivas subprefeituras, fica proibida a instalação de usos enquadrados nas subcategorias de uso nR1-2 e nR1-13 e proibidas as seguintes atividades: buffet, buffet infantil, salão de festas e eventos, auditórios, cinemas, teatros, anfiteatros e arenas.

(h) Observado o disposto no artigo 123 desta Lei.

(i) Atividade shopping center permitida somente nos lotes localizados na área contida no perímetro de incentivo ao desenvolvimento econômico Jacu-Pêssego, nos termos do art. 362 e Mapa 11 anexo à Lei nº 16.050, de 31 de julho de 2014 – PDE.

(j) Nas zonas ZCOR a atividade abrigo de medidas protetivas para crianças e adolescentes dependerá de anuência expressa, devidamente firmada e registrada em Cartório de Registro de Títulos e Documentos, de todos os proprietários limítrofes do imóvel em que se pretenda a instalação do estabelecimento, bem como de, pelo menos, 2/3 (dois terços) dos proprietários dos imóveis que tenham mais de 50% (cinquenta por cento) de sua área contida na faixa de 100 m (cem metros) medida a partir do perímetro externo do lote a ser ocupado pelo estabelecimento.

(k) Nos parques inseridos em ZEPAM, a permissão de instalação de atividades de comércio e serviços e de espaços destinados a eventos fica condicionada à aprovação do órgão ambiental competente, ouvido o conselho gestor do parque ou, na ausência deste, do Conselho Municipal do Meio Ambiente e Desenvolvimento Sustentável – CADES.

CAT. USO	SUBCAT. USO	GRUPOS DE ATIVIDADES	PRESERVAÇÃO							ÁREAS PÚBLICAS E INTEGRANTES DO SAPAVEL					
				ZER			ZPDS			AVP		AI		AC	
			ZPR	ZER-1	ZER-2	ZERa	ZPDS	ZPDSr	ZEPAM(k)	AVP-1	AVP-2	AI	AIa	AC-1	AC-2
RESIDENCIAL	R	R1	SIM	SIM	SIM	SIM	SIM	SIM	SIM	NÃO	NÃO	NÃO	NÃO	NÃO	NÃO
		R2h-1	SIM	SIM	SIM	SIM	SIM	SIM	SIM	NÃO	NÃO	NÃO	NÃO	NÃO	NÃO
		R2h-2	SIM	SIM	SIM	SIM	SIM	NÃO	NÃO	NÃO	NÃO	NÃO	NÃO	NÃO	NÃO
		R2h-3	SIM	SIM	SIM	SIM	NÃO	NÃO	NÃO	NÃO	NÃO	NÃO	NÃO	NÃO	NÃO
		R2v-1	SIM	NÃO	NÃO	NÃO	NÃO	NÃO	NÃO	NÃO	NÃO	NÃO	NÃO	NÃO	NÃO
		R2v-2	NÃO	NÃO	NÃO	NÃO	NÃO	NÃO	NÃO	NÃO	NÃO	NÃO	NÃO	NÃO	NÃO
		R2v-3	NÃO	NÃO	NÃO	NÃO	NÃO	NÃO	NÃO	NÃO	NÃO	NÃO	NÃO	NÃO	NÃO
		R2v-4	NÃO	NÃO	NÃO	NÃO	NÃO	NÃO	NÃO	NÃO	NÃO	NÃO	NÃO	NÃO	NÃO
		EHIS	NÃO	NÃO	NÃO	NÃO	NÃO	NÃO	NÃO	NÃO	NÃO	NÃO	NÃO	NÃO	NÃO
		EHMP	NÃO	NÃO	NÃO	NÃO	NÃO	NÃO	NÃO	NÃO	NÃO	NÃO	NÃO	NÃO	NÃO
NÃO RESIDENCIAL	nRa	nRa-1	SIM	NÃO	NÃO	NÃO	SIM	SIM	SIM	SIM	SIM	SIM	SIM	SIM	SIM
		nRa-2	SIM	NÃO	NÃO	NÃO	SIM	SIM	SIM	SIM	SIM	SIM	SIM	SIM	SIM
		nRa-3	SIM	NÃO	NÃO	NÃO	SIM	SIM	SIM	SIM	SIM	SIM	SIM	SIM	SIM
		nRa-4	SIM	NÃO	NÃO	NÃO	SIM	SIM	SIM	NÃO	NÃO	NÃO	NÃO	NÃO	NÃO
		nRa-5	SIM	SIM	SIM	SIM	SIM	SIM	SIM	SIM	SIM	SIM	SIM	SIM	SIM
		nRa-6	NÃO	NÃO	NÃO	NÃO	SIM	SIM	SIM	NÃO	NÃO	NÃO	NÃO	NÃO	NÃO

Notas:

(a) Permitidos oficina automotiva e posto de gasolina desde que localizados numa distância de até 500 m (quinhentos metros) da zona urbana.

(b) As subcategorias Residenciais (R) são permitidas observadas as disposições estabelecidas no artigo 55 da Lei nº 16.050, de 31 de Julho de 2014 – PDE.

(c) Somente a atividade museu, com possibilidade de usos comerciais e de serviços associados.

(d) Nas ZPI localizadas em área de proteção aos mananciais, só é permitida a subcategoria de uso Ind-1a, conforme Lei Estadual nº 1.817, de 27 de outubro 1978.

(e) Permitidos somente os usos públicos.

(f) Nas zonas ZCOR ficam proibidas as seguintes atividades: albergue; dispensário; flats; apart hotel; hotel; motel; pensionato; pensão; ensino a distância; ensino supletivo; ensino preparatório para escolas; estacionamento privativo do tipo drive-in.

(g) Nos lotes localizados nas ZCOR-1 e ZCOR-2 inseridas no perímetro de ZEPEC/AUE nas Subprefeituras Sé, Lapa e Pinheiros, incluindo os lotes externos e lindeiros às ZEPEC/AUE nas respectivas subprefeituras, fica proibida a instalação de usos enquadrados nas subcategorias de uso nR1-2 e nR1-13 e proibidas as seguintes atividades: buffet, buffet infantil, salão de festas e eventos, auditórios, cinemas, teatros, anfiteatros e arenas.

(h) Observado o disposto no artigo 123 desta Lei.

(i) Atividade shopping center permitida somente nos lotes localizados na área contida no perímetro de incentivo ao desenvolvimento econômico Jacu-Pêssego, nos termos do art. 362 e Mapa 11 anexo à Lei nº 16.050, de 31 de julho de 2014 – PDE.

(j) Nas zonas ZCOR a atividade abrigo de medidas protetivas para crianças e adolescentes dependerá de anuência expressa, devidamente firmada e registrada em Cartório de Registro de Títulos e Documentos, de todos os proprietários limítrofes do imóvel em que se pretenda a instalação do estabelecimento, bem como de, pelo menos, 2/3 (dois terços) dos proprietários dos imóveis que tenham mais de 50% (cinquenta por cento) de sua área contida na faixa de 100 m (cem metros) medida a partir do perímetro externo do lote a ser ocupado pelo estabelecimento.

(k) Nos parques inseridos em ZEPAM, a permissão de instalação de atividades de comércio e serviços e de espaços destinados a eventos fica condicionada à aprovação do órgão ambiental competente, ouvido o conselho gestor do parque ou, na ausência deste, do Conselho Municipal do Meio Ambiente e Desenvolvimento Sustentável – CADES.

CAT. USO	SUBCAT. USO	GRUPOS DE ATIVIDADES	PRESERVAÇÃO							ÁREAS PÚBLICAS E INTEGRANTES DO SAPAVEL					
				ZER			ZPDS			AVP		AI		AC	
			ZPR	ZER-1	ZER-2	ZERa	ZPDS	ZPDSr	ZEPAM(k)	AVP-1	AVP-2	AI	AIa	AC-1	AC-2
NÃO RESIDENCIAL	nR1	nR1-1	SIM	NÃO	NÃO	NÃO	NÃO	NÃO	NÃO	NÃO	NÃO	NÃO	NÃO	NÃO	NÃO
		nR1-2	SIM	NÃO	NÃO	NÃO	SIM	NÃO	NÃO	NÃO	NÃO	NÃO	NÃO	SIM	SIM
		nR1-3	SIM	NÃO	NÃO	NÃO	SIM	SIM	NÃO	NÃO	NÃO	NÃO	NÃO	NÃO	NÃO
		nR1-4	SIM	NÃO	NÃO	NÃO	SIM	SIM	NÃO	NÃO	NÃO	NÃO	NÃO	SIM	SIM
		nR1-5	SIM	NÃO	NÃO	NÃO	SIM	NÃO	NÃO	NÃO	NÃO	NÃO	NÃO	SIM	SIM
		nR1-6	SIM	NÃO	NÃO	NÃO	SIM	NÃO	NÃO	NÃO	NÃO	NÃO	NÃO	SIM	SIM
		nR1-7	SIM	NÃO	NÃO	NÃO	SIM	NÃO	NÃO	NÃO	NÃO	NÃO	NÃO	NÃO	NÃO
		nR1-8	SIM	NÃO	NÃO	NÃO	SIM	NÃO	NÃO	NÃO	NÃO	NÃO	NÃO	SIM	SIM
		nR1-9	SIM	NÃO	NÃO	NÃO	SIM	NÃO	NÃO	NÃO	NÃO	NÃO	NÃO	SIM	SIM
		nR1-10	SIM	SIM	SIM	SIM	SIM	SIM	SIM	SIM	SIM	SIM	SIM	SIM	SIM
		nR1-11	SIM	NÃO	NÃO	NÃO	SIM	SIM	NÃO	NÃO	NÃO	SIM	SIM	NÃO	NÃO
		nR1-12	SIM	NÃO	NÃO	NÃO	SIM	NÃO	NÃO	NÃO	NÃO	NÃO	NÃO	SIM	SIM
		nR1-13	NÃO	SIM (c)	SIM (c)	SIM (c)	SIM	SIM	NÃO	NÃO	NÃO	NÃO	NÃO	SIM	SIM
		nR1-14	NÃO	NÃO	NÃO	NÃO	SIM	SIM	NÃO	NÃO	NÃO	NÃO	NÃO	NÃO	NÃO
		nR1-15	NÃO	NÃO	NÃO	NÃO	SIM	SIM	NÃO	NÃO	NÃO	NÃO	NÃO	NÃO	NÃO
		nR1-16	NÃO (h)	NÃO (h)	NÃO (h)	NÃO (h)	SIM	SIM	NÃO	NÃO	NÃO	NÃO	NÃO	SIM	SIM

Notas:

(a) Permitidos oficina automotiva e posto de gasolina desde que localizados numa distância de até 500 m (quinhentos metros) da zona urbana.

(b) As subcategorias Residenciais (R) são permitidas observadas as disposições estabelecidas no artigo 55 da Lei nº 16.050, de 31 de Julho de 2014 – PDE.

(c) Somente a atividade museu, com possibilidade de usos comerciais e de serviços associados.

(d) Nas ZPI localizadas em área de proteção aos mananciais, só é permitida a subcategoria de uso Ind-1a, conforme Lei Estadual nº 1.817, de 27 de outubro 1978.

(e) Permitidos somente os usos públicos.

(f) Nas zonas ZCOR ficam proibidas as seguintes atividades: albergue; dispensário; flats; apart hotel; hotel; motel; pensionato; pensão; ensino a distância; ensino supletivo; ensino preparatório para escolas; estacionamento privativo do tipo drive-in.

(g) Nos lotes localizados nas ZCOR-1 e ZCOR-2 inseridas no perímetro de ZEPEC/AUE nas Subprefeituras Sé, Lapa e Pinheiros, incluindo os lotes externos e lindeiros às ZEPEC/AUE nas respectivas subprefeituras, fica proibida a instalação de usos enquadrados nas subcategorias de uso nR1-2 e nR1-13 e proibidas as seguintes atividades: buffet, buffet infantil, salão de festas e eventos, auditórios, cinemas, teatros, anfiteatros e arenas.

(h) Observado o disposto no artigo 123 desta Lei.

(i) Atividade shopping center permitida somente nos lotes localizados na área contida no perímetro de incentivo ao desenvolvimento econômico Jacu-Pêssego, nos termos do art. 362 e Mapa 11 anexo à Lei nº 16.050, de 31 de julho de 2014 – PDE.

(j) Nas zonas ZCOR a atividade abrigo de medidas protetivas para crianças e adolescentes dependerá de anuência expressa, devidamente firmada e registrada em Cartório de Registro de Títulos e Documentos, de todos os proprietários limítrofes do imóvel em que se pretenda a instalação do estabelecimento, bem como de, pelo menos, 2/3 (dois terços) dos proprietários dos imóveis que tenham mais de 50% (cinquenta por cento) de sua área contida na faixa de 100 m (cem metros) medida a partir do perímetro externo do lote a ser ocupado pelo estabelecimento.

(k) Nos parques inseridos em ZEPAM, a permissão de instalação de atividades de comércio e serviços e de espaços destinados a eventos fica condicionada à aprovação do órgão ambiental competente, ouvido o conselho gestor do parque ou, na ausência deste, do Conselho Municipal do Meio Ambiente e Desenvolvimento Sustentável – CADES.

CAT. USO	SUBCAT. USO	GRUPOS DE ATIVIDADES	PRESERVAÇÃO							ÁREAS PÚBLICAS E INTEGRANTES DO SAPAVEL					
				ZER			ZPDS			AVP		AI		AC	
			ZPR	ZER-1	ZER-2	ZERa	ZPDS	ZPDSr	ZEPAM (k)	AVP-1	AVP-2	AI	AIa	AC-1	AC-2
NÃO RESIDENCIAL	nR2	nR2-1	NÃO	NÃO	NÃO	NÃO	NÃO	NÃO	NÃO	NÃO	NÃO	NÃO	NÃO	SIM	SIM
		nR2-2	NÃO	NÃO	NÃO	NÃO	NÃO	NÃO	NÃO	NÃO	NÃO	NÃO	NÃO	NÃO	NÃO
		nR2-3	NÃO	NÃO	NÃO	NÃO	NÃO	NÃO	NÃO	NÃO	NÃO	NÃO	NÃO	NÃO	NÃO
		nR2-4	NÃO	NÃO	NÃO	NÃO	NÃO	SIM (a)	NÃO	NÃO	NÃO	NÃO	NÃO	NÃO	NÃO
		nR2-5	NÃO	NÃO	NÃO	NÃO	NÃO	NÃO	NÃO	NÃO	NÃO	NÃO	NÃO	NÃO	NÃO
		nR2-6	NÃO	NÃO	NÃO	NÃO	NÃO	NÃO	NÃO	NÃO	NÃO	NÃO	NÃO	SIM	SIM
		nR2-7	NÃO	NÃO	NÃO	NÃO	NÃO	NÃO	NÃO	NÃO	NÃO	NÃO	NÃO	SIM	SIM
		nR2-8	SIM	NÃO	NÃO	NÃO	NÃO	NÃO	NÃO	NÃO	SIM	SIM	SIM	SIM	SIM
		nR2-9	SIM	NÃO	NÃO	NÃO	NÃO	NÃO	NÃO	NÃO	NÃO	SIM	SIM	NÃO	NÃO
		nR2-10	NÃO	NÃO	NÃO	NÃO	NÃO	NÃO	NÃO	NÃO	NÃO	NÃO	NÃO	SIM	SIM
		nR2-11	NÃO	SIM (c)	SIM (c)	SIM (c)	NÃO	NÃO	NÃO	NÃO	NÃO	NÃO	NÃO	SIM	SIM
		nR2-12	NÃO	NÃO	NÃO	NÃO	SIM	NÃO	NÃO	NÃO	NÃO	NÃO	NÃO	NÃO	NÃO
		nR2-13	NÃO	NÃO	NÃO	NÃO	NÃO	NÃO	NÃO	NÃO	NÃO	NÃO	NÃO	NÃO	NÃO
		nR2-14	NÃO	NÃO	NÃO	NÃO	NÃO	NÃO	NÃO	NÃO	NÃO	NÃO	NÃO	NÃO	NÃO
		nR2-15	NÃO (h)	NÃO (h)	NÃO (h)	NÃO (h)	SIM	NÃO	NÃO	NÃO	NÃO	NÃO	NÃO	SIM	SIM
	nR3	nR3-1	NÃO	NÃO	NÃO	NÃO	NÃO	NÃO	NÃO	NÃO	SIM (e)	NÃO	NÃO	NÃO	NÃO
		nR3-2	NÃO	NÃO	NÃO	NÃO	NÃO	NÃO	NÃO	NÃO	NÃO	NÃO	NÃO	NÃO	NÃO
		nR3-3	NÃO	NÃO	NÃO	NÃO	NÃO	NÃO	NÃO	NÃO	SIM	SIM	SIM	NÃO	NÃO
		nR3-4	NÃO	NÃO	NÃO	NÃO	NÃO	NÃO	NÃO	NÃO	NÃO	NÃO	NÃO	NÃO	NÃO
		nR3-5	NÃO	NÃO	NÃO	NÃO	NÃO	NÃO	NÃO	NÃO	NÃO	NÃO	NÃO	NÃO	NÃO
		nR3-6	NÃO	NÃO	NÃO	NÃO	NÃO	NÃO	NÃO	NÃO	NÃO	NÃO	NÃO	NÃO	NÃO
		nR3-7	NÃO	NÃO	NÃO	NÃO	NÃO	NÃO	NÃO	NÃO	NÃO	NÃO	NÃO	NÃO	NÃO
		nR3-8	NÃO	NÃO	NÃO	NÃO	NÃO	NÃO	NÃO	NÃO	NÃO	NÃO	NÃO	NÃO	NÃO
		nR3-9	NÃO	NÃO	NÃO	NÃO	NÃO	NÃO	NÃO	NÃO	NÃO	NÃO	NÃO	NÃO	NÃO

Notas:

(a) Permitidos oficina automotiva e posto de gasolina desde que localizados numa distância de até 500 m (quinhentos metros) da zona urbana.

(b) As subcategorias Residenciais (R) são permitidas observadas as disposições estabelecidas no artigo 55 da Lei nº 16.050, de 31 de Julho de 2014 – PDE.

(c) Somente a atividade museu, com possibilidade de usos comerciais e de serviços associados.

(d) Nas ZPI localizadas em área de proteção aos mananciais, só é permitida a subcategoria de uso Ind-1a, conforme Lei Estadual nº 1.817, de 27 de outubro 1978.

(e) Permitidos somente os usos públicos.

(f) Nas zonas ZCOR ficam proibidas as seguintes atividades: albergue; dispensário; flats; apart hotel; hotel; motel; pensionato; pensão; ensino a distância; ensino supletivo; ensino preparatório para escolas; estacionamento privativo do tipo drive-in.

(g) Nos lotes localizados nas ZCOR-1 e ZCOR-2 inseridas no perímetro de ZEPEC/AUE nas Subprefeituras Sé, Lapa e Pinheiros, incluindo os lotes externos e lindeiros às ZEPEC/AUE nas respectivas subprefeituras, fica proibida a instalação de usos enquadrados nas subcategorias de uso nR1-2 e nR1-13 e proibidas as seguintes atividades: buffet, buffet infantil, salão de festas e eventos, auditórios, cinemas, teatros, anfiteatros e arenas.

(h) Observado o disposto no artigo 123 desta Lei.

(i) Atividade shopping center permitida somente nos lotes localizados na área contida no perímetro de incentivo ao desenvolvimento econômico Jacu-Pêssego, nos termos do art. 362 e Mapa 11 anexo à Lei nº 16.050, de 31 de julho de 2014 – PDE.

(j) Nas zonas ZCOR a atividade abrigo de medidas protetivas para crianças e adolescentes dependerá de anuência expressa, devidamente firmada e registrada em Cartório de Registro de Títulos e Documentos, de todos os proprietários limítrofes do imóvel em que se pretenda a instalação do estabelecimento, bem como de, pelo menos, 2/3 (dois terços) dos proprietários dos imóveis que tenham mais de 50% (cinquenta por cento) de sua área contida na faixa de 100 m (cem metros) medida a partir do perímetro externo do lote a ser ocupado pelo estabelecimento.

(k) Nos parques inseridos em ZEPAM, a permissão de instalação de atividades de comércio e serviços e de espaços destinados a eventos fica condicionada à aprovação do órgão ambiental competente, ouvido o conselho gestor do parque ou, na ausência deste, do Conselho Municipal do Meio Ambiente e Desenvolvimento Sustentável – CADES.

CAT. USO	SUBCAT. USO	GRUPOS DE ATIVIDADES	PRESERVAÇÃO							ÁREAS PÚBLICAS E INTEGRANTES DO SAPAVEL						
				ZER			ZPDS			AVP			AI		AC	
			ZPR	ZER-1	ZER-2	ZERa	ZPDS	ZPDSr	ZEPAM(k)	AVP-1	AVP-2	AVP-3	AI	AIa	AC-1	AC-2
NÃO RESIDENCIAL	Ind-1a	Ind-1a-1	NÃO	NÃO	NÃO	NÃO	SIM	NÃO	NÃO	NÃO	NÃO	NÃO	NÃO	NÃO	NÃO	NÃO
		Ind-1a-2	NÃO	NÃO	NÃO	NÃO	SIM	NÃO	NÃO	NÃO	NÃO	NÃO	NÃO	NÃO	NÃO	NÃO
		Ind-1a-3	NÃO	NÃO	NÃO	NÃO	SIM	NÃO	NÃO	NÃO	NÃO	NÃO	NÃO	NÃO	NÃO	NÃO
		Ind-1a-4	NÃO	NÃO	NÃO	NÃO	SIM	NÃO	NÃO	NÃO	NÃO	NÃO	NÃO	NÃO	NÃO	NÃO
		Ind-1a-5	NÃO	NÃO	NÃO	NÃO	SIM	NÃO	NÃO	NÃO	NÃO	NÃO	NÃO	NÃO	NÃO	NÃO
		Ind-1a-6	NÃO	NÃO	NÃO	NÃO	SIM	SIM	NÃO	NÃO	NÃO	NÃO	NÃO	NÃO	NÃO	NÃO
		Ind-1a-7	NÃO	NÃO	NÃO	NÃO	SIM	NÃO	NÃO	NÃO	NÃO	NÃO	NÃO	NÃO	NÃO	NÃO
	Ind-1b	Ind-1b-1	NÃO	NÃO	NÃO	NÃO	NÃO	NÃO	NÃO	NÃO	NÃO	NÃO	NÃO	NÃO	NÃO	NÃO
		Ind-1b-2	NÃO	NÃO	NÃO	NÃO	NÃO	NÃO	NÃO	NÃO	NÃO	NÃO	NÃO	NÃO	NÃO	NÃO
		Ind-1b-3	NÃO	NÃO	NÃO	NÃO	NÃO	NÃO	NÃO	NÃO	NÃO	NÃO	NÃO	NÃO	NÃO	NÃO
		Ind-1b-4	NÃO	NÃO	NÃO	NÃO	NÃO	NÃO	NÃO	NÃO	NÃO	NÃO	NÃO	NÃO	NÃO	NÃO
		Ind-1b-5	NÃO	NÃO	NÃO	NÃO	NÃO	NÃO	NÃO	NÃO	NÃO	NÃO	NÃO	NÃO	NÃO	NÃO
		Ind-1b-6	NÃO	NÃO	NÃO	NÃO	NÃO	NÃO	NÃO	NÃO	NÃO	NÃO	NÃO	NÃO	NÃO	NÃO
		Ind-1b-7	NÃO	NÃO	NÃO	NÃO	NÃO	NÃO	NÃO	NÃO	NÃO	NÃO	NÃO	NÃO	NÃO	NÃO
		Ind-1b-8	NÃO	NÃO	NÃO	NÃO	NÃO	NÃO	NÃO	NÃO	NÃO	NÃO	NÃO	NÃO	NÃO	NÃO

Notas:

(a) Permitidos oficina automotiva e posto de gasolina desde que localizados numa distância de até 500 m (quinhentos metros) da zona urbana.

(b) As subcategorias Residenciais (R) são permitidas observadas as disposições estabelecidas no artigo 55 da Lei nº 16.050, de 31 de Julho de 2014 – PDE.

(c) Somente a atividade museu, com possibilidade de usos comerciais e de serviços associados.

(d) Nas ZPI localizadas em área de proteção aos mananciais, só é permitida a subcategoria de uso Ind-1a, conforme Lei Estadual nº 1.817, de 27 de outubro 1978.

(e) Permitidos somente os usos públicos.

(f) Nas zonas ZCOR ficam proibidas as seguintes atividades: albergue; dispensário; flats; apart hotel; hotel; motel; pensionato; pensão; ensino a distância; ensino supletivo; ensino preparatório para escolas; estacionamento privativo do tipo drive-in.

(g) Nos lotes localizados nas ZCOR-1 e ZCOR-2 inseridas no perímetro de ZEPEC/AUE nas Subprefeituras Sé, Lapa e Pinheiros, incluindo os lotes externos e lindeiros às ZEPEC/AUE nas respectivas subprefeituras, fica proibida a instalação de usos enquadrados nas subcategorias de uso nR1-2 e nR1-13 e proibidas as seguintes atividades: buffet, buffet infantil, salão de festas e eventos, auditórios, cinemas, teatros, anfiteatros e arenas.

(h) Observado o disposto no artigo 123 desta Lei.

(i) Atividade shopping center permitida somente nos lotes localizados na área contida no perímetro de incentivo ao desenvolvimento econômico Jacu-Pêssego, nos termos do art. 362 e Mapa 11 anexo à Lei nº 16.050, de 31 de julho de 2014 – PDE.

(j) Nas zonas ZCOR a atividade abrigo de medidas protetivas para crianças e adolescentes dependerá de anuência expressa, devidamente firmada e registrada em Cartório de Registro de Títulos e Documentos, de todos os proprietários limítrofes do imóvel em que se pretenda a instalação do estabelecimento, bem como de, pelo menos, 2/3 (dois terços) dos proprietários dos imóveis que tenham mais de 50% (cinquenta por cento) de sua área contida na faixa de 100 m (cem metros) medida a partir do perímetro externo do lote a ser ocupado pelo estabelecimento.

(k) Nos parques inseridos em ZEPAM, a permissão de instalação de atividades de comércio e serviços e de espaços destinados a eventos fica condicionada à aprovação do órgão ambiental competente, ouvido o conselho gestor do parque ou, na ausência deste, do Conselho Municipal do Meio Ambiente e Desenvolvimento Sustentável – CADES.

CAT. USO	SUBCAT. USO	GRUPOS DE ATIVIDADES	PRESERVAÇÃO							ÁREAS PÚBLICAS						
				ZER			ZPDS			AVP			AI		AC	
			ZPR	ZER-1	ZER-2	ZERa	ZPDS	ZPDSr	ZEPAM(k)	AVP-1	AVP-2	AVP-3	AI	AIa	AC-1	AC-2
NÃO RESIDENCIAL	Ind-2	Ind-2-1	NÃO	NÃO	NÃO	NÃO	NÃO	NÃO	NÃO	NÃO	NÃO	NÃO	NÃO	NÃO	NÃO	NÃO
		Ind-2-2	NÃO	NÃO	NÃO	NÃO	NÃO	NÃO	NÃO	NÃO	NÃO	NÃO	NÃO	NÃO	NÃO	NÃO
		Ind-2-3	NÃO	NÃO	NÃO	NÃO	NÃO	NÃO	NÃO	NÃO	NÃO	NÃO	NÃO	NÃO	NÃO	NÃO
		Ind-2-4	NÃO	NÃO	NÃO	NÃO	NÃO	NÃO	NÃO	NÃO	NÃO	NÃO	NÃO	NÃO	NÃO	NÃO
		Ind-2-5	NÃO	NÃO	NÃO	NÃO	NÃO	NÃO	NÃO	NÃO	NÃO	NÃO	NÃO	NÃO	NÃO	NÃO
		Ind-2-6	NÃO	NÃO	NÃO	NÃO	NÃO	NÃO	NÃO	NÃO	NÃO	NÃO	NÃO	NÃO	NÃO	NÃO
		Ind-2-7	NÃO	NÃO	NÃO	NÃO	NÃO	NÃO	NÃO	NÃO	NÃO	NÃO	NÃO	NÃO	NÃO	NÃO
		Ind-2-8	NÃO	NÃO	NÃO	NÃO	NÃO	NÃO	NÃO	NÃO	NÃO	NÃO	NÃO	NÃO	NÃO	NÃO
		Ind-2-9	NÃO	NÃO	NÃO	NÃO	NÃO	NÃO	NÃO	NÃO	NÃO	NÃO	NÃO	NÃO	NÃO	NÃO
		Ind-2-10	NÃO	NÃO	NÃO	NÃO	NÃO	NÃO	NÃO	NÃO	NÃO	NÃO	NÃO	NÃO	NÃO	NÃO
		Ind-2-11	NÃO	NÃO	NÃO	NÃO	NÃO	NÃO	NÃO	NÃO	NÃO	NÃO	NÃO	NÃO	NÃO	NÃO
		Ind-2-12	NÃO	NÃO	NÃO	NÃO	NÃO	NÃO	NÃO	NÃO	NÃO	NÃO	NÃO	NÃO	NÃO	NÃO
		Ind-2-13	NÃO	NÃO	NÃO	NÃO	NÃO	NÃO	NÃO	NÃO	NÃO	NÃO	NÃO	NÃO	NÃO	NÃO
		Ind-2-14	NÃO	NÃO	NÃO	NÃO	NÃO	NÃO	NÃO	NÃO	NÃO	NÃO	NÃO	NÃO	NÃO	NÃO
		Ind-2-15	NÃO	NÃO	NÃO	NÃO	SIM	SIM	NÃO	NÃO	NÃO	NÃO	NÃO	NÃO	NÃO	NÃO

Notas:

(a) Permitidos oficina automotiva e posto de gasolina desde que localizados numa distância de até 500 m (quinhentos metros) da zona urbana.

(b) As subcategorias Residenciais (R) são permitidas observadas as disposições estabelecidas no artigo 55 da Lei nº 16.050, de 31 de Julho de 2014 – PDE.

(c) Somente a atividade museu, com possibilidade de usos comerciais e de serviços associados.

(d) Nas ZPI localizadas em área de proteção aos mananciais, só é permitida a subcategoria de uso Ind-1a, conforme Lei Estadual nº 1.817, de 27 de outubro 1978.

(e) Permitidos somente os usos públicos.

(f) Nas zonas ZCOR ficam proibidas as seguintes atividades: albergue; dispensário; flats; apart hotel; hotel; motel; pensionato; pensão; ensino a distância; ensino supletivo; ensino preparatório para escolas; estacionamento privativo do tipo drive-in.

(g) Nos lotes localizados nas ZCOR-1 e ZCOR-2 inseridas no perímetro de ZEPEC/AUE nas Subprefeituras Sé, Lapa e Pinheiros, incluindo os lotes externos e lindeiros às ZEPEC/AUE nas respectivas subprefeituras, fica proibida a instalação de usos enquadrados nas subcategorias de uso nR1-2 e nR1-13 e proibidas as seguintes atividades: buffet, buffet infantil, salão de festas e eventos, auditórios, cinemas, teatros, anfiteatros e arenas.

(h) Observado o disposto no artigo 123 desta Lei.

(i) Atividade shopping center permitida somente nos lotes localizados na área contida no perímetro de incentivo ao desenvolvimento econômico Jacu Pêssego, nos termos do art. 362 e Mapa 11 anexo à Lei nº 16.050, de 31 de julho de 2014 – PDE.

(j) Nas zonas ZCOR a atividade abrigo de medidas protetivas para crianças e adolescentes dependerá de anuência expressa, devidamente firmada e registrada em Cartório de Registro de Títulos e Documentos, de todos os proprietários límitrofes do imóvel em que se pretenda a instalação do estabelecimento, bem como de, pelo menos, 2/3 (dois terços) dos proprietários dos imóveis que tenham mais de 50% (cinquenta por cento) de sua área contida na faixa de 100 m (cem metros) medida a partir do perímetro externo do lote a ser ocupado pelo estabelecimento.

(k) Nos parques inseridos em ZEPAM, a permissão de instalação de atividades de comércio e serviços e de espaços destinados a eventos fica condicionada à aprovação do órgão ambiental competente, ouvido o conselho gestor do parque ou, na ausência deste, do Conselho Municipal do Meio Ambiente e Desenvolvimento Sustentável – CADES.

Quadro 4A – Condições de instalação por subcategoria de uso, grupos de atividade e usos específicos

<table>
<tr><th colspan="2" rowspan="3">Subcategoria de Uso</th><th colspan="2">Número mínimo de vagas por área construída computável (em m²) ou por número de unidades habitacionais (UH) (a)</th><th rowspan="3">Vestiário para usuários de bicicleta (b)</th><th colspan="3">Espaço para carga e descarga (c)</th><th rowspan="3">Área para embarque e desembarque de passageiros</th><th rowspan="3">Largura mínima de via</th></tr>
<tr><th rowspan="2">Vagas de automóveis (e)(f)</th><th rowspan="2">Vagas de bicicletas</th><th rowspan="2">Número de vagas para utilitário</th><th colspan="2">Número de vagas para caminhão</th></tr>
<tr><th>Até 4.000 m² de área construída computável</th><th>Acima de 4.000 m² de área construída computável (d)</th></tr>
<tr><td rowspan="8">R</td><td>R1</td><td rowspan="4">NA</td><td rowspan="4">NA</td><td rowspan="4">NA</td><td rowspan="4">NA</td><td rowspan="4">NA</td><td rowspan="4">NA</td><td rowspan="4">NA</td><td rowspan="4">NA</td></tr>
<tr><td>R2h-1</td></tr>
<tr><td>R2h-2</td></tr>
<tr><td>R2h- 3</td></tr>
<tr><td>R2v-1</td><td>NA</td><td>1/1 UH</td><td>NA</td><td>NA</td><td>NA</td><td>NA</td><td>NA</td><td>≥ 8 m</td></tr>
<tr><td>R2v-2</td><td rowspan="3">NA</td><td rowspan="3">1/1 UH</td><td rowspan="3">NA</td><td rowspan="3">NA</td><td rowspan="3">NA</td><td rowspan="3">NA</td><td rowspan="3">NA</td><td rowspan="3">≥ 10 m</td></tr>
<tr><td>R2v-3</td></tr>
<tr><td>R2v-4</td></tr>
<tr><td rowspan="6">nRa</td><td>nRa-1</td><td rowspan="5">1/100 m²</td><td rowspan="5">1/500 m²</td><td rowspan="5">sim</td><td rowspan="5">1 + 1/4000 m²</td><td rowspan="5">NA</td><td rowspan="5">(VETADO)</td><td rowspan="5">NA</td><td rowspan="5">≥ 8 m</td></tr>
<tr><td>nRa-2</td></tr>
<tr><td>nRa-3</td></tr>
<tr><td>nRa-4</td></tr>
<tr><td>nRa-5</td></tr>
<tr><td>nRa-6</td><td>1/100 m²</td><td>1/500 m²</td><td>sim</td><td>1 + 1/4000 m²</td><td>1 + 1/4000 m²</td><td>1 + 1/4000 m²</td><td>sim</td><td>≥ 10 m</td></tr>
</table>

(*cont.*)

Subcategoria de Uso		Número mínimo de vagas por área construída computável (em m²) ou por número de unidades habitacionais (UH) (a): Vagas de automóveis (e)(f)	Número mínimo de vagas por área construída computável (em m²) ou por número de unidades habitacionais (UH) (a): Vagas de bicicletas	Vestiário para usuários de bicicleta (b)	Espaço para carga e descarga (c): Número de vagas para utilitário	Espaço para carga e descarga (c): Número de vagas para caminhão: Até 4.000 m² de área construída computável	Espaço para carga e descarga (c): Número de vagas para caminhão: Acima de 4.000 m² de área construída computável (d)	Área para embarque e desembarque de passageiros	Largura mínima de via
nR1	nR1-1	1/75 m²	1/250 m²	sim	2	NA	NA	NA	≥ 10 m
	nR1-2	1/75 m²	1/250 m²	NA	1 + 1/4000 m²	NA	NA	NA	≥ 8 m
	nR1-3								
	nR1-4								
	nR1-5								
	nR1-6								
	nR1-7								
	nR1-8	1/75 m²	1/250 m²	sim	2	NA	NA	sim	≥ 8 m
	nR1-9	1/75 m²	1/125 m²	NA	1 + 1/4000 m²	NA	(VETADO)	NA	≥ 8 m
	nR1-10	NA	1/125 m²	NA	NA	NA	NA	NA	NA
	nR1-11	NA	1/125 m²	NA	NA	NA	NA	NA	NA
	nR1-12	1/75 m²	1/500 m²	NA	1 + 1/4000 m²	NA	(VETADO)	NA	≥ 8 m
	nR1-13		1/125 m²						
	nR1-14	1/75 m²	1/500 m²	sim	2	1 (g)	1 + 1/4000 m²	sim	≥ 10 m
	nR1-15	1/75 m²	1/500 m²	NA	NA	NA	NA	NA	≥ 8 m
	nR1-16	1/100 m²	1/125 m²	NA	NA	NA	NA	NA	NA
nR2	nR2-1	1/50 m²	1/250 m²	sim	1 + 1/4000 m²	NA	(VETADO)	sim	≥ 10 m
	nR2-2	1/50 m²	1/250 m²	sim	1 + 1/4000 m²	NA	(VETADO)	sim	≥ 10 m
	nR2-3	1/50 m²	1/250 m²	sim	1	1	NA	sim	≥ 12 m
	nR2-4	1/75 m²	1/500 m²	sim	1 + 1/4000 m²	NA	(VETADO)	sim	≥ 10 m
	nR2-5	1/50 m²	1/250 m²						
	nR2-6		1/125 m²						
	nR2-7		1/125 m²						
	nR2-8	análise *	1/125 m²	análise *	análise *	análise *	análise *	análise *	≥ 8 m
	nR2-9								≥ 10 m
	nR2-10	1/50 m²	1/125 m²	sim	1 + 1/4000 m²	NA	(VETADO)	sim	≥ 10 m
	nR2-11	1/50 m²	1/125 m²	sim	1 + 1/4000 m²	NA	(VETADO)	sim	≥ 10 m
	nR2-12	1/75 m²	1/500 m²	sim	1/1000 m²	(VETADO)	1/1000 m²	NA	≥ 12 m
	nR2-13	1/50 m²	1/500 m²	sim	NA	NA	NA	sim	≥ 10 m
	nR2-14	1/50 m²	1/500 m²	sim	1 + 1/4000 m²	NA	(VETADO)	sim	≥ 10 m
	nR2-15	1/50 m²	1/125 m²	sim	1 + 1/4000 m²	(VETADO)	(VETADO)	sim	NA
nR3	nR3-1	1/75 m²	1/500 m²	sim	1 + 1/4000 m²	NA	(VETADO)	sim	≥ 12 m
	nR3-2	1/35 m²	1/500 m²	sim	1 + 1/1000 m²	NA	1 + 1/4000 m²	sim	≥ 12 m
	nR3-3	análise *	1/250 m²	análise *	análise *	análise *	análise *	análise *	≥ 7 m
	nR3-4	1/35 m²	1/250 m²	sim	1 + 1/4000 m²	NA	1 + 1/4000 m²	sim	≥ 12 m
	nR3-5	1/35 m²	1/250 m²	sim	1 + 1/4000 m²	NA	(VETADO)	sim	≥ 12 m

(*cont.*)

Subcategoria de Uso		Número mínimo de vagas por área construída computável (em m²) ou por número de unidades habitacionais (UH) (a)		Vestiário para usuários de bicicleta (b)	Espaço para carga e descarga (c)			Área para embarque e desembarque de passageiros	Largura mínima de via
		Vagas de automóveis (e)(f)	Vagas de bicicletas		Número de vagas para utilitário	Número de vagas para caminhão: Até 4.000 m² de área construída computável	Número de vagas para caminhão: Acima de 4.000 m² de área construída computável (d)		
nR3 (cont.)	nR3-6	1/75 m²	1/250 m²	sim	1 + 1/4000 m²	NA	1 + 1/4000 m²	sim	≥ 12 m
	nR3-7	1/50 m²	1/250 m²	sim	1 + 1/4000 m²	1	(VETADO)	sim	≥ 12 m
	nR3-8	1/75 m²	1/500 m²	sim	1 + 1/4000 m²	NA	(VETADO)	sim	≥ 12 m
	nR3-9	1/75 m²	1/500 m²	sim	1 + 1/4000 m²	NA	(VETADO)	sim	≥ 12 m
Ind-1a	todos	1/100 m²	1/250 m²	NA	1 + 1/4000 m²	NA	1 + 1/4000 m²	NA	≥ 8 m
Ind-1b	todos	1/100 m²	1/250 m²	Sim	1 + 1/4000 m²	NA	1 + 1/4000 m²	NA	≥ 10 m
Ind-2	todos	1/100 m²	1/250 m²	sim	1 + 1/4000 m²	NA	1 + 1/4000 m²	NA	≥ 12 m
(*) Análise caso a caso pelo órgão de trânsito competente.									

Notas: NA = Não se aplica

(a) Não se aplica nas zonas de uso ZEU, ZEUa, ZEUP, ZEUPa, ZEM, ZEMP e nos usos não residenciais em lotes com área inferior a 250 m² (duzentos e cinquenta metros quadrados) em todas as zonas.

(b) De acordo com o Código de Obras e Edificações.

(c) Não se exige vaga para carga e descarga nos lotes com área até 250 m² (duzentos e cinquenta metros quadrados), exceto em lotes localizados na Macroárea de Urbanização Consolidada e nos seguintes setores e subsetores da Macroárea de Estruturação Metropolitana:

I. Subsetores Arco Tietê, Arco Pinheiros e Arco Faria Lima – Águas Espraiadas – Chucri Zaidan do Setor Orla Ferroviária e Fluvial.

II. Setor Central (Operação Urbana Centro).

(d) Para empreendimentos não residenciais acima de 10.000 m² (dez mil metros quadrados) de área construída computável, as vagas para caminhão podem ser compartilhadas com os veículos fretados.

(e) Para Serviços de Armazenamento e Guarda de Bens Móveis das subcategorias de uso nR1, nR2 e nR3, o número mínimo de vagas de automóveis exigido será calculado com base na área construída computável destinada à permanência humana.

(f) Quando exigido o número mínimo de vagas de automóveis, este deverá ser acrescido do número de vagas especiais conforme definido no Código de Obras e Edificações.

(g) O atendimento da vaga de caminhão poderá ser dispensado caso haja parecer favorável do órgão municipal de trânsito.

Quadro 4B – Parâmetros de incomodidade por zona

	Tipo de zona	Zona	Nível Critério de Avaliação (NCA) para ambiente externo dB(A) (c) (d) (f)			Vibração associada	Emissão de radiação faixa de frequência (0Hz à 300GHz)	Faixa de odores	Emissão de gases, vapores e material particulado (e)
			Emissão de ruído das 7h às 19h	Emissão de ruído das 19h às 22h	Emissão de ruído das 22h às 7				
TRANSFORMAÇÃO	ZEU	ZEUa	50	45	40	(a)	(b)	(a)	(a)
		ZEUPa							
		ZEU	60	55	50	(a)	(b)	(a)	(a)
		ZEUP							(a)
	ZEM	ZEM							(a)
		ZEUP							(a)
QUALIFICAÇÃO	ZCs	ZCa	50	45	40	(a)	(b)	(a)	(a)
		ZC	60	55	50	(a)	(b)	(a)	(a)
		ZC-ZEIS							(a)
	ZCOR	ZCOR-1	50	45	40	(a)	(b)	(a)	(a)
		ZCOR-2							
		ZCOR-3	55	50	45	(a)	(b)	(a)	(a)
		ZCORa	50	45	40	(a)	(b)	(a)	(a)
	ZM	ZM	60	55	50	(a)	(b)	(a)	(a)
		ZMa	50	45	40				
		ZMIS	60	55	50				
		ZMISa	50	45	40				
	ZEIS	ZEIS-1	50	45	40	(a)	(b)	(a)	(a)
		ZEIS-2							
		ZEIS-3	55	50	45				
		ZEIS-4	50	45	40				
		ZEIS-5	55	50	45				
	ZDE	ZDE-1	60	55	50	(a)	(b)	(a)	(a)
		ZDE-2	65	60	55				
	ZPI	ZPI-1 ZPI-2	60	60	55	(a)	(b)	(a)	(a)
PRESERVAÇÃO	ZPR	ZPR	50	45	40	(a)	(b)	(a)	(a)
	ZER	ZER-1	50	45	40	(a)	(b)	(a)	(a)
		ZER-2							
		ZERa							
	ZPDS	ZPDS ZPDSr	50	45	40	(a)	(b)	(a)	(a) (a)
ÁREAS PÚBLICAS E INTEGRANTES DO SAPAVEL	ZEPAM	ZEPAM	50	45	40	(a)	(b)	(a)	(a)
	Verdes	AVP-1 AVP-2	50	45	40	(a)	(b)	(a)	(a)
	Institucionais	AI	60	55	50	(a)	(b)	(a)	(a)
		AIa	50	45	40	(a)	(b)	(a)	(a)
	Clubes	AC1	50	45	40	(a)	(b)	(a)	(a)
		AC2							

Notas:

(a) Aplicam-se a legislação pertinente e as normas técnicas brasileiras – ABNT em vigor.

(b) Aplicam-se a legislação pertinente e as normas técnicas em vigor, sendo que o Executivo poderá estabelecer parâmetros mais restritivos de radiação eletromagnéticas não ionizantes.

(c) No caso dos aeroportos aplica-se o nível de ruído conforme norma técnica específica.

(d) Poderão incidir parâmetros especiais e mais restritivos nos termos §2º do artigo 113 desta Lei.

(e) Quando necessário a CETESB recomenda instalar e operar sistema de controle de poluição do ar baseado na melhor tecnologia.

(f) Para atividade de local de culto, nos feriados, sábados a partir das 14h e nos domingos, os parâmetros relativos a ruídos referentes ao período das 7h às 19h passam a valer também para os períodos das 6h às 7h e das 19h às 22h, permanecendo inalterados os parâmetros referentes ao período das 7h às 19h e das 22h às 7h.

Quadro 5 – Multas

ITEM	INFRAÇÃO	IMPOSIÇÃO DE MULTA	VALOR EM R$
01	Não manutenção dos atributos que geraram o enquadramento como ZEPEC após a transferência do direito de construir previsto no artigo 24 desta Lei.	Artigo 24, § 2º	40,00/m² (c)
02	Demolição, destruição proposital ou causada pela não conservação ou descaracterização irreversível do imóvel tombado ou em processo de tombamento	Artigo 26, § 1º	40,00/m² (c)
03	Não apresentação do relatório demonstrando atendimento às exigências da QA de acordo com o projeto aprovado	Artigo 84, § 5º	20,00/m² (c)
04	Realização de evento, sem a respectiva autorização	Artigo 138	20,00/m² (d)
05	Não atendimento do art. 136, nos termos do art. 141, inciso I	Artigo 141	2.000,00/fração(a)
06	Não atendimento do art. 136, nos termos do art. 141, inciso II	Artigo 141	4.000,00/fração(a)
07	Não atendimento do art. 136, nos termos do art. 141, inciso III	Artigo 141	8.000,00/fração (a)
08	Não atendimento ao Auto de Intimação previsto no artigo 141	Artigo 142	8.000,00
09	Rompimento do lacre (artigo 143) e hipóteses do inciso I do artigo 141	Artigo 143	2.000,00
10	Rompimento do lacre (artigo 143) e hipóteses do inciso II do artigo 141	Artigo 143	4.000,00
11	Rompimento do lacre (artigo 143) hipóteses do inciso III do artigo 141	Artigo 143	8.000,00
12	Desrespeito aos parâmetros de incomodidade relativos a ruídos, previstos no art. 146	Artigo 148	10.000,00
13	Desrespeito aos parâmetros de incomodidade relativos ao horário de funcionamento, previstos no art. 147	Artigo 148	8.000,00
14	Executar parcelamento do solo, em qualquer de suas modalidades, sem prévia aprovação ou em desacordo com o projeto aprovado	Artigo 149	3.000,00/fração (b)

Notas:

(a) Os valores das multas previstos nos itens 05, 06 e 07 aplicam-se a cada 250 m² (duzentos e cinquenta metros quadrados) ou fração de área edificada ocupada pelo estabelecimento ou local de trabalho.

(b) O valor da multa prevista no item 14 aplica-se a cada 250 m² (duzentos e cinquenta metros quadrados) ou fração de área irregularmente parcelada ou loteada.

(c) Os valores das multas previstas nos itens 01, 02 e 03 aplicam-se por metro quadrado de área construída total.

(d) O valor das multas previstas no item 04 aplica-se por metro quadrado de área de terreno em que se realiza o evento.

(e) As multas serão atualizadas anualmente pela variação do Índice de preços ao Consumidor Amplo – IPCA do Instituto Brasileiro de Geografia e Estatística – IBGE, na forma estabelecida na legislação municipal.

Mapa 1 – Perímetros das zonas, exceto ZEPEC

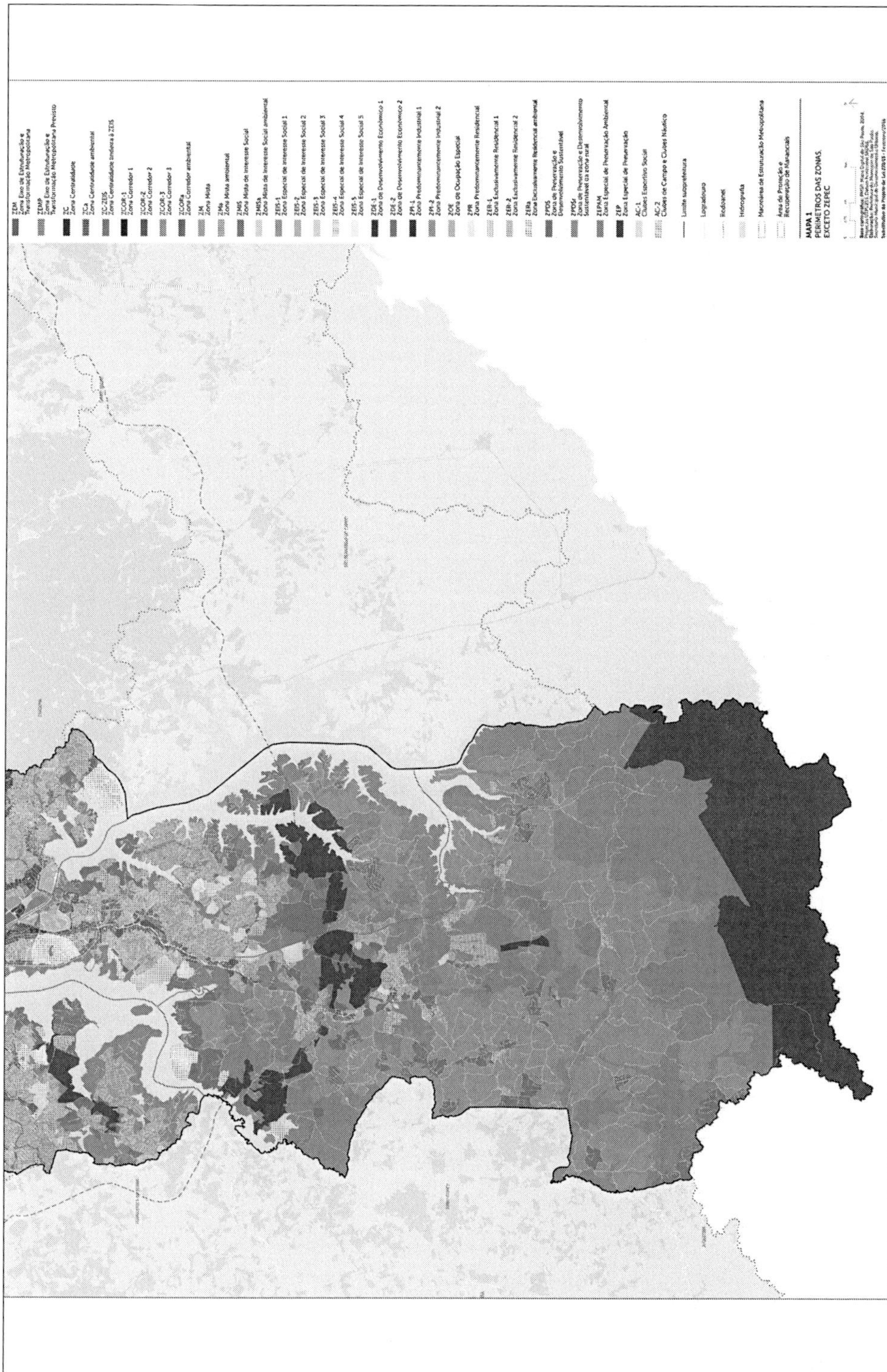

* Para visualizar o mapa em tamanho real, em cores, consultar: <http://gestaourbana.prefeitura.sp.gov.br/wp-content/uploads/2016/03/Mapa1_ZONAS_com_perimetros_vetados.pdf>. (N.E.)

Mapa 2 – Imóveis e territórios enquadrados como ZEPEC e indicados para tombamento

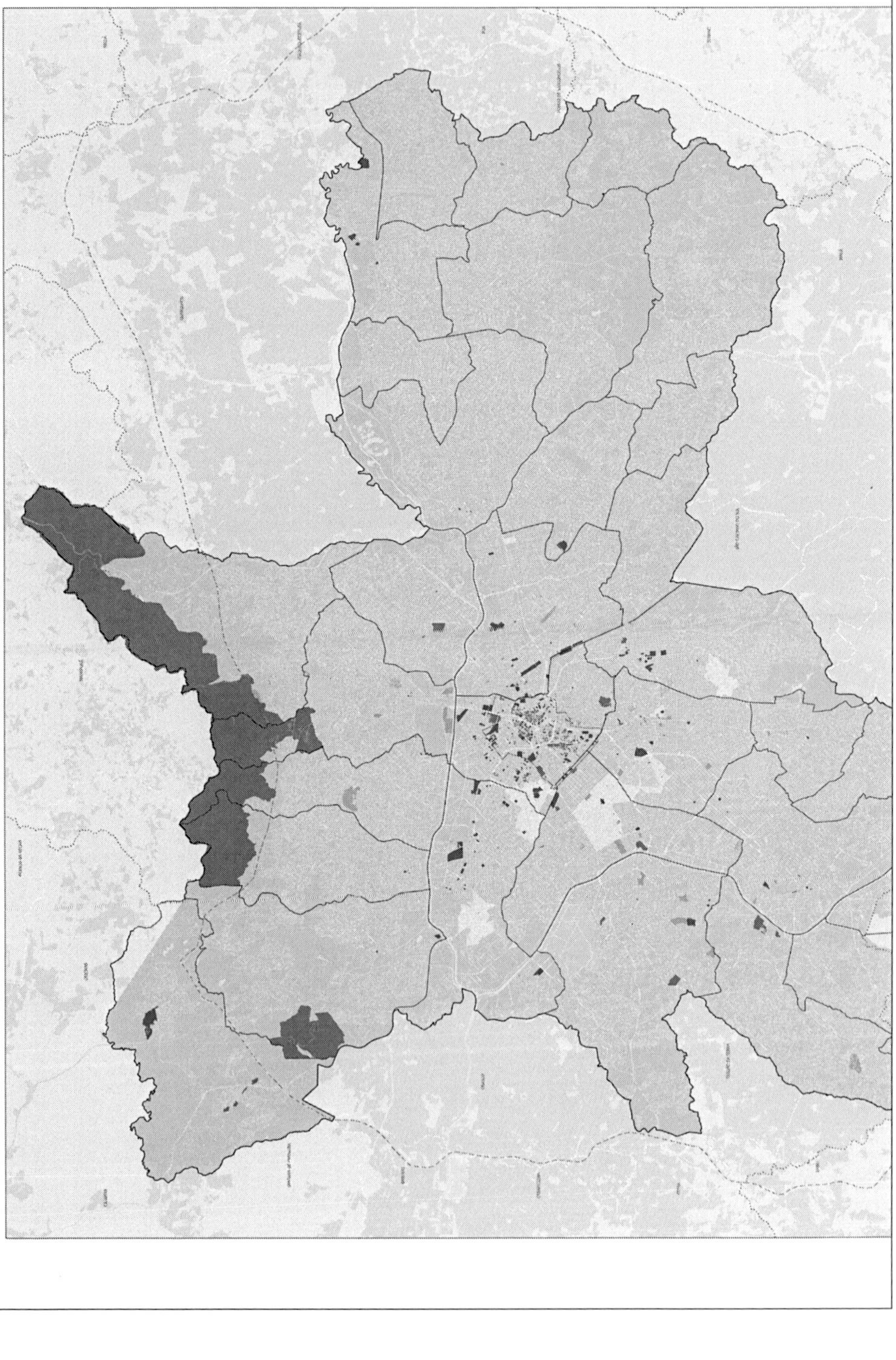

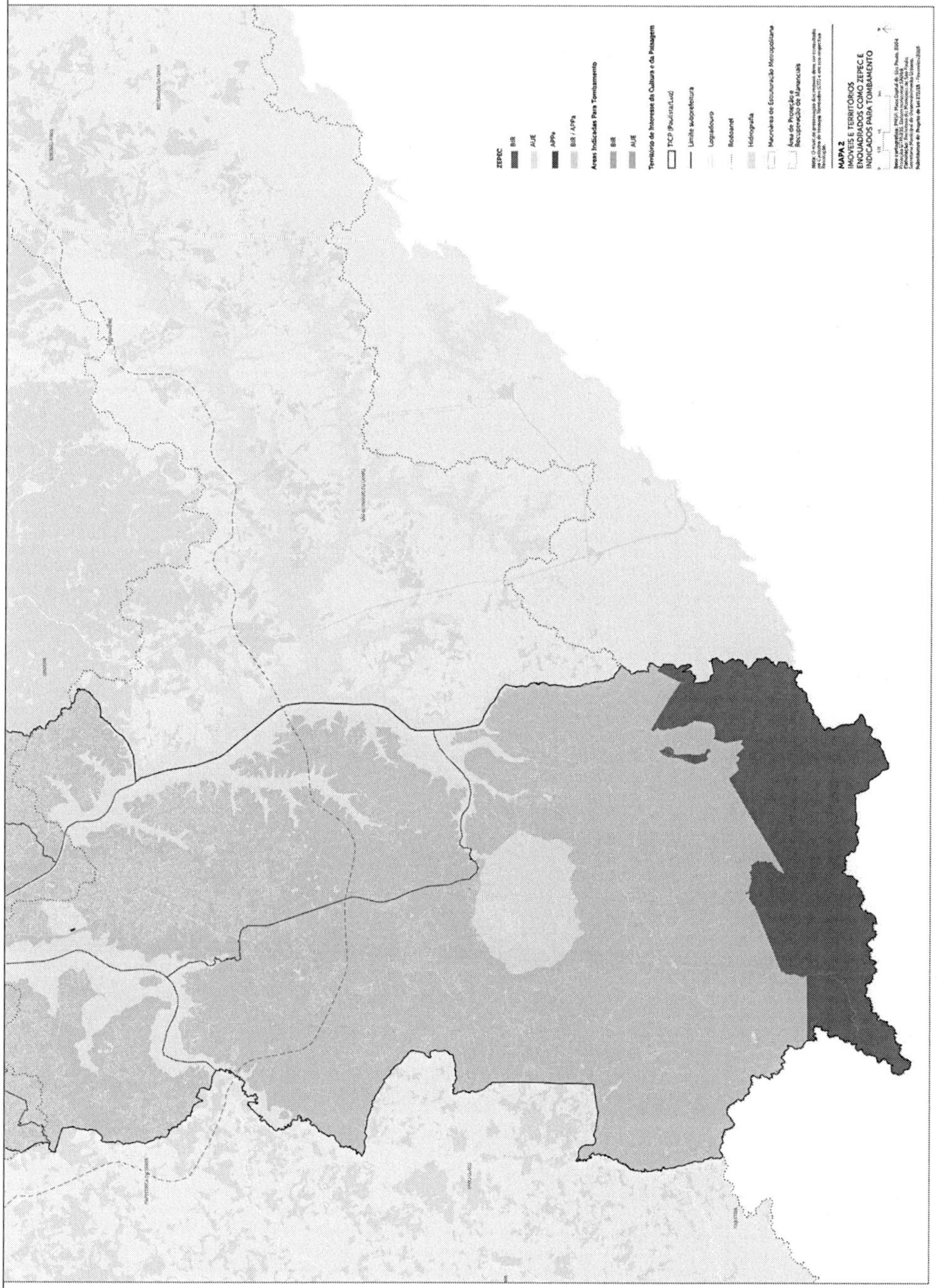

* Para visualizar o mapa em tamanho real, em cores, consultar: <http://gestaourbana.prefeitura.sp.gov.br/wp-content/uploads/2016/03/Mapa02_ZEPEC.pdf>. (N.E.)

Mapa 3 – Perímetros de qualificação ambiental

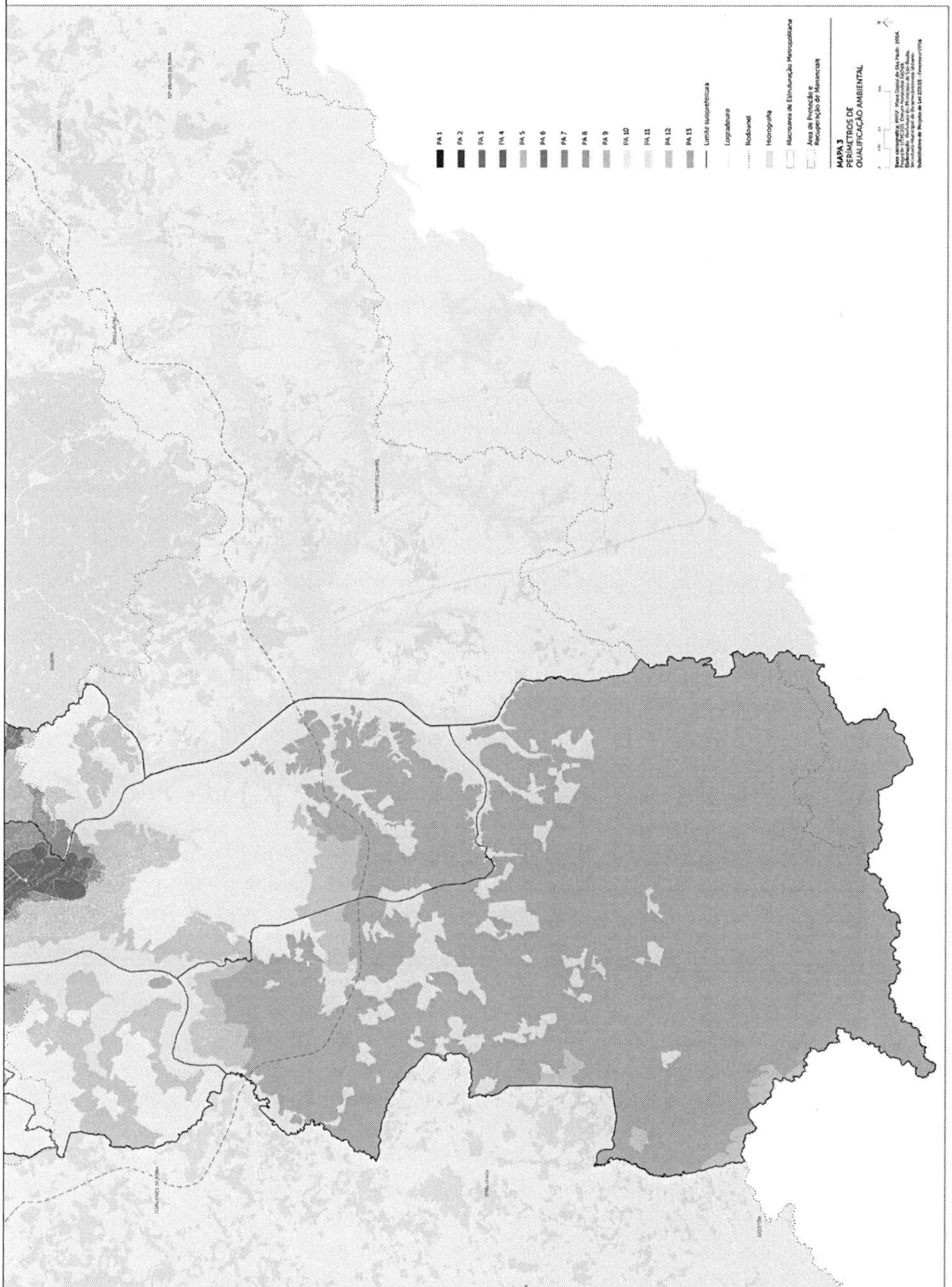

* Para visualizar o mapa em tamanho real, em cores, consultar: <http://gestaourbana.prefeitura.sp.gov.br/wp-content/uploads/2016/03/Mapa03_QUOTA.pdf>. (N.E.)

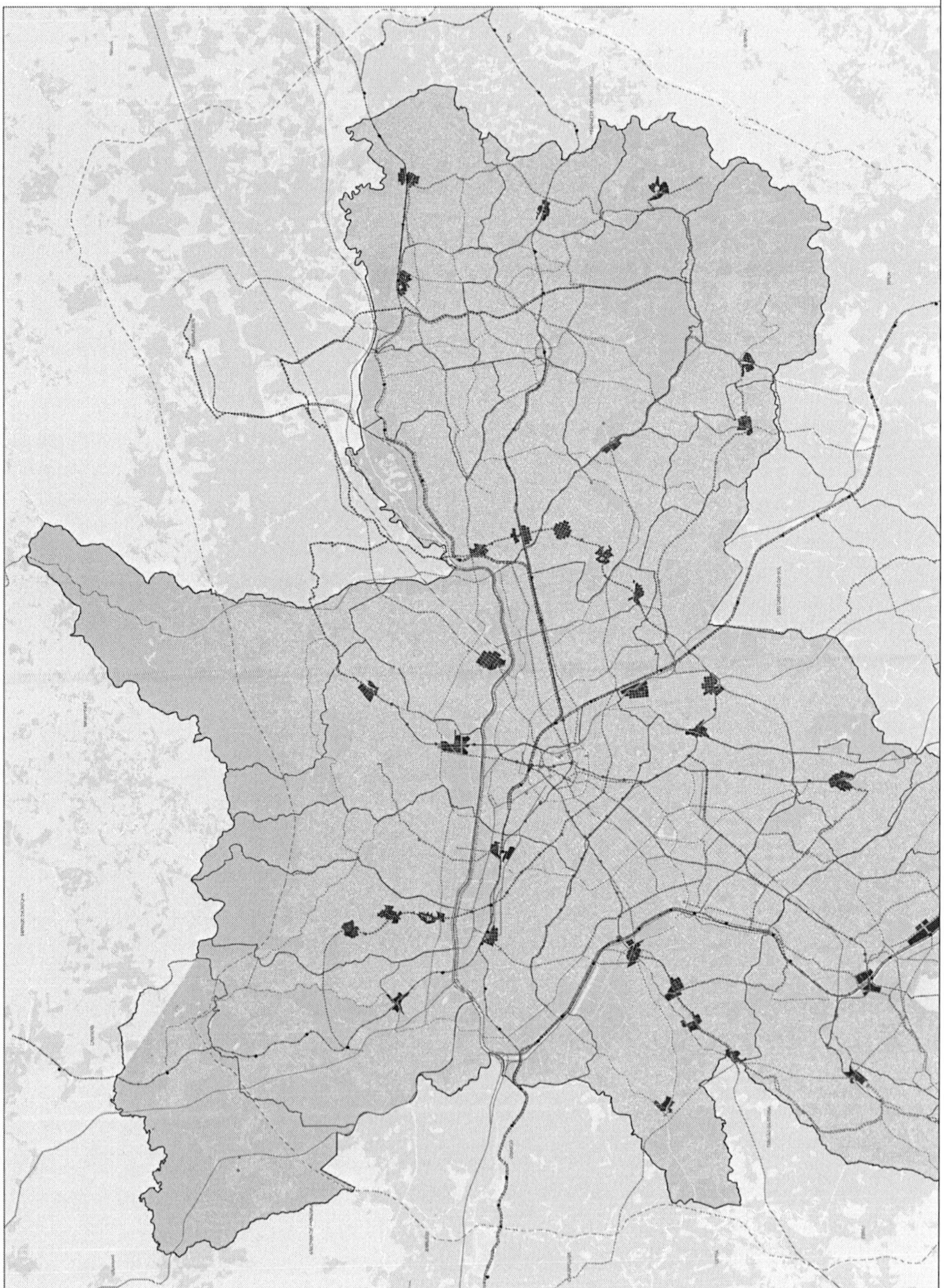

Mapa 4 – Perímetros de incentivos para edifícios-garagem

* Para visualizar o mapa em tamanho real, em cores, consultar: <http://gestaourbana.prefeitura.sp.gov.br/wp-content/uploads/2016/03/Mapa04_GARAGEM.pdf>. (N.E.)

RAZÕES DE VETO

PROJETO DE LEI Nº 272/15

OFÍCIO ATL Nº 71,
DE 22 DE MARÇO DE 2016

REF.: OF-SGP23 Nº 569/2016

Senhor Presidente

Por meio do ofício em epígrafe, Vossa Excelência encamihou à sanção cópia do Projeto de Lei nº 272/15, aprovado na sessão de 2 de março de 2016, que objetiva disciplinar o parcelamento, o uso e a ocupação do solo no Município de São Paulo, de acordo com a Lei nº 16.050, de 31 de julho de 2014 – Plano Diretor Estratégico.

De autoria do Executivo, a propositura, aprovada na forma de Substitutivo do Legislativo, não detém condições de ser sancionada em sua íntegra, sendo indeclinável a aposição de veto parcial, com fulcro no § 1º do artigo 42 da Lei Orgânica do Município, na conformidade das razões doravante expostas.

Inciso IV do *caput* e §§ 6º e 7º do artigo 90

O artigo 90 determina que ficam permitidas novas construções, reformas com ampliação de área construída e regularização de edificações e instalações nas áreas operacionais do sistema de transporte público coletivo e nas áreas públicas remanescentes de desapropriação relacionadas ao transporte público coletivo, desde que observadas as condicionantes por ele estabelecidas.

No que concerne à destinação de 10% da área construída computável para a habitação de interesse social, a ser produzida pelo empreendedor e doada à Prefeitura, requisito que vem estipulado no inciso IV do *caput* do artigo, destaco que, como corolário do princípio da isonomia, o assunto deverá ser equacionado de acordo com os instrumentos previstos no PDE, em especial a cota de solidariedade, cuja aplicação, inclusive, restou expressamente excluída em razão do § 6º do mesmo artigo, óbice que impede a conversão das referidas unidades normativas em lei.

Ademais, ressalto que o comando inserto no § 7º do artigo 90 revela-se sobremaneira abrangente e, consequentemente, de difícil aplicação, circunstância que motiva a aposição de veto, uma vez que a combinação das diversas hipóteses de incidência previstas no *caput* do dispositivo com todos os atos enumerados no parágrafo em apreço tornaria obrigatória a apresentação de Projeto de Intervenção Urbana – PIU até mesmo para reformas e regularização de pequenas atividades desenvolvidas nas áreas operacionais do sistema de transporte público coletivo.

Artigo 177

O dispositivo basicamente reproduz a redação do *caput* do artigo 379 do PDE, diferenciando-se, apenas, por assegurar "os direitos de construção decorrentes de termo de assunção de obrigações e seus respectivos termos de aditamento", conforme novo trecho acrescido à parte final.

Com a devida vênia, as obrigações decorrentes de lei terão sua existência condicionada à regência da própria norma, ao passo que as advindas de contratos e declarações unilaterais à validade dos respectivos instrumentos, de modo que a inclusão acima transcrita afigura-se despicienda, além de sua imprecisão e vagueza comprometer o objetivo visado pelo legislador.

Em assim sendo, estando a questão devidamente equacionada nos termos do artigo 379 do PDE, a bem da clareza da norma, aponho veto que atinge o artigo 177 do texto aprovado. Do número de vagas para caminhão previsto no Quadro 4A

No que tange a determinados grupos de atividades, especialmente aqueles que, por sua natureza, prescindem de constante abastecimento, o espaço para carga e descarga reservado para caminhão estabelecido no Quadro 4A poderá gerar, em razão da métrica adotada, problemas na solução arquitetônica, à vista da considerável quantidade de área construída necessária para as manobras, respectivas vagas, além das rampas, no caso de subsolo.

De outra parte, a exigência dessas vagas para tais grupos de atividades acabará, em última análise, prejudicando o atendimento de outros parâmetros de ocupação tidos como prioritários de acordo com os objetivos estratégicos do PDE e as diretrizes abarcadas pelo texto aprovado, a exemplo da fruição pública, da fachada ativa e da

Quota Ambiental, uma vez que as áreas decorrentes desses parâmetros precisam estar localizadas no pavimento térreo das edificações.

Assim, para os empreendimentos com até 4.000 m² de área construída computável, dentre os grupos de atividades para os quais é exigido número de vagas de caminhão, não se justifica a manutenção para os nR2-12 e nR2-15, enquanto, para os que tenham acima de 4.000 m², não se afigura adequado manter a referida condição para os nRa-1, nRa-2, nRa-3, nRa-4 e nRa-5, nR1-9, nR1-12 e nR1-13, nR2-1 e nR2-2, nR2-4, nR2-5, nR2-6, nR2-7, nR2-10, nR2-11, nR2-14, nR2-15, nR3-1, nR3-5, nR3-7, nR3-8 e nR3-9, diante do que se mostra inevitável a aposição de veto parcial ao Quadro 4A do texto encaminhado à sanção, atingindo as células que preveem a reserva de vagas de caminhões para os citados grupos de atividades.

Alteração de zoneamento em áreas caracterizadas como ZEPAM

À vista da relevância do bem a ser tutelado, o PDE traçou o regime jurídico aplicável às Zonas Especiais de Proteção Ambiental – ZEPAM, com notável atenção, dentre outros aspectos abordados, à fixação das características naturais e requisitos que determinam a sua demarcação no território do Município.

Nesse contexto, embora tenha previsto como tema pertinente à revisão da legislação de uso e ocupação do solo a reclassificação de áreas demarcadas como ZEPAM ocupadas com reflorestamento, agricultura ou extrativismo que não tenham os atributos que justificaram a sua criação, a comprovar a importância do respeito aos atributos naturais que orientam a definição dessas zonas, tal atuação está inevitavelmente adstrita aos limites e condições constantes do artigo 73 do Plano.

A teor do alvitrado dispositivo, a revisão da Lei nº 13.885, de 25 de agosto de 2004 — levada a efeito pela propositura — não poderia excluir das ZEPAMs as áreas remanescentes de Mata Atlântica, em especial as incluídas no Plano Municipal da Mata Atlântica, as priorizadas no Plano Municipal de Áreas Prestadoras de Serviços Ambientais, aquelas nas quais ocorram deformações geomorfológicas de interesse ambiental, como planícies aluviais, anfiteatros e vales encaixados associados às cabeceiras de drenagem e outras ocorrências de fragilidade geológica e geotécnica assinaladas na Carta Geotécnica do Município de São Paulo, além das áreas que contenham alta densidade de nascentes.

Ademais, qualquer inclusão ou exclusão de áreas na categoria de ZEPAM deveria ser acompanhada de parecer consubstanciado emitido pelo órgão ambiental municipal, tendo sido enquadrados, desde então, nessa categoria, os parques urbanos municipais existentes, os parques urbanos em implantação e planejados integrantes do Quadro 7 e Mapa 5 integrantes do Plano, e os parques naturais planejados, conforme artigo 375 do PDE.

Ocorre que, conforme verificado no Mapa 1, que define os Perímetros das Zonas, expressando a dimensão territorial do zoneamento vigente para a Cidade, alguns perímetros que, em razão de suas características e da sistemática arquitetada pelo PDE, deveriam ser enquadrados como ZEPAM, acabaram tendo o zoneamento alterado.

Inicialmente, destaco que o Perímetro 1 descrito e identificado em anexo engloba áreas demarcadas como ZEPAM já na Lei nº 13.885, de 25 de agosto de 2004, sendo que parte significativa apresenta remanescentes de Mata Atlântica, conforme levantamento realizado pelo Instituto Florestal, e algumas das áreas também estão designadas como parque natural em planejamento, nos termos do artigo 375 do PDE.

O Perímetro 2, por sua vez, acha-se previsto como Parque Urbano Planejado no Mapa 5 do PDE e parte significativa da área conta com remanescentes de Mata Atlântica, conforme levantamento realizado pelo Instituto Florestal, ao passo que o Perímetro 6 também consta como Parque Urbano Planejado, situando-se, ademais, em região da Cidade carente por esse tipo de equipamento.

Mas não é só. Os Perímetros 3, 4, 5, 8, 15 e 16 estavam demarcados como ZEPAM na Lei nº 13.885, de 2004, e todos apresentam remanescentes de Mata Atlântica, conforme levantamento realizado pelo Instituto Florestal.

Por fim, o Perímetro 7, além da presença de remanescentes de Mata Atlântica, é objeto de análise, pelo órgão federal competente, para o seu reconhecimento como terra indígena, hipótese que chama a incidência do § 2º do artigo 19 da propositura, segundo o qual os territórios ocupados por terras indígenas até a entrada em vigor da Lei nº 16.050, de 2014, ficam demarcadas como ZEPAM.

Em assim sendo, demonstrada a contrariedade com o PDE, não pode subsistir o zoneamento aprovado para os Perímetros 1, 2, 3, 4, 5, 6, 7, 8, 15 e 16 descritos e identificados em anexo, circunstância que evidencia, por si só, ser de rigor a aposição de veto parcial, atingindo as respectivas áreas indicadas no Mapa 1 do texto encaminhado à sanção.

Alteração de zoneamento e classificação de áreas previstas como ZEIS no Plano Diretor Estratégico

O Plano Diretor Estratégico consolidou as Zonas Especiais de Interesse Social como instrumento de planejamento urbano e habitacional no

Município, fator deveras importante para a consecução do objetivo de viabilizar moradia digna à população de baixa renda.

Assim, nos Mapas 4 e 4A anexos ao Plano, estão demarcadas as ZEIS que integram o território da Cidade, com expressa designação de sua categoria, quais sejam, ZEIS 1, 2, 3, 4 e 5, medida que apresenta substancial importância para o fortalecimento do processo de planejamento e gestão organizado para fazer frente às transformações econômicas, sociais, demográficas e ambientais em curso e para promover, de forma qualitativa, a política habitacional.

Entretanto, conforme verificado no Mapa 1, que define os Perímetros das Zonas, o projeto aprovado modificou o enquadramento constante do PDE para os Perímetros 9, 10, 11, 12, 13 e 14 descritos e identificados em anexo.

Ocorre que, considerando a existência de famílias de baixa renda nos locais em questão, a manutenção da classificação prevista pelo PDE possibilitará a provisão de moradias para o perfil de renda adequado ao enfrentamento da maior parcela de déficit habitacional do Município de São Paulo, ao mesmo tempo em que estarão melhor asseguradas condições para garantia da segurança da posse das famílias.

Quanto ao ponto, vale ainda destacar que o § 3º do artigo 44 do PDE dispõe que poderiam ser demarcadas novas ZEIS na revisão da legislação de parcelamento, uso e ocupação do solo, inexistindo, ao revés, qualquer menção à viabilidade de alterar a demarcação já executada e expressa em seus Mapas 4 e 4A.

Dessa forma, o zoneamento aprovado para os Perímetros 9, 10, 11, 12, 13 e 14 não pode subsistir, razão pela qual aponho veto parcial atingindo integralmente as respectivas áreas indicadas no Mapa 1 do texto encaminhado à sanção, devendo prevalecer, nessas hipóteses, o regime previsto pelo Plano Diretor Estratégico.

Nessas condições, assentados os motivos que me compelem a apor veto parcial ao texto aprovado, atingindo o inciso IV do *caput* do artigo 90 e seus §§ 6º e 7º, o artigo 177 e os perímetros marcados no Mapa 1 que seguem descritos e identificados em anexo, devolvo o assunto ao reexame dessa Colenda Casa de Leis.

Na oportunidade, renovo a Vossa Excelência meus protestos de apreço e consideração.

Fernando Haddad, Prefeito

Ao Excelentíssimo Senhor Antonio Donato Digníssimo Presidente da Câmara Municipal de São Paulo

COORDENADAS E MAPAS DOS PERÍMETROS VETADOS

DESCRIÇÃO DAS COORDENADAS DO PERÍMETRO VETADO 01:

SUBPREFEITURA: Capela do Socorro
ÁREA: 8.512,00 m² ou 0,8512 ha
PERÍMETRO: 387,11 m

Inicia-se a descrição deste perímetro no vértice **Pt0**, definido pelas coordenadas **E: 333.155 m** e **N: 7.367.716 m** com azimute **153º 26' 05,82"** e distância de **136,40 m** até o vértice **Pt1**, definido pelas coordenadas **E: 333.216 m** e **N: 7.367.594 m** com azimute **270º** e distância de **7,00 m** até o vértice **Pt2**, definido pelas coordenadas **E: 333.209 m** e **N: 7.367.594 m** com azimute **270º** e distância de **18,00 m** até o vértice **Pt3**, definido pelas coordenadas **E: 333.191 m** e **N: 7.367.594 m** com azimute **278º 31' 50,76"** e distância de **20,22 m** até o vértice **Pt4**, definido pelas coordenadas **E: 333.171 m** e **N: 7.367.597 m** com azimute **282º 48' 15,36"** e distância de **22,56 m** até o vértice **Pt5**, definido pelas coordenadas **E: 333.149 m** e **N: 7.367.602 m** com azimute **282º 39' 09,20"** e distância de **50,22 m** até o vértice **Pt6**, definido pelas coordenadas **E: 333.100 m** e **N: 7.367.613 m** com azimute **18º 26' 05,82"** e distância de **6,32 m** até o vértice **Pt7**, definido pelas coordenadas **E: 333.102 m** e **N: 7.367.619 m** com azimute **7º 07' 30,06"** e distância de **40,31 m** até o vértice **Pt8**, definido pelas coordenadas **E: 333.107 m** e **N: 7.367.659 m** com azimute **6º 20' 24,69"** e distância de **18,11 m** até o vértice **Pt9**, definido pelas coordenadas **E: 333.109 m** e **N: 7.367.677 m** com azimute **11º 53' 19,17"** e distância de **19,42 m** até o vértice **Pt10**, definido pelas coordenadas **E: 333.113 m** e **N: 7.367.696 m** com azimute **21º 48' 05,07"** e distância de **5,39 m** até o vértice **Pt11**, definido pelas coordenadas **E: 333.115 m** e **N: 7.367.701 m** com azimute **45º 00' 00,00"** e distância de **4,24 m** até o vértice **Pt12**, definido pelas coordenadas **E: 333.118 m** e **N: 7.367.704 m** com azimute **74º 03' 16,57"** e distância de **14,56 m** até o vértice **Pt13**, definido pelas coordenadas **E: 333.132 m** e **N: 7.367.708 m** com azimute **70º 49' 15,57"** e distância de **24,35 m** até o vértice **Pt0**, encerrando este perímetro.

ÁREA: 2.637,50 m² ou 0,2638 ha
PERÍMETRO: 218,75 m

Inicia-se a descrição deste perímetro no vértice **Pt0**, definido pelas coordenadas **E: 333.106 m** e **N: 7.367.812 m** com azimute **153º 05' 38,06"** e distância de **75,13 m** até o vértice **Pt1**, definido pelas coordenadas **E: 333.140 m** e **N: 7.367.745 m** com azimute **252º 53' 50,18"** e distância de **13,60 m** até o vértice **Pt2**, definido pelas coordenadas **E: 333.127 m** e **N: 7.367.741 m** com azimute **250º 54' 23,43"** e distância de **27,51 m** até o vértice **Pt3**, definido pelas coordenadas **E: 333.101 m** e **N: 7.367.732 m** com azimute **338º 11' 54,93"** e distância de **16,16 m** até o vértice **Pt4**, definido pelas coordenadas **E: 333.095 m** e **N: 7.367.747 m** com azimute **341º 33' 54,18"** e distância de **18,97 m** até o vértice **Pt5**, definido pelas coordenadas **E: 333.089 m** e **N: 7.367.765 m** com azimute **345º 57' 49,52"** e distância de **4,12 m** até o vértice **Pt6**, definido pelas coordenadas **E: 333.088 m** e **N: 7.367.769 m** com azimute **339º 13' 39,88"** e distância de **31,02 m** até o vértice **Pt7**, definido pelas coordenadas **E: 333.077 m** e **N: 7.367.798 m** com azimute **66º 02' 15,04"** e distância de **9,85 m** até o vértice **Pt8**, definido pelas coordenadas **E: 333.086 m** e **N: 7.367.802 m** com azimute **64º 58' 59,18"** e distância de **16,55 m** até o vértice **Pt9**, definido pelas coordenadas **E: 333.101 m** e **N: 7.367.809 m** com azimute **59º 02' 10,48"** e distância de **5,83 m** até o vértice **Pt0**, encerrando este perímetro.

ÁREA: 52.879,00 m² ou 5,2879 ha
PERÍMETRO: 1.382,94 m

Inicia-se a descrição deste perímetro no vértice **Pt0**, definido pelas coordenadas **E: 332.691 m** e **N: 7.367.380 m** com azimute **219º 48' 20,06"** e distância de **7,81 m** até o vértice **Pt1**, definido pelas coordenadas **E: 332.686 m** e **N: 7.367.374 m** com azimute **270º** e distância de **1,00 m** até o vértice **Pt2**, definido pelas coordenadas **E: 332.685 m** e **N: 7.367.374 m** com azimute **222º 30' 37,61"** e distância de **16,28 m** até o vértice **Pt3**, definido pelas coordenadas **E: 332.674 m** e **N: 7.367.362 m** com azimute **109º 58' 59,18"** e distância de **11,70 m** até o vértice **Pt4**, definido pelas coordenadas **E: 332.685 m** e **N: 7.367.358 m** com azimute **158º 11' 54,93"** e distância de **16,16 m** até o vértice **Pt5**, definido pelas coordenadas **E: 332.691 m** e **N: 7.367.343 m** com azimute **0º** e distância de **1,00 m** até o vértice **Pt6**, definido pelas coordenadas **E: 332.691 m** e **N: 7.367.344 m** com azimute **180º** e distância de **2,00 m** até o vértice **Pt7**, definido pelas coordenadas **E: 332.691 m** e **N: 7.367.342 m** com azimute **218º 39' 35,31"** e distância de **12,81 m** até o vértice **Pt8**, definido pelas coordenadas **E: 332.683 m** e **N: 7.367.332 m** com azimute **232º 07' 30,06"** e distância de **11,40 m** até o vértice **Pt9**, definido pelas coordenadas **E: 332.674 m** e **N: 7.367.325 m** com azimute **218º 39' 35,31"** e distância de **6,40 m** até o vértice **Pt10**, definido pelas coordenadas **E: 332.670 m** e **N: 7.367.320 m** com azimute **159º 26' 38,24"** e distância de **8,54 m** até o vértice **Pt11**, definido pelas coordenadas **E: 332.673 m** e **N: 7.367.312 m** com azimute **140º 11' 39,94"** e distância de **7,81 m** até o vértice **Pt12**, definido pelas coordenadas **E: 332.678 m** e **N: 7.367.306 m** com azimute **180º** e distância de **1,00 m** até o vértice **Pt13**, definido pelas coordenadas **E: 332.678 m** e **N: 7.367.305 m** com azimute **0º** e distância de **1,00 m** até o vértice **Pt14**, definido pelas coordenadas **E: 332.678 m** e **N: 7.367.306 m** com azimute **180º** e distância de **5,00 m** até o vértice **Pt15**, definido pelas coordenadas **E: 332.678 m** e **N: 7.367.301 m** com azimute **239º 02' 10,48"** e distância de **5,83 m** até o vértice **Pt16**, definido pelas coordenadas **E: 332.673 m** e **N: 7.367.298 m** com azimute **270º** e distância de **7,00 m** até o vértice **Pt17**, definido pelas coordenadas **E: 332.666 m** e **N: 7.367.298 m** com azimute **261º 52' 11,63"** e distância de **14,14 m** até o vértice **Pt18**, definido pelas coordenadas **E: 332.652 m** e **N: 7.367.296 m** com azimute **235º 00' 28,73"** e distância de **12,21 m** até o vértice **Pt19**, definido pelas coordenadas **E: 332.642 m** e **N: 7.367.289 m** com azimute **214º 41' 42,55"** e distância de **15,81 m** até o vértice **Pt20**, definido pelas coordenadas **E: 332.633 m** e **N: 7.367.276 m** com azimute **222º 16' 25,28"** e distância de **14,87 m** até o vértice **Pt21**, definido pelas coordenadas **E: 332.623 m** e **N: 7.367.265 m** com azimute **254º 03' 16,57"** e distância de **14,56 m** até o vértice **Pt22**, definido pelas coordenadas **E: 332.609 m** e **N: 7.367.261 m** com azimute **225º 00' 00,00"** e distância de **15,56 m** até o vértice **Pt23**, definido pelas coordenadas **E: 332.598 m** e **N: 7.367.250 m** com azimute **165º 57' 49,52"** e distância de **4,12 m** até o vértice **Pt24**, definido pelas coordenadas **E: 332.599 m** e **N: 7.367.246 m** com azimute **90º** e distância de **1,00 m** até o vértice **Pt25**, definido pelas coordenadas **E: 332.600 m** e **N: 7.367.246 m** com azimute **112º 37' 11,51"** e distância de **13,00 m** até o vértice **Pt26**, definido pelas coordenadas **E: 332.612 m** e **N: 7.367.241 m** com azimute **129º 48' 20,06"** e distância de **7,81 m** até o vértice **Pt27**, definido pelas coordenadas **E: 332.618 m** e **N: 7.367.236 m** com azimute **130º 36' 04,66"** e distância de **9,22 m** até o vértice **Pt28**, definido pelas coordenadas **E: 332.625 m** e **N: 7.367.230 m** com azimute **128º 39' 35,31"** e distância de **6,40 m** até o vértice **Pt29**, definido pelas coordenadas **E: 332.630 m** e **N: 7.367.226 m** com azimute **119º 44' 41,57"** e distância de **8,06 m** até o vértice **Pt30**, definido pelas coordenadas **E: 332.637 m** e **N: 7.367.222 m** com azimute **153º 26' 05,82"** e distância de **4,47 m** até o vértice **Pt31**, definido pelas coordenadas **E: 332.639 m** e **N: 7.367.218 m** com azimute **153º 26' 05,82"** e distância de **6,71 m** até o vértice **Pt32**, definido pelas coordenadas **E: 332.642 m** e **N: 7.367.212 m** com azimute **0º** e distância de **1,00 m** até o vértice **Pt33**, definido pelas coordenadas **E: 332.642 m** e **N: 7.367.213 m** com azimute **180º** e distância de **2,00 m** até o vértice **Pt34**, definido pelas coordenadas **E: 332.642 m** e **N: 7.367.211 m** com azimute **201º 48' 05,07"** e distância de **5,39 m** até o vértice **Pt35**, definido pelas coordenadas **E: 332.640 m** e **N: 7.367.206 m** com azimute **216º 52' 11,63"** e distância de **10,00 m** até o vértice **Pt36**, definido pelas coordenadas **E: 332.634 m** e **N: 7.367.198 m** com azimute **240º 56' 43,43"** e distância de **10,30 m** até o vértice **Pt37**, definido pelas coordenadas **E: 332.625 m** e **N: 7.367.193 m** com azimute **259º 41' 42,55"** e distância de **11,18 m** até o vértice **Pt38**, definido pelas coordenadas **E: 332.614 m** e **N: 7.367.191 m** com azimute **206º 33' 54,18"** e distância de **8,94 m** até o vértice **Pt39**, definido pelas coordenadas **E: 332.606 m** e **N: 7.367.195 m** com azimute **281º 18' 35,76"** e distância de **5,10 m** até o vértice **Pt40**, definido pelas coordenadas **E: 332.601 m** e **N: 7.367.196 m** com azimute **278º 07' 48,37"** e distância de **14,14 m** até o vértice **Pt41**, definido pelas coordenadas **E: 332.587 m** e **N: 7.367.198 m** com azimute **270º** e distância de **4,00 m** até o vértice **Pt42**, definido pelas coordenadas **E: 332.583 m** e **N: 7.367.198 m** com azimute **236º 18' 35,76"** e distância de **3,61 m** até o vértice **Pt43**, definido pelas coordenadas **E: 332.580 m** e **N: 7.367.196 m** com azimute **180º** e distância de **5,00 m** até o vértice **Pt44**, definido pelas coordenadas **E: 332.580 m** e **N: 7.367.191 m** com azimute **156º 02' 15,04"** e distância de **9,85 m** até o vértice **Pt45**, definido pelas coordenadas **E: 332.584 m** e **N: 7.367.182 m** com azimute **140º 11' 39,94"** e distância de **7,81 m** até o vértice **Pt46**, definido pelas coordenadas **E: 332.589 m** e **N: 7.367.176 m** com azimute **180º** e distância de **6,00 m** até o vértice **Pt47**, definido pelas coordenadas **E: 332.589 m** e **N: 7.367.170 m** com azimute **0º** e distância de **1,00 m** até o vértice **Pt48**, definido pelas coordenadas **E: 332.589 m** e **N: 7.367.171 m** com azimute **180º** e distância de **2,00 m** até o vértice **Pt49**, definido pelas coordenadas **E: 332.589 m** e **N: 7.367.169 m** com azimute **206º 33' 54,18"** e distância de **8,94 m** até o vértice **Pt50**, definido pelas coordenadas **E: 332.585 m** e **N: 7.367.161 m** com azimute **248º 11' 54,93"** e distância de **5,39 m** até o vértice **Pt51**, definido pelas coordenadas **E: 332.580 m** e **N: 7.367.159 m** com azimute **276º 20' 24,69"** e distância de **9,06 m** até o vértice **Pt52**, definido pelas coordenadas **E: 332.571 m** e **N: 7.367.160 m** com azimute **333º 26' 05,82"** e distância de **11,18 m** até o vértice **Pt53**, definido pelas coordenadas **E: 332.566 m** e **N: 7.367.170 m** com azimute **343º 18' 02,72"** e distância de **10,44 m** até o vértice **Pt54**, definido pelas coordenadas **E: 332.563 m** e **N: 7.367.180 m** com azimute **0º** e distância de **1,00 m** até o vértice **Pt55**, definido pelas coordenadas **E: 332.563 m** e **N: 7.367.181 m** com azimute **0º** e distância de **1,00 m** até o vértice **Pt56**, definido pelas coordenadas **E: 332.563 m** e **N: 7.367.182 m** com azimute **0º** e distância de **6,00 m** até o vértice **Pt57**, definido pelas coordenadas **E: 332.563 m** e **N: 7.367.188 m** com azimute **290º 33' 21,76"** e distância de **8,54 m** até o vértice **Pt58**, definido pelas coordenadas **E: 332.555 m** e **N: 7.367.191 m** com azimute **239º 02' 10,48"** e distância de **5,83 m** até o vértice **Pt59**, definido pelas coordenadas **E: 332.550 m** e **N: 7.367.188 m** com azimute **216º 52' 11,63"** e distância de **10,00 m** até o vértice **Pt60**, definido pelas coordenadas **E: 332.544 m** e **N: 7.367.180 m** com azimute **221º 38' 00,74"** e distância de **12,04 m** até o vértice **Pt61**, definido pelas coordenadas **E: 332.536 m** e **N: 7.367.171 m** com azimute **203º 11' 54,93"** e distância de **7,62 m** até o vértice **Pt62**, definido pelas coordenadas **E: 332.533 m** e **N: 7.367.164 m** com azimute **180º** e distância de **4,00 m** até o vértice **Pt63**, definido pelas coordenadas **E: 332.533 m** e **N: 7.367.160 m** com azimute **135º 00' 00,00"** e distância de **4,24 m** até o vértice **Pt64**, definido pelas coordenadas **E: 332.536 m** e **N: 7.367.157 m** com azimute **90º** e distância de **6,00 m** até o vértice **Pt65**, definido pelas coordenadas **E: 332.542 m** e **N: 7.367.157 m** com azimute **51º 20' 24,69"** e distância de **6,40 m** até o vértice **Pt66**, definido pelas coordenadas **E: 332.547 m** e **N: 7.367.161 m** com azimute **33º 41' 24,24"** e distância de **7,21 m** até o vértice **Pt67**, definido pelas coordenadas **E: 332.551 m** e **N: 7.367.167 m** com azimute **75º 57' 49,52"** e distância de **4,12 m** até o vértice **Pt68**, definido pelas coordenadas **E: 332.555 m** e **N: 7.367.168 m** com azimute **120º 57' 49,52"** e distância de **5,83 m** até o vértice **Pt69**, definido pelas coordenadas **E: 332.560 m** e **N: 7.367.165 m** com azimute **130º 36' 04,66"** e distância de **9,22 m** até o vértice **Pt70**, definido pelas coordenadas **E: 332.567 m** e **N: 7.367.159 m** com azimute **159º 26' 38,24"** e distância de **8,54 m** até o vértice **Pt71**, definido pelas coordenadas **E: 332.570 m** e **N: 7.367.151 m** com azimute **164º 03' 16,57"** e distância de **7,28 m** até o vértice **Pt72**, definido pelas coordenadas **E: 332.572 m** e **N: 7.367.144 m** com azimute **116º 33' 54,18"** e distância de **8,94 m** até o vértice **Pt73**, definido pelas coordenadas **E: 332.580 m** e **N: 7.367.140 m** com azimute **128º 39' 35,31"** e distância de **6,40 m** até o vértice **Pt74**, definido pelas coordenadas **E: 332.585 m** e **N: 7.367.136 m** com azimute **153º 26' 05,82"** e distância de **4,47 m** até o vértice **Pt75**, definido pelas coordenadas **E: 332.587 m** e **N: 7.367.132 m** com azimute **141º 20' 24,69"** e distância de **6,40 m** até o vértice **Pt76**, definido pelas coordenadas **E: 332.591 m** e **N: 7.367.127 m** com azimute **116° 33' 54,18"** e distância de **2,24 m** até o vértice **Pt77**, definido pelas coordenadas **E: 332.593 m** e **N: 7.367.126 m** com azimute **98° 07' 48,37"** e distância de **7,07 m** até o vértice **Pt78**, definido pelas coordenadas **E: 332.600 m** e **N: 7.367.125 m** com azimute **53° 07' 48,37"** e distância de **10,00 m** até o vértice **Pt79**, definido pelas coordenadas **E: 332.608 m** e **N: 7.367.131 m** com azimute **26° 33' 54,18"** e distância de **6,71 m** até o vértice **Pt80**, definido pelas coordenadas **E: 332.611 m** e **N: 7.367.137 m** com azimute **350° 32' 15,64"** e distância de **12,17 m** até o vértice **Pt81**, definido pelas coordenadas **E: 332.609 m** e **N: 7.367.149 m** com azimute **0°** e distância de **1,00 m** até o vértice **Pt82**, definido pelas coordenadas **E: 332.609 m** e **N: 7.367.150 m** com azimute **0°** e distância de **8,00 m** até o vértice **Pt83**, definido pelas coordenadas **E: 332.609 m** e **N: 7.367.158 m** com azimute **50° 11' 39,94"** e distância de **7,81 m** até o vértice **Pt84**, definido pelas coordenadas **E: 332.615 m** e **N: 7.367.163 m** com azimute **90°** e distância de **5,00 m** até o vértice **Pt85**, definido pelas coordenadas **E: 332.620 m** e **N: 7.367.163 m** com azimute **90°** e distância de **6,00 m** até o vértice **Pt86**, definido pelas coordenadas **E: 332.626 m** e **N: 7.367.163 m** com azimute **90°** e distância de **7,00 m** até o vértice **Pt87**, definido pelas coordenadas **E: 332.633 m** e **N: 7.367.163 m** com azimute **95° 42' 38,14"** e distância de **10,05 m** até o vértice **Pt88**, definido pelas coordenadas **E: 332.643 m** e **N: 7.367.162 m** com azimute **96° 20' 24,69"** e distância de **9,06 m** até o vértice **Pt89**, definido pelas coordenadas **E: 332.652 m** e **N: 7.367.161 m** com azimute **0°** e distância de **3,00 m** até o vértice **Pt90**, definido pelas coordenadas **E: 332.652 m** e **N: 7.367.164 m** com azimute **0°** e distância de **1,00 m** até o vértice **Pt91**, definido pelas coordenadas **E: 332.652 m** e **N: 7.367.165 m** com azimute **0°** e distância de **1,00 m** até o vértice **Pt92**, definido pelas coordenadas **E: 332.652 m** e **N: 7.367.166 m** com azimute **73° 36' 37,65"** e distância de **17,72 m** até o vértice **Pt93**, definido pelas coordenadas **E: 332.669 m** e **N: 7.367.171 m** com azimute **81° 38' 02,81"** e distância de **34,37 m** até o vértice **Pt94**, definido pelas coordenadas **E: 332.703 m** e **N: 7.367.176 m** com azimute **87° 42' 33,80"** e distância de **25,02 m** até o vértice **Pt95**, definido pelas coordenadas **E: 332.728 m** e **N: 7.367.177 m** com azimute **135° 00' 00,00"** e distância de **9,90 m** até o vértice **Pt96**, definido pelas coordenadas **E: 332.735 m** e **N: 7.367.170 m** com azimute **0°** e distância de **1,00 m** até o vértice **Pt97**, definido pelas coordenadas **E: 332.735 m** e **N: 7.367.171 m** com azimute **86° 11' 09,33"** e distância de **90,20 m** até o vértice **Pt98**, definido pelas coordenadas **E: 332.825 m** e **N: 7.367.177 m** com azimute **52° 06' 08,95"** e distância de **223,04 m** até o vértice **Pt99**, definido pelas coordenadas **E: 333.001 m** e **N: 7.367.314 m** com azimute **338° 11' 54,93"** e distância de **5,39 m** até o vértice **Pt100**, definido pelas coordenadas **E: 332.999 m** e **N: 7.367.319 m** com azimute **270°** e distância de **1,00 m** até o vértice **Pt101**, definido pelas coordenadas **E: 332.998 m** e **N: 7.367.319 m** com azimute **270°** e distância de **5,00 m** até o vértice **Pt102**, definido pelas coordenadas **E: 332.993 m** e **N: 7.367.319 m** com azimute **278° 44' 46,18"** e distância de **13,15 m** até o vértice **Pt103**, definido pelas coordenadas **E: 332.980 m** e **N: 7.367.321 m** com azimute **281° 18' 35,76"** e distância de **25,50 m** até o vértice **Pt104**, definido pelas coordenadas **E: 332.955 m** e **N: 7.367.326 m** com azimute **279° 27' 44,36"** e distância de **18,25 m** até o vértice **Pt105**, definido pelas coordenadas **E: 332.937 m** e **N: 7.367.329 m** com azimute **280° 00' 28,73"** e distância de **17,26 m** até o vértice **Pt106**, definido pelas coordenadas **E: 332.920 m** e **N: 7.367.332 m** com azimute **280° 57' 14,63"** e distância de **31,58 m** até o vértice **Pt107**, definido pelas coordenadas **E: 332.889 m** e **N: 7.367.338 m** com azimute **280° 57' 14,63"** e distância de **31,58 m** até o vértice **Pt108**, definido pelas coordenadas **E: 332.858 m** e **N: 7.367.344 m** com azimute **281° 18' 35,76"** e distância de **20,40 m** até o vértice **Pt109**, definido pelas coordenadas **E: 332.838 m** e **N: 7.367.348 m** com azimute **255° 57' 49,52"** e distância de **4,12 m** até o vértice **Pt110**, definido pelas coordenadas **E: 332.834 m** e **N: 7.367.347 m** com azimute **280° 29' 29,32"** e distância de **27,46 m** até o vértice **Pt111**, definido pelas coordenadas **E: 332.807 m** e **N: 7.367.352 m** com azimute **280° 37' 10,76"** e distância de **65,12 m** até o vértice **Pt112**, definido pelas coordenadas **E: 332.743 m** e **N: 7.367.364 m** com azimute **281° 46' 05,84"** e distância de **24,52 m** até o vértice **Pt113**, definido pelas coordenadas **E: 332.719 m** e **N: 7.367.369 m** com azimute **284° 02' 10,48"** e distância de **8,25 m** até o vértice **Pt114**, definido pelas coordenadas **E: 332.711 m** e **N: 7.367.371 m** com azimute **295° 01' 00,82"** e distância de **16,55 m** até o vértice **Pt115**, definido pelas coordenadas **E: 332.696 m** e **N: 7.367.378 m** com azimute **291° 48' 05,07"** e distância de **5,39 m** até o vértice **Pt0**, encerrando este perímetro.

ÁREA: 5.523,50 m² ou 0,5524 ha

PERÍMETRO: 334,24 m

Inicia-se a descrição deste perímetro no vértice **Pt0**, definido pelas coordenadas **E: 333.281 m** e **N: 7.367.448 m** com azimute **90°** e distância de **2,00 m** até o vértice **Pt1**, definido pelas coordenadas **E: 333.283 m** e **N: 7.367.448 m** com azimute **154° 17' 24,17"** e distância de **29,97 m** até o vértice **Pt2**, definido pelas coordenadas **E: 333.296 m** e **N: 7.367.421 m** com azimute **0°** e distância de **1,00 m** até o vértice **Pt3**, definido pelas coordenadas **E: 333.296 m** e **N: 7.367.422 m** com azimute **145° 18' 17,45"** e distância de **15,81 m** até o vértice **Pt4**, definido pelas coordenadas **E: 333.305 m** e **N: 7.367.409 m** com azimute **160° 12' 04,05"** e distância de **26,57 m** até o vértice **Pt5**, definido pelas coordenadas **E: 333.314 m** e **N: 7.367.384 m** com azimute **190° 37' 10,76"** e distância de **16,28 m** até o vértice **Pt6**, definido pelas coordenadas **E: 333.311 m** e **N: 7.367.368 m** com azimute **208° 18' 02,72"** e distância de **14,76 m** até o vértice **Pt7**, definido pelas coordenadas **E: 333.304 m** e **N: 7.367.355 m** com azimute **217° 34' 06,93"** e distância de **16,40 m** até o vértice **Pt8**, definido pelas coordenadas **E: 333.294 m** e **N: 7.367.342 m** com azimute **203° 11' 54,93"** e distância de **15,23 m** até o vértice **Pt9**, definido pelas coordenadas **E: 333.288 m** e **N: 7.367.328 m** com azimute **198° 26' 05,82"** e distância de **3,16 m** até o vértice **Pt10**, definido pelas coordenadas **E: 333.287 m** e **N: 7.367.325 m** com azimute **225° 00' 00,00"** e distância de **2,83 m** até o vértice **Pt11**, definido pelas coordenadas **E: 333.285 m** e **N: 7.367.323 m** com azimute **201° 48' 05,07"** e distância de **5,39 m** até o vértice **Pt12**, definido pelas coordenadas **E: 333.283 m** e **N: 7.367.318 m** com azimute **270°** e distância de **2,00 m** até o vértice **Pt13**, definido pelas coordenadas **E: 333.281 m** e **N: 7.367.318 m** com azimute **289° 10' 44,43"** e distância de **48,70 m** até o vértice **Pt14**, definido pelas coordenadas **E: 333.235 m** e **N: 7.367.334 m** com azimute **333° 26' 05,82"** e distância de **6,71 m** até o vértice **Pt15**, definido pelas coordenadas **E: 333.232 m** e **N: 7.367.340 m** com azimute **116° 33' 54,18"** e distância de **6,71 m** até o vértice **Pt16**, definido pelas coordenadas **E: 333.238 m** e **N: 7.367.337 m** com azimute **21° 48' 05,07"** e distância de **16,16 m** até o vértice **Pt17**, definido pelas coordenadas **E: 333.244 m** e **N: 7.367.352 m** com azimute **18° 26' 05,82"** e distância de **22,14 m** até o vértice **Pt18**, definido pelas coordenadas **E: 333.251 m** e **N: 7.367.373 m** com azimute **22° 09' 58,84"** e distância de **29,15 m** até o vértice **Pt19**, definido pelas coordenadas **E: 333.262 m** e **N: 7.367.400 m** com azimute **14° 02' 10,48"** e distância de **28,86 m** até o vértice **Pt20**, definido pelas coordenadas **E: 333.269 m** e **N: 7.367.428 m** com azimute **14° 02' 10,48"** e distância de **12,37 m** até o vértice **Pt21**, definido pelas coordenadas **E: 333.272 m** e **N: 7.367.440 m** com azimute **48° 21' 59,26"** e distância de **12,04 m** até o vértice **Pt0**, encerrando este perímetro.

ÁREA: 14.202,00 m² ou 1,4202 ha
PERÍMETRO: 1.038,22 m

Inicia-se a descrição deste perímetro no vértice **Pt0**, definido pelas coordenadas **E: 333.010 m** e **N: 7.368.001 m** com azimute **152° 51' 53,50"** e distância de **89,89 m** até o vértice **Pt1**, definido pelas coordenadas **E: 333.051 m** e **N: 7.367.921 m** com azimute **243° 26' 05,82"** e distância de **4,47 m** até o vértice **Pt2**, definido pelas coordenadas **E: 333.047 m** e **N: 7.367.919 m** com azimute **244° 17' 24,17"** e distância de **29,97 m** até o vértice **Pt3**, definido pelas coordenadas **E: 333.020 m** e **N: 7.367.906 m** com azimute **247° 37' 11,51"** e distância de **18,38 m** até o vértice **Pt4**, definido pelas coordenadas **E: 333.003 m** e **N: 7.367.899 m** com azimute **276° 20' 24,69"** e distância de **9,06 m** até o vértice **Pt5**, definido pelas coordenadas **E: 332.994 m** e **N: 7.367.900 m** com azimute **0°** e distância de **1,00 m** até o vértice **Pt6**, definido pelas coordenadas **E: 332.994 m** e **N: 7.367.901 m** com azimute **0°** e distância de **13,00 m** até o vértice **Pt7**, definido pelas coordenadas **E: 332.994 m** e **N: 7.367.914 m** com azimute **0°** e distância de **3,00 m** até o vértice **Pt8**, definido pelas coordenadas **E: 332.994 m** e **N: 7.367.917 m** com azimute **3° 10' 47,39"** e distância de **18,03 m** até o vértice **Pt9**, definido pelas coordenadas **E: 332.995 m** e **N: 7.367.935 m** com azimute **0°** e distância de **2,00 m** até o vértice **Pt10**, definido pelas coordenadas **E: 332.995 m** e **N: 7.367.937 m** com azimute **0°** e distância de **1,00 m** até o vértice **Pt11**, definido pelas coordenadas **E: 332.995 m** e **N: 7.367.938 m** com azimute **0°** e distância de **1,00 m** até o vértice **Pt12**, definido pelas coordenadas **E: 332.995 m** e **N: 7.367.939 m** com azimute **315° 00' 00,00"** e distância de **2,83 m** até o vértice **Pt13**, definido pelas coordenadas **E: 332.993 m** e **N: 7.367.941 m** com azimute **0°** e distância de **1,00 m** até o vértice **Pt14**, definido pelas coordenadas **E: 332.993 m** e **N: 7.367.942 m** com azimute **0°** e distância de **1,00 m** até o vértice **Pt15**, definido pelas coordenadas **E: 332.993 m** e **N: 7.367.943 m** com azimute **248° 11' 54,93"** e distância de **5,39 m** até o vértice **Pt16**, definido pelas coordenadas **E: 332.988 m** e **N: 7.367.941 m** com azimute **236° 18' 35,76"** e distância de **3,61 m** até o vértice **Pt17**, definido pelas coordenadas **E: 332.985 m** e **N: 7.367.939 m** com azimute **225° 00' 00,00"** e distância de **4,24 m** até o vértice **Pt18**, definido pelas coordenadas **E: 332.982 m** e **N: 7.367.936 m** com azimute **225° 00' 00,00"** e distância de **12,73 m** até o vértice **Pt19**, definido pelas coordenadas **E: 332.973 m** e **N: 7.367.927 m** com azimute **230° 11' 39,94"** e distância de **23,43 m** até o vértice **Pt20**, definido pelas coordenadas **E: 332.955 m** e **N: 7.367.912 m** com azimute **225° 00' 00,00"** e distância de **2,83 m** até o vértice **Pt21**, definido pelas coordenadas **E: 332.953 m** e **N: 7.367.910 m** com azimute **225° 00' 00,00"** e distância de **1,41 m** até o vértice **Pt22**, definido pelas coordenadas **E: 332.952 m** e **N: 7.367.909 m** com azimute **226° 13' 07,95"** e distância de **33,24 m** até o vértice **Pt23**, definido pelas coordenadas **E:**

332.928 m e **N: 7.367.886 m** com azimute **225º 52' 53,05"** e distância de **45,97 m** até o vértice **Pt24**, definido pelas coordenadas **E: 332.895 m** e **N: 7.367.854 m** com azimute **225º 00' 00,00"** e distância de **21,21 m** até o vértice **Pt25**, definido pelas coordenadas **E: 332.880 m** e **N: 7.367.839 m** com azimute **221º 38' 00,74"** e distância de **12,04 m** até o vértice **Pt26**, definido pelas coordenadas **E: 332.872 m** e **N: 7.367.830 m** com azimute **220º 36' 04,66"** e distância de **9,22 m** até o vértice **Pt27**, definido pelas coordenadas **E: 332.866 m** e **N: 7.367.823 m** com azimute **219º 28' 20,86"** e distância de **22,02 m** até o vértice **Pt28**, definido pelas coordenadas **E: 332.852 m** e **N: 7.367.806 m** com azimute **215º 32' 15,64"** e distância de **17,20 m** até o vértice **Pt29**, definido pelas coordenadas **E: 332.842 m** e **N: 7.367.792 m** com azimute **215º 32' 15,64"** e distância de **8,60 m** até o vértice **Pt30**, definido pelas coordenadas **E: 332.837 m** e **N: 7.367.785 m** com azimute **212º 28' 16,29"** e distância de **13,04 m** até o vértice **Pt31**, definido pelas coordenadas **E: 332.830 m** e **N: 7.367.774 m** com azimute **219º 05' 37,89"** e distância de **20,62 m** até o vértice **Pt32**, definido pelas coordenadas **E: 332.817 m** e **N: 7.367.758 m** com azimute **225º 00' 00,00"** e distância de **4,24 m** até o vértice **Pt33**, definido pelas coordenadas **E: 332.814 m** e **N: 7.367.755 m** com azimute **0º** e distância de **1,00 m** até o vértice **Pt34**, definido pelas coordenadas **E: 332.814 m** e **N: 7.367.756 m** com azimute **221º 38' 00,74"** e distância de **12,04 m** até o vértice **Pt35**, definido pelas coordenadas **E: 332.806 m** e **N: 7.367.747 m** com azimute **230º 54' 22,11"** e distância de **20,62 m** até o vértice **Pt36**, definido pelas coordenadas **E: 332.790 m** e **N: 7.367.734 m** com azimute **235º 18' 17,45"** e distância de **15,81 m** até o vértice **Pt37**, definido pelas coordenadas **E: 332.777 m** e **N: 7.367.725 m** com azimute **237º 59' 40,62"** e distância de **9,43 m** até o vértice **Pt38**, definido pelas coordenadas **E: 332.769 m** e **N: 7.367.720 m** com azimute **0º** e distância de **1,00 m** até o vértice **Pt39**, definido pelas coordenadas **E: 332.769 m** e **N: 7.367.721 m** com azimute **234º 09' 44,45"** e distância de **22,20 m** até o vértice **Pt40**, definido pelas coordenadas **E: 332.751 m** e **N: 7.367.708 m** com azimute **226º 50' 51,40"** e distância de **21,93 m** até o vértice **Pt41**, definido pelas coordenadas **E: 332.735 m**

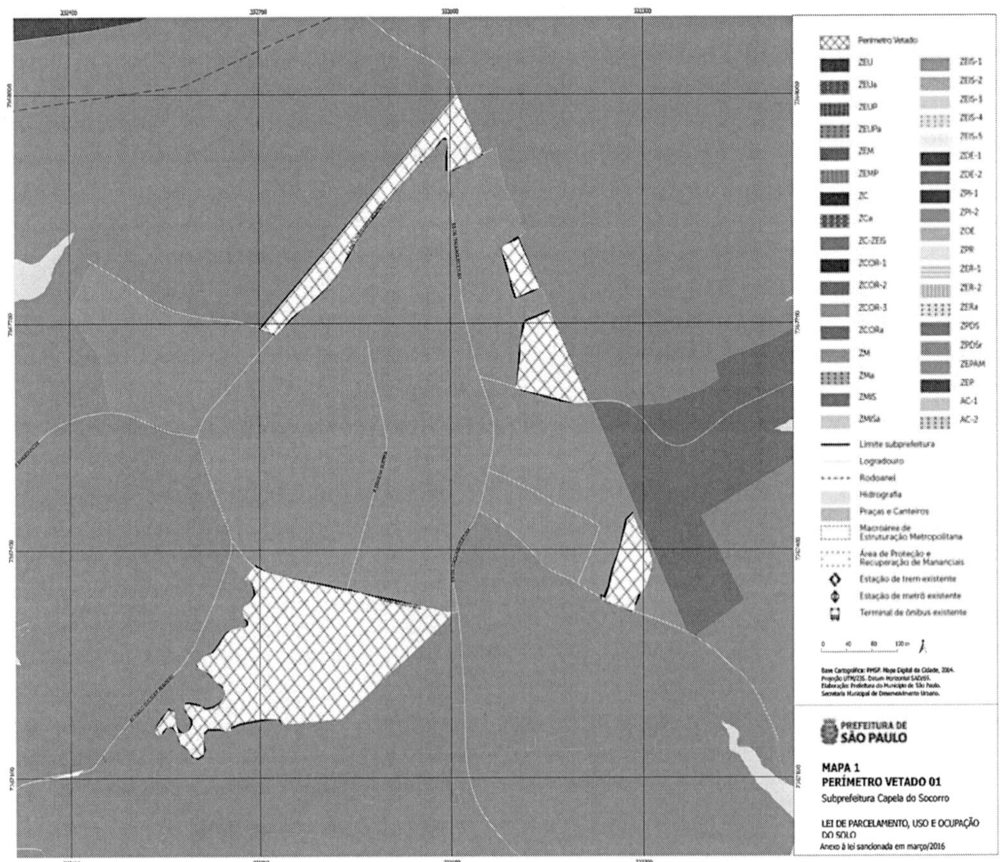

e **N: 7.367.693 m** com azimute **225° 00' 00,00"** e distância de **8,49 m** até o vértice **Pt42**, definido pelas coordenadas **E: 332.729 m** e **N: 7.367.687 m** com azimute **236° 18' 35,76"** e distância de **3,61 m** até o vértice **Pt43**, definido pelas coordenadas **E: 332.726 m** e **N: 7.367.685 m** com azimute **281° 18' 35,76"** e distância de **5,10 m** até o vértice **Pt44**, definido pelas coordenadas **E: 332.721 m** e **N: 7.367.686 m** com azimute **270°** e distância de **1,00 m** até o vértice **Pt45**, definido pelas coordenadas **E: 332.720 m** e **N: 7.367.686 m** com azimute **0°** e distância de **1,00 m** até o vértice **Pt46**, definido pelas coordenadas **E: 332.720 m** e **N: 7.367.687 m** com azimute **284° 02' 10,48"** e distância de **20,62 m** até o vértice **Pt47**, definido pelas coordenadas **E: 332.700 m** e **N: 7.367.692 m** com azimute **45° 05' 33,22"** e distância de **437,70 m** até o vértice **Pt0**, encerrando este perímetro.

Todas as coordenadas aqui descritas estão georreferenciadas ao Sistema Geodésico Brasileiro e encontram-se representadas no Sistema UTM, referenciadas ao Meridiano Central 45 WGr, fuso 23S, tendo como datum o SAD69. Todos os azimutes e distâncias, área e perímetro foram calculados no plano de projeção UTM.

JUSTIFICATIVA DE VETO: a área está demarcada como ZEPAM na Lei nº 13.885/2004, parte significativa apresenta remanescentes de Mata Atlântica conforme levantamento realizado pelo Instituto Florestal e parte da área está demarcada como parque natural em planejamento nos termos do art. 375 da Lei nº 16.050/2014 – Plano Diretor Estratégico.

DESCRIÇÃO DAS COORDENADAS DO PERÍMETRO VETADO 02:

SUBPREFEITURA: Jaçanã – Tremembé

ÁREA: 351.486,00 m² ou 35,1486 ha

PERÍMETRO: 2.407,43 m

Inicia-se a descrição deste perímetro no vértice **Pt0**, definido pelas coordenadas **E: 340.101 m** e **N: 7.411.064 m** com azimute **119° 44' 41,57"** e distância de **8,06 m** até o vértice **Pt1**, definido pelas coordenadas **E: 340.108 m** e **N: 7.411.060 m** com azimute **132° 57' 16,53"** e distância de **39,62 m** até o vértice **Pt2**, definido pelas coordenadas **E: 340.137 m** e **N: 7.411.033 m** com azimute **0°** e distância de **1,00 m** até o vértice **Pt3**, definido pelas coordenadas **E: 340.137 m** e **N: 7.411.034 m** com azimute **91° 42' 35,33"** e distância de **67,03 m** até o vértice **Pt4**, definido pelas coordenadas **E: 340.204 m** e **N: 7.411.032 m** com azimute **71° 16' 27,16"** e distância de **62,30 m** até o vértice **Pt5**, definido pelas coordenadas **E: 340.263 m** e **N: 7.411.052 m** com azimute **167° 14' 32,88"** e distância de **217,37 m** até o vértice **Pt6**, definido pelas coordenadas **E: 340.311 m** e **N: 7.410.840 m** com azimute **207° 06' 29,24"** e distância de **94,37 m** até o vértice **Pt7**, definido pelas coordenadas **E: 340.268 m** e **N: 7.410.756 m** com azimute **205° 17' 43,97"** e distância de **161,48 m** até o vértice **Pt8**, definido pelas coordenadas **E: 340.199 m** e **N: 7.410.610 m** com azimute **205° 10' 24,69"** e distância de **331,48 m** até o vértice **Pt9**, definido pelas coordenadas **E: 340.058 m** e **N: 7.410.310 m** com azimute **205° 16' 39,80"** e distância de **39,81 m** até o vértice **Pt10**, definido pelas coordenadas **E: 340.041 m** e **N: 7.410.274 m** com azimute **270°** e distância de **3,00 m** até o vértice **Pt11**, definido pelas coordenadas **E: 340.038 m** e **N: 7.410.274 m** com azimute **270°** e distância de **60,00 m** até o vértice **Pt12**, definido pelas coordenadas **E: 339.978 m** e **N: 7.410.274 m** com azimute **311° 59' 13,96"** e distância de **255,62 m** até o vértice **Pt13**, definido pelas coordenadas **E: 339.788 m** e **N: 7.410.445 m** com azimute **220° 21' 52,33"** e distância de **26,25 m** até o vértice **Pt14**, definido pelas coordenadas **E: 339.771 m** e **N: 7.410.425 m** com azimute **288° 47' 32,27"** e distância de **152,11 m** até o vértice **Pt15**, definido pelas coordenadas **E: 339.627 m** e **N: 7.410.474 m** com azimute **315° 00' 00,00"** e distância de **19,80 m** até o vértice **Pt16**, definido pelas coordenadas **E: 339.613 m** e **N: 7.410.488 m** com azimute **3° 35' 15,06"** e distância de **319,63 m** até o vértice **Pt17**, definido pelas coordenadas **E: 339.633 m** e **N: 7.410.807 m** com azimute **56° 36' 17,14"** e distância de **161,70 m** até o vértice **Pt18**, definido pelas coordenadas **E: 339.768 m** e **N: 7.410.896 m** com azimute **16° 41' 57,28"** e distância de **20,88 m** até o vértice **Pt19**, definido pelas coordenadas **E: 339.774 m** e **N: 7.410.916 m** com azimute **69° 17' 49,55"** e distância de **319,64 m** até o vértice **Pt20**, definido pelas coordenadas **E: 340.073 m** e **N: 7.411.029 m** com azimute **48° 59' 27,29"** e distância de **30,48 m** até o vértice **Pt21**, definido pelas coordenadas **E: 340.096 m** e **N: 7.411.049 m** com azimute **18° 26' 05,82"** e distância de **15,81 m** até o vértice **Pt0**, encerrando este perímetro.

Todas as coordenadas aqui descritas estão georreferenciadas ao Sistema Geodésico Brasileiro e encontram-se representadas no Sistema UTM, referenciadas ao Meridiano Central 45 WGr, fuso 23S, tendo como datum o SAD69. Todos os azimutes e distâncias, área e perímetro foram calculados no plano de projeção UTM.

JUSTIFICATIVA DE VETO: a área está demarcada como parque urbano planejado nos termos do art. 375 da Lei nº 16.050/2014 – Plano Diretor Estratégico e parte significativa da área apresenta remanescentes de Mata Atlântica conforme levantamento realizado pelo Instituto Florestal.

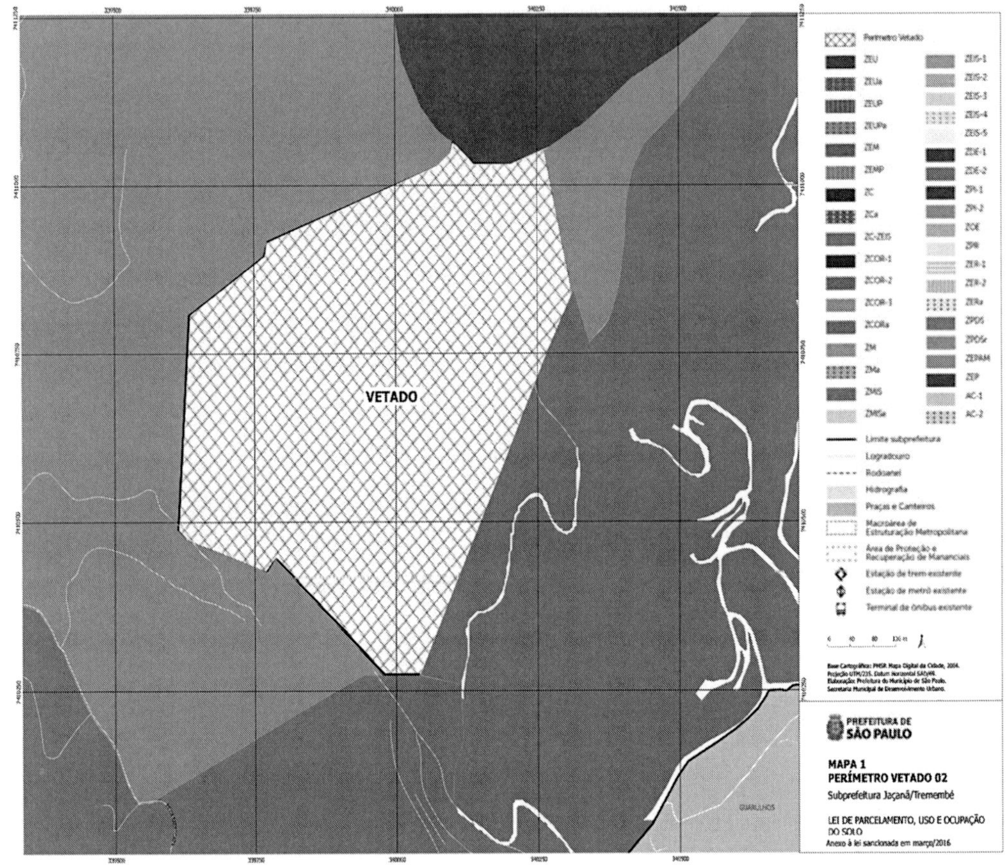

DESCRIÇÃO DAS COORDENADAS DO PERÍMETRO VETADO 03:

SUBPREFEITURA: São Mateus

ÁREA: 161.507,00 m² ou 16,1507 ha

PERÍMETRO: 2.737,01 m

Inicia-se a descrição deste perímetro no vértice **Pt0**, definido pelas coordenadas **E: 353.657 m** e **N: 7.385.768 m** com azimute **168º 41' 24,24"** e distância de **5,10 m** até o vértice **Pt1**, definido pelas coordenadas **E: 353.658 m** e **N: 7.385.763 m** com azimute **153º 26' 05,82"** e distância de **6,71 m** até o vértice **Pt2**, definido pelas coordenadas **E: 353.661 m** e **N: 7.385.757 m** com azimute **180º** e distância de **1,00 m** até o vértice **Pt3**, definido pelas coordenadas **E: 353.661 m** e **N: 7.385.756 m** com azimute **158º 11' 54,93"** e distância de **5,39 m** até o vértice **Pt4**, definido pelas coordenadas **E: 353.663 m** e **N: 7.385.751 m** com azimute **159º 26' 38,24"** e distância de **8,54 m** até o vértice **Pt5**, definido pelas coordenadas **E: 353.666 m** e **N: 7.385.743 m** com azimute **158º 11' 54,93"** e distância de **5,39 m** até o vértice **Pt6**, definido pelas coordenadas **E: 353.668 m** e **N: 7.385.738 m** com azimute **180º** e distância de **1,00 m** até o vértice **Pt7**, definido pelas coordenadas **E: 353.668 m** e **N: 7.385.737 m** com azimute **156° 48' 05,07"** e distância de **7,62 m** até o vértice **Pt8**, definido pelas coordenadas **E: 353.671 m** e **N: 7.385.730 m** com azimute **180°** e distância de **1,00 m** até o vértice **Pt9**, definido pelas coordenadas **E: 353.671 m** e **N: 7.385.729 m** com azimute **153° 26' 05,82"** e distância de **6,71 m** até o vértice **Pt10**, definido pelas coordenadas **E: 353.674 m** e **N: 7.385.723 m** com azimute **164° 03' 16,57"** e distância de **7,28 m** até o vértice **Pt11**, definido pelas coordenadas **E: 353.676 m** e **N: 7.385.716 m** com azimute **158° 11' 54,93"** e distância de **5,39 m** até o vértice **Pt12**, definido pelas coordenadas **E: 353.678 m** e **N: 7.385.711 m** com azimute **146° 18' 35,76"** e distância de **3,61 m** até o vértice **Pt13**, definido pelas coordenadas **E: 353.680 m** e **N: 7.385.708 m** com azimute **0°** e distância de **1,00 m** até o vértice **Pt14**, definido pelas coordenadas **E: 353.680 m** e **N: 7.385.709 m** com azimute **156° 48' 05,07"** e distância de **7,62 m** até o vértice **Pt15**, definido pelas coordenadas **E: 353.683 m** e **N: 7.385.702 m** com azimute **153° 26' 05,82"** e distância de **2,24 m** até o vértice **Pt16**, definido pelas coordenadas **E: 353.684 m** e **N: 7.385.700 m** com azimute **146° 18' 35,76"** e distância de **7,21 m** até o vértice **Pt17**, definido pelas coordenadas **E: 353.688 m** e **N: 7.385.694 m** com azimute **149° 02' 10,48"** e distância de **5,83 m** até o vértice **Pt18**, definido pelas coordenadas **E: 353.691 m** e **N: 7.385.689 m** com azimute **146° 18' 35,76"** e distância de **3,61 m** até o vértice **Pt19**, definido pelas coordenadas **E: 353.693 m** e **N: 7.385.686 m** com azimute **153° 26' 05,82"** e distância de **4,47 m** até o vértice **Pt20**, definido pelas coordenadas **E: 353.695 m** e **N: 7.385.682 m** com azimute **158° 11' 54,93"** e distância de **5,39 m** até o vértice **Pt21**, definido pelas coordenadas **E: 353.697 m** e **N: 7.385.677 m** com azimute **90°** e distância de **1,00 m** até o vértice **Pt22**, definido pelas coordenadas **E: 353.698 m** e **N: 7.385.677 m** com azimute **153° 26' 05,82"** e distância de **11,18 m** até o vértice **Pt23**, definido pelas coordenadas **E: 353.703 m** e **N: 7.385.667 m** com azimute **156° 02' 15,04"** e distância de **9,85 m** até o vértice **Pt24**, definido pelas coordenadas **E: 353.707 m** e **N: 7.385.658 m** com azimute **0°** e distância de **1,00 m** até o vértice **Pt25**, definido pelas coordenadas **E: 353.707 m** e **N: 7.385.659 m** com azimute **150° 15' 18,43"** e distância de **8,06 m** até o vértice **Pt26**, definido pelas coordenadas **E: 353.711 m** e **N: 7.385.652 m** com azimute **161° 33' 54,18"** e distância de **3,16 m** até o vértice **Pt27**, definido pelas coordenadas **E: 353.712 m** e **N: 7.385.649 m** com azimute **153° 26' 05,82"** e distância de **4,47 m** até o vértice **Pt28**, definido pelas coordenadas **E: 353.714 m** e **N: 7.385.645 m** com azimute **150° 15' 18,43"** e distância de **8,06 m** até o vértice **Pt29**, definido pelas coordenadas **E: 353.718 m** e **N: 7.385.638 m** com azimute **153° 26' 05,82"** e distância de **2,24 m** até o vértice **Pt30**, definido pelas coordenadas **E: 353.719 m** e **N: 7.385.636 m** com azimute **153° 26' 05,82"** e distância de **6,71 m** até o vértice **Pt31**, definido pelas coordenadas **E: 353.722 m** e **N: 7.385.630 m** com azimute **135° 00' 00,00"** e distância de **1,41 m** até o vértice **Pt32**, definido pelas coordenadas **E: 353.723 m** e **N: 7.385.629 m** com azimute **161° 33' 54,18"** e distância de **3,16 m** até o vértice **Pt33**, definido pelas coordenadas **E: 353.724 m** e **N: 7.385.626 m** com azimute **146° 18' 35,76"** e distância de **3,61 m** até o vértice **Pt34**, definido pelas coordenadas **E: 353.726 m** e **N: 7.385.623 m** com azimute **135° 00' 00,00"** e distância de **1,41 m** até o vértice **Pt35**, definido pelas coordenadas **E: 353.727 m** e **N: 7.385.622 m** com azimute **180°** e distância de **2,00 m** até o vértice **Pt36**, definido pelas coordenadas **E: 353.727 m** e **N: 7.385.620 m** com azimute **153° 26' 05,82"** e distância de **6,71 m** até o vértice **Pt37**, definido pelas coordenadas **E: 353.730 m** e **N: 7.385.614 m** com azimute **163° 18' 02,72"** e distância de **10,44 m** até o vértice **Pt38**, definido pelas coordenadas **E: 353.733 m** e **N: 7.385.604 m** com azimute **146° 18' 35,76"** e distância de **3,61 m** até o vértice **Pt39**, definido pelas coordenadas **E: 353.735 m** e **N: 7.385.601 m** com azimute **180°** e distância de **1,00 m** até o vértice **Pt40**, definido pelas coordenadas **E: 353.735 m** e **N: 7.385.600 m** com azimute **159° 26' 38,24"** e distância de **8,54 m** até o vértice **Pt41**, definido pelas coordenadas **E: 353.738 m** e **N: 7.385.592 m** com azimute **158° 11' 54,93"** e distância de **5,39 m** até o vértice **Pt42**, definido pelas coordenadas **E: 353.740 m** e **N: 7.385.587 m** com azimute **153° 26' 05,82"** e distância de **4,47 m** até o vértice **Pt43**, definido pelas coordenadas **E: 353.742 m** e **N: 7.385.583 m** com azimute **153° 26' 05,82"** e distância de **4,47 m** até o vértice **Pt44**, definido pelas coordenadas **E: 353.744 m** e **N: 7.385.579 m** com azimute **153° 26' 05,82"** e distância de **2,24 m** até o vértice **Pt45**, definido pelas coordenadas **E: 353.745 m** e **N: 7.385.577 m** com azimute **180°** e distância de **1,00 m** até o vértice **Pt46**, definido pelas coordenadas **E: 353.745 m** e **N: 7.385.576 m** com azimute **146° 18' 35,76"** e distância de **7,21 m** até o vértice **Pt47**, definido pelas coordenadas **E: 353.749 m** e **N: 7.385.570 m** com azimute **143° 07' 48,37"** e distância de **5,00 m** até o vértice **Pt48**, definido pelas coordenadas **E: 353.752 m** e **N: 7.385.566 m** com azimute **153° 26' 05,82"** e distância de **4,47 m** até o vértice **Pt49**, definido pelas coordenadas **E: 353.754 m** e **N: 7.385.562 m** com azimute **146° 18' 35,76"** e distância de **3,61 m** até o vértice **Pt50**, definido pelas coordenadas **E: 353.756 m** e **N: 7.385.559 m** com azimute **135° 00' 00,00"** e distância de **1,41 m** até o vértice **Pt51**, definido pelas coordenadas **E: 353.757 m** e **N: 7.385.558 m** com azimute **146° 18' 35,76"** e distância de **3,61 m** até o vértice **Pt52**, definido pelas coordenadas **E: 353.759 m** e **N: 7.385.555 m** com azimute **135° 00' 00,00"** e distância de **4,24 m** até o vértice **Pt53**, definido pelas coordenadas **E: 353.762 m** e **N: 7.385.552 m** com azimute **135° 00' 00,00"** e distância de **1,41 m** até o vértice **Pt54**, definido pelas coordenadas **E: 353.763 m** e **N: 7.385.551 m** com azimute **153° 26' 05,82"** e distância de **2,24 m** até o vértice **Pt55**, definido pelas coordenadas **E: 353.764 m** e **N: 7.385.549 m** com azimute **149° 02' 10,48"** e distância de **5,83 m** até o vértice **Pt56**, definido pelas coordenadas **E: 353.767 m** e **N: 7.385.544 m** com azimute **153° 26' 05,82"** e distância de **2,24 m** até o vértice **Pt57**, definido pelas coordenadas **E: 353.768 m** e **N: 7.385.542 m** com azimute **146° 18' 35,76"** e distância de **3,61 m** até o vértice **Pt58**, definido pelas coordenadas **E: 353.770 m** e **N: 7.385.539 m** com azimute **149° 02' 10,48"** e distância de **5,83 m** até o vértice **Pt59**, definido pelas coordenadas **E: 353.773 m** e **N: 7.385.534 m** com azimute **180°** e distância de **1,00 m** até o vértice **Pt60**, definido pelas coordenadas **E: 353.773 m** e **N: 7.385.533 m** com azimute **143° 07' 48,37"** e distância de **5,00 m** até o vértice **Pt61**, definido pelas coordenadas **E: 353.776 m** e **N: 7.385.529 m** com azimute **153° 26' 05,82"** e distância de **2,24 m** até o vértice **Pt62**, definido pelas coordenadas **E: 353.777 m** e **N: 7.385.527 m** com azimute **153° 26' 05,82"** e distância de **4,47 m** até o vértice **Pt63**, definido pelas coordenadas **E: 353.779 m** e **N: 7.385.523 m** com azimute **135° 00' 00,00"** e distância de **1,41 m** até o vértice **Pt64**, definido pelas coordenadas **E: 353.780 m** e **N: 7.385.522 m** com azimute **153° 26' 05,82"** e distância de **2,24 m** até o vértice **Pt65**, definido pelas coordenadas **E: 353.781 m** e **N: 7.385.520 m** com azimute **161° 33' 54,18"** e distância de **3,16 m** até o vértice **Pt66**, definido pelas coordenadas **E: 353.782 m** e **N: 7.385.517 m** com azimute **0°** e distância de **1,00 m** até o vértice **Pt67**, definido pelas coordenadas **E: 353.782 m** e **N: 7.385.518 m** com azimute **161° 33' 54,18"** e distância de **3,16 m** até o vértice **Pt68**, definido pelas coordenadas **E: 353.783 m** e **N: 7.385.515 m** com azimute **165° 57' 49,52"** e distância de **4,12 m** até o vértice **Pt69**, definido pelas coordenadas **E: 353.784 m** e **N: 7.385.511 m** com azimute **153° 26' 05,82"** e distância de **2,24 m** até o vértice **Pt70**, definido pelas coordenadas **E: 353.785 m** e **N: 7.385.509 m** com azimute **153° 26' 05,82"** e distância de **2,24 m** até o vértice **Pt71**, definido pelas coordenadas **E: 353.786 m** e **N: 7.385.507 m** com azimute **180°** e distância de **1,00 m** até o vértice **Pt72**, definido pelas coordenadas **E: 353.786 m** e **N: 7.385.506 m** com azimute **180°** e distância de **2,00 m** até o vértice **Pt73**, definido pelas coordenadas **E: 353.786 m** e **N: 7.385.504 m** com azimute **180°** e distância de **1,00 m** até o vértice **Pt74**, definido pelas coordenadas **E: 353.786 m** e **N: 7.385.503 m** com azimute **180°** e distância de **1,00 m** até o vértice **Pt75**, definido pelas coordenadas **E: 353.786 m** e **N: 7.385.502 m** com azimute **180°** e distância de **1,00 m** até o vértice **Pt76**, definido pelas coordenadas **E: 353.786 m** e **N: 7.385.501 m** com azimute **251° 33' 54,18"** e distância de **3,16 m** até o vértice **Pt77**, definido pelas coordenadas **E: 353.783 m** e **N: 7.385.500 m** com azimute **0°** e distância de **1,00 m** até o vértice **Pt78**, definido pelas coordenadas **E: 353.783 m** e **N: 7.385.501 m** com azimute **213° 41' 24,24"** e distância de **3,61 m** até o vértice **Pt79**, definido pelas coordenadas **E: 353.781 m** e **N: 7.385.498 m** com azimute **251° 33' 54,18"** e distância de **3,16 m** até o vértice **Pt80**, definido pelas coordenadas **E: 353.778 m** e **N: 7.385.497 m** com azimute **236° 18' 35,76"** e distância de **3,61 m** até o vértice **Pt81**, definido pelas coordenadas **E: 353.775 m** e **N: 7.385.495 m** com azimute **243° 26' 05,82"** e distância de **4,47 m** até o vértice **Pt82**, definido pelas coordenadas **E: 353.771 m** e **N: 7.385.493 m** com azimute **243° 26' 05,82"** e distância de **2,24 m** até o vértice **Pt83**, definido pelas coordenadas **E: 353.769 m** e **N: 7.385.492 m** com azimute **243° 26' 05,82"** e distância de **4,47 m** até o vértice **Pt84**, definido pelas coordenadas **E: 353.765 m** e **N: 7.385.490 m** com azimute **243° 26' 05,82"** e distância de **2,24 m** até o vértice **Pt85**, definido pelas coordenadas **E: 353.763 m** e **N: 7.385.489 m** com azimute **225° 00' 00,00"** e distância de **1,41 m** até o vértice **Pt86**, definido pelas coordenadas **E: 353.762 m** e **N: 7.385.488 m** com azimute **243° 26' 05,82"** e distância de **4,47 m** até o vértice **Pt87**, definido pelas coordenadas **E: 353.758 m** e **N: 7.385.486 m** com azimute **243° 26' 05,82"** e distância de **4,47 m** até o vértice **Pt88**, definido pelas coordenadas **E: 353.754 m** e **N: 7.385.484 m** com azimute **236° 18' 35,76"** e distância de **3,61 m** até o vértice **Pt89**, definido pelas coordenadas **E: 353.751 m** e **N: 7.385.482 m** com azimute **251° 33' 54,18"** e distância de **3,16 m** até o vértice **Pt90**, definido pelas coordenadas **E: 353.748 m** e **N: 7.385.481 m** com azimute **239° 02' 10,48"** e distância de **5,83 m** até o vértice **Pt91**, definido pelas coordenadas **E: 353.743 m** e **N: 7.385.478 m** com azimute **239° 02' 10,48"** e distância de **5,83 m** até o vértice **Pt92**, definido pelas coordenadas **E: 353.738 m** e **N: 7.385.475 m** com azimute **213° 41' 24,24"** e distância de **3,61 m** até o vértice **Pt93**, definido pelas coordenadas **E: 353.736 m** e **N: 7.385.472 m** com azimute **225° 00' 00,00"** e distância de **2,83 m** até o vértice **Pt94**, definido pelas coordenadas **E: 353.734 m** e **N: 7.385.470 m** com azimute **225° 00' 00,00"** e distância de **1,41 m** até o vértice **Pt95**, definido pelas coordenadas **E: 353.733 m** e **N: 7.385.469 m** com azimute **213° 41' 24,24"** e distância de **3,61 m** até o vértice **Pt96**, definido pelas coordenadas **E: 353.731 m** e **N: 7.385.466 m** com azimute **198° 26' 05,82"** e distância de **3,16 m** até o vértice **Pt97**, definido pelas coordenadas **E: 353.730 m** e **N: 7.385.463 m** com azimute **198° 26' 05,82"** e distância de **3,16 m** até o vértice **Pt98**, definido pelas coordenadas **E: 353.729 m** e **N: 7.385.460 m** com azimute **198º 26' 05,82"** e distância de **3,16 m** até o vértice **Pt99**, definido pelas coordenadas **E: 353.728 m** e **N: 7.385.457 m** com azimute **90º** e distância de **1,00 m** até o vértice **Pt100**, definido pelas coordenadas **E: 353.729 m** e **N: 7.385.457 m** com azimute **233º 16' 01,82"** e distância de **250,80 m** até o vértice **Pt101**, definido pelas coordenadas **E: 353.528 m** e **N: 7.385.307 m** com azimute **288º 26' 05,82"** e distância de **6,32 m** até o vértice **Pt102**, definido pelas coordenadas **E: 353.522 m** e **N: 7.385.309 m** com azimute **279º 27' 44,36"** e distância de **6,08 m** até o vértice **Pt103**, definido pelas coordenadas **E: 353.516 m** e **N: 7.385.310 m** com azimute **284º 44' 36,83"** e distância de **19,65 m** até o vértice **Pt104**, definido pelas coordenadas **E: 353.497 m** e **N: 7.385.315 m** com azimute **284º 02' 10,48"** e distância de **20,62 m** até o vértice **Pt105**, definido pelas coordenadas **E: 353.477 m** e **N: 7.385.320 m** com azimute **278º 44' 46,18"** e distância de **13,15 m** até o vértice **Pt106**, definido pelas coordenadas **E: 353.464 m** e **N: 7.385.322 m** com azimute **284º 02' 10,48"** e distância de **12,37 m** até o vértice **Pt107**, definido pelas coordenadas **E: 353.452 m** e **N: 7.385.325 m** com azimute **281º 53' 19,17"** e distância de **19,42 m** até o vértice **Pt108**, definido pelas coordenadas **E: 353.433 m** e **N: 7.385.329 m** com azimute **282º 31' 43,71"** e distância de **18,44 m** até o vértice **Pt109**, definido pelas coordenadas **E: 353.415 m** e **N: 7.385.333 m** com azimute **281º 18' 35,76"** e distância de **20,40 m** até o vértice **Pt110**, definido pelas coordenadas **E: 353.395 m** e **N: 7.385.337 m** com azimute **281º 18' 35,76"** e distância de **5,10 m** até o vértice **Pt111**, definido pelas coordenadas **E: 353.390 m** e **N: 7.385.338 m** com azimute **284º 02' 10,48"** e distância de **20,62 m** até o vértice **Pt112**, definido pelas coordenadas **E: 353.370 m** e **N: 7.385.343 m** com azimute **0º** e distância de **1,00 m** até o vértice **Pt113**, definido pelas coordenadas **E: 353.370 m** e **N: 7.385.344 m** com azimute **274º 45' 49,11"** e distância de **12,04 m** até o vértice **Pt114**, definido pelas coordenadas **E: 353.358 m** e **N: 7.385.345 m** com azimute **281º 18' 35,76"** e distância de **20,40 m** até o vértice **Pt115**, definido pelas coordenadas **E: 353.338 m** e **N: 7.385.349 m** com azimute **284º 44' 36,83"** e distância de **19,65 m** até o vértice **Pt116**, definido pelas coordenadas **E: 353.319 m** e **N: 7.385.354 m** com azimute **284º 44' 36,83"** e distância de **19,65 m** até o vértice **Pt117**, definido pelas coordenadas **E: 353.300 m** e **N: 7.385.359 m** com azimute **282º 31' 43,71"** e distância de **9,22 m** até o vértice **Pt118**, definido pelas coordenadas **E: 353.291 m** e **N: 7.385.361 m** com azimute **284º 44' 36,83"** e distância de **19,65 m** até o vértice **Pt119**, definido pelas coordenadas **E: 353.272 m** e **N: 7.385.366 m** com azimute **286º 41' 57,28"** e distância de **10,44 m** até o vértice **Pt120**, definido pelas coordenadas **E: 353.262 m** e **N: 7.385.369 m** com azimute **284º 02' 10,48"** e distância de **20,62 m** até o vértice **Pt121**, definido pelas coordenadas **E: 353.242 m** e **N: 7.385.374 m** com azimute **282º 31' 43,71"** e distância de **9,22 m** até o vértice **Pt122**, definido pelas coordenadas **E: 353.233 m** e **N: 7.385.376 m** com azimute **284º 02' 10,48"** e distância de **12,37 m** até o vértice **Pt123**, definido pelas coordenadas **E: 353.221 m** e **N: 7.385.379 m** com azimute **291º 48' 05,07"** e distância de **5,39 m** até o vértice **Pt124**, definido pelas coordenadas **E: 353.216 m** e **N: 7.385.381 m** com azimute **315º 00' 00,00"** e distância de **4,24 m** até o vértice **Pt125**, definido pelas coordenadas **E: 353.213 m** e **N: 7.385.384 m** com azimute **306º 52' 11,63"** e distância de **5,00 m** até o vértice **Pt126**, definido pelas coordenadas **E: 353.209 m** e **N: 7.385.387 m** com azimute **315º 00' 00,00"** e distância de **1,41 m** até o vértice **Pt127**, definido pelas coordenadas **E: 353.208 m** e **N: 7.385.388 m** com azimute **333º 26' 05,82"** e distância de **4,47 m** até o vértice **Pt128**, definido pelas coordenadas **E: 353.206 m** e **N: 7.385.392 m** com azimute **345º 57' 49,52"** e distância de **4,12 m** até o vértice **Pt129**, definido pelas coordenadas **E: 353.205 m** e **N: 7.385.396 m** com azimute **347º 00' 19,38"** e distância de **13,34 m** até o vértice **Pt130**, definido pelas coordenadas **E: 353.202 m** e **N: 7.385.409 m** com azimute **354º 48' 20,06"** e distância de **11,05 m** até o vértice **Pt131**, definido pelas coordenadas **E: 353.201 m** e **N: 7.385.420 m** com azimute **0º** e distância de **1,00 m** até o vértice **Pt132**, definido pelas coordenadas **E: 353.201 m** e **N: 7.385.421 m** com azimute **348º 41' 24,24"** e distância de **20,40 m** até o vértice **Pt133**, definido pelas coordenadas **E: 353.197 m** e **N: 7.385.441 m** com azimute **345º 57' 49,52"** e distância de **4,12 m** até o vértice **Pt134**, definido pelas coordenadas **E: 353.196 m** e **N: 7.385.445 m** com azimute **354º 17' 21,86"** e distância de **20,10 m** até o vértice **Pt135**, definido pelas coordenadas **E: 353.194 m** e **N: 7.385.465 m** com azimute **0º** e distância de **1,00 m** até o vértice **Pt136**, definido pelas coordenadas **E: 353.194 m** e **N: 7.385.466 m** com azimute **45º 00' 00,00"** e distância de **1,41 m** até o vértice **Pt137**, definido pelas coordenadas **E: 353.195 m** e **N: 7.385.467 m** com azimute **45º 00' 00,00"** e distância de **1,41 m** até o vértice **Pt138**, definido pelas coordenadas **E: 353.196 m** e **N: 7.385.468 m** com azimute **90º** e distância de **1,00 m** até o vértice **Pt139**, definido pelas coordenadas **E: 353.197 m** e **N: 7.385.468 m** com azimute **90º** e distância de **2,00 m** até o vértice **Pt140**, definido pelas coordenadas **E: 353.199 m** e **N: 7.385.468 m** com azimute **90º** e distância de **4,00 m** até o vértice **Pt141**, definido pelas coordenadas **E: 353.203 m** e **N: 7.385.468 m** com azimute **90º** e distância de **4,00 m** até o vértice **Pt142**, definido pelas coordenadas **E: 353.207 m** e **N: 7.385.468 m** com azimute **0º** e distância de **1,00 m** até o vértice **Pt143**, definido pelas coordenadas **E: 353.207 m** e **N: 7.385.469 m** com azimute **101º 18' 35,76"** e distância de

5,10 m até o vértice **Pt144**, definido pelas coordenadas **E: 353.212 m** e **N: 7.385.468 m** com azimute **80º 32' 15,64"** e distância de **6,08 m** até o vértice **Pt145**, definido pelas coordenadas **E: 353.218 m** e **N: 7.385.469 m** com azimute **90º** e distância de **6,00 m** até o vértice **Pt146**, definido pelas coordenadas **E: 353.224 m** e **N: 7.385.469 m** com azimute **63º 26' 05,82"** e distância de **2,24 m** até o vértice **Pt147**, definido pelas coordenadas **E: 353.226 m** e **N: 7.385.470 m** com azimute **95º 42' 38,14"** e distância de **10,05 m** até o vértice **Pt148**, definido pelas coordenadas **E: 353.236 m** e **N: 7.385.469 m** com azimute **90º** e distância de **5,00 m** até o vértice **Pt149**, definido pelas coordenadas **E: 353.241 m** e **N: 7.385.469 m** com azimute **90º** e distância de **4,00 m** até o vértice **Pt150**, definido pelas coordenadas **E: 353.245 m** e **N: 7.385.469 m** com azimute **94º 45' 49,11"** e distância de **12,04 m** até o vértice **Pt151**, definido pelas coordenadas **E: 353.257 m** e **N: 7.385.468 m** com azimute **95º 42' 38,14"** e distância de **10,05 m** até o vértice **Pt152**, definido pelas coordenadas **E: 353.267 m** e **N: 7.385.467 m** com azimute **100º 37' 10,76"** e distância de **16,28 m** até o vértice **Pt153**, definido pelas coordenadas **E: 353.283 m** e **N: 7.385.464 m** com azimute **90º** e distância de **4,00 m** até o vértice **Pt154**, definido pelas coordenadas **E: 353.287 m** e **N: 7.385.464 m** com azimute **90º** e distância de **7,00 m** até o vértice **Pt155**, definido pelas coordenadas **E: 353.294 m** e **N: 7.385.464 m** com azimute **90º** e distância de **5,00 m** até o vértice **Pt156**, definido pelas coordenadas **E: 353.299 m** e **N: 7.385.464 m** com azimute **90º** e distância de **2,00 m** até o vértice **Pt157**, definido pelas coordenadas **E: 353.301 m** e **N: 7.385.464 m** com azimute **90º** e distância de **7,00 m** até o vértice **Pt158**, definido pelas coordenadas **E: 353.308 m** e **N: 7.385.464 m** com azimute **90º** e distância de **5,00 m** até o vértice **Pt159**, definido pelas coordenadas **E: 353.313 m** e **N: 7.385.464 m** com azimute **97º 07' 30,06"** e distância de **8,06 m** até o vértice **Pt160**, definido pelas coordenadas **E: 353.321 m** e **N: 7.385.463 m** com azimute **98º 07' 48,37"** e distância de **7,07 m** até o vértice **Pt161**, definido pelas coordenadas **E: 353.328 m** e **N: 7.385.462 m** com azimute **96º 20' 24,69"** e distância de **9,06 m** até o vértice **Pt162**, definido pelas coordenadas **E: 353.337 m** e **N: 7.385.461 m** com azimute **0º** e distância de **3,00 m** até o vértice **Pt163**, definido pelas coordenadas **E: 353.337 m** e **N: 7.385.464 m** com azimute **277º 07' 30,06"** e distância de **8,06 m** até o vértice **Pt164**, definido pelas coordenadas **E: 353.329 m** e **N: 7.385.465 m** com azimute **270º** e distância de **1,00 m** até o vértice **Pt165**, definido pelas coordenadas **E: 353.328 m** e **N: 7.385.465 m** com azimute **277º 07' 30,06"** e distância de **8,06 m** até o vértice **Pt166**, definido pelas coordenadas **E: 353.320 m** e **N: 7.385.466 m** com azimute **270º** e distância de **6,00 m** até o vértice **Pt167**, definido pelas coordenadas **E: 353.314 m** e **N: 7.385.466 m** com azimute **270º** e distância de **8,00 m** até o vértice **Pt168**, definido pelas coordenadas **E: 353.306 m** e **N: 7.385.466 m** com azimute **270º** e distância de **7,00 m** até o vértice **Pt169**, definido pelas coordenadas **E: 353.299 m** e **N: 7.385.466 m** com azimute **0º** e distância de **1,00 m** até o vértice **Pt170**, definido pelas coordenadas **E: 353.299 m** e **N: 7.385.467 m** com azimute **261º 52' 11,63"** e distância de **7,07 m** até o vértice **Pt171**, definido pelas coordenadas **E: 353.292 m** e **N: 7.385.466 m** com azimute **255º 57' 49,52"** e distância de **4,12 m** até o vértice **Pt172**, definido pelas coordenadas **E: 353.288 m** e **N: 7.385.465 m** com azimute **284º 02' 10,48"** e distância de **4,12 m** até o vértice **Pt173**, definido pelas coordenadas **E: 353.284 m** e **N: 7.385.466 m** com azimute **281º 18' 35,76"** e distância de **5,10 m** até o vértice **Pt174**, definido pelas coordenadas **E: 353.279 m** e **N: 7.385.467 m** com azimute **278º 07' 48,37"** e distância de **7,07 m** até o vértice **Pt175**, definido pelas coordenadas **E: 353.272 m** e **N: 7.385.468 m** com azimute **278º 07' 48,37"** e distância de **7,07 m** até o vértice **Pt176**, definido pelas coordenadas **E: 353.265 m** e **N: 7.385.469 m** com azimute **273º 48' 50,67"** e distância de **15,03 m** até o vértice **Pt177**, definido pelas coordenadas **E: 353.250 m** e **N: 7.385.470 m** com azimute **276º 20' 24,69"** e distância de **9,06 m** até o vértice **Pt178**, definido pelas coordenadas **E: 353.241 m** e **N: 7.385.471 m** com azimute **270º** e distância de **3,00 m** até o vértice **Pt179**, definido pelas coordenadas **E: 353.238 m** e **N: 7.385.471 m** com azimute **270º** e distância de **6,00 m** até o vértice **Pt180**, definido pelas coordenadas **E: 353.232 m** e **N: 7.385.471 m** com azimute **270º** e distância de **6,00 m** até o vértice **Pt181**, definido pelas coordenadas **E: 353.226 m** e **N: 7.385.471 m** com azimute **270º** e distância de **1,00 m** até o vértice **Pt182**, definido pelas coordenadas **E: 353.225 m** e **N: 7.385.471 m** com azimute **270º** e distância de **2,00 m** até o vértice **Pt183**, definido pelas coordenadas **E: 353.223 m** e **N: 7.385.471 m** com azimute **258º 41' 24,24"** e distância de **5,10 m** até o vértice **Pt184**, definido pelas coordenadas **E: 353.218 m** e **N: 7.385.470 m** com azimute **270º** e distância de **6,00 m** até o vértice **Pt185**, definido pelas coordenadas **E: 353.212 m** e **N: 7.385.470 m** com azimute **270º** e distância de **5,00 m** até o vértice **Pt186**, definido pelas coordenadas **E: 353.207 m** e **N: 7.385.470 m** com azimute **270º** e distância de **3,00 m** até o vértice **Pt187**, definido pelas coordenadas **E: 353.204 m** e **N: 7.385.470 m** com azimute **270º** e distância de **3,00 m** até o vértice **Pt188**, definido pelas coordenadas **E: 353.201 m** e **N: 7.385.470 m** com azimute **288º 26' 05,82"** e distância de **3,16 m** até o vértice **Pt189**, definido pelas coordenadas **E: 353.198 m** e **N: 7.385.471 m** com azimute **296º 33' 54,18"** e distância de **2,24 m** até o vértice **Pt190**, definido pelas coordenadas **E: 353.196 m** e **N: 7.385.472 m** com azimute **0º** e distância de **1,00 m** até o vértice **Pt191**, definido pelas coordenadas **E: 353.196 m** e **N: 7.385.473 m** com azimute **315º 00' 00,00"** e distância de **1,41 m** até o vértice **Pt192**, definido pelas coordenadas **E: 353.195 m** e **N: 7.385.474 m** com azimute **348º 41' 24,24"** e distância de **5,10 m** até o vértice **Pt193**, definido pelas coordenadas **E: 353.194 m** e **N: 7.385.479 m** com azimute **0º** e distância de **3,00 m** até o vértice **Pt194**, definido pelas coordenadas **E: 353.194 m** e **N: 7.385.482 m** com azimute **90º** e distância de **2,00 m** até o vértice **Pt195**, definido pelas coordenadas **E: 353.196 m** e **N: 7.385.482 m** com azimute **90º** e distância de **1,00 m** até o vértice **Pt196**, definido pelas coordenadas **E: 353.197 m** e **N: 7.385.482 m** com azimute **92º 51' 44,66"** e distância de **20,02 m** até o vértice **Pt197**, definido pelas coordenadas **E: 353.217 m** e **N: 7.385.481 m** com azimute **97º 07' 30,06"** e distância de **8,06 m** até o vértice **Pt198**, definido pelas coordenadas **E: 353.225 m** e **N: 7.385.480 m** com azimute **92º 51' 44,66"** e distância de **20,02 m** até o vértice **Pt199**, definido pelas coordenadas **E: 353.245 m** e **N: 7.385.479 m** com azimute **90º** e distância de **4,00 m** até o vértice **Pt200**, definido pelas coordenadas **E: 353.249 m** e **N: 7.385.479 m** com azimute **101º 18' 35,76"** e distância de **5,10 m** até o vértice **Pt201**, definido pelas coordenadas **E: 353.254 m** e **N: 7.385.478 m** com azimute **90º** e distância de **8,00 m** até o vértice **Pt202**, definido pelas coordenadas **E: 353.262 m** e **N: 7.385.478 m** com azimute **96º 20' 24,69"** e distância de **9,06 m** até o vértice **Pt203**, definido pelas coordenadas **E: 353.271 m** e **N: 7.385.477 m** com azimute **95º 11' 39,94"** e distância de **11,05 m** até o vértice **Pt204**, definido pelas coordenadas **E: 353.282 m** e **N: 7.385.476 m** com azimute **96º 20' 24,69"** e distância de **9,06 m** até o vértice **Pt205**, definido pelas coordenadas **E: 353.291 m** e **N: 7.385.475 m** com azimute **94º 05' 08,22"** e distância de **14,04 m** até o vértice **Pt206**, definido pelas coordenadas **E: 353.305 m** e **N: 7.385.474 m** com azimute **90º** e distância de **2,00 m** até o vértice **Pt207**, definido pelas coordenadas **E: 353.307 m** e **N: 7.385.474 m** com azimute **93º 21' 59,26"** e distância de **17,03 m** até o vértice **Pt208**, definido pelas coordenadas **E: 353.324 m** e **N: 7.385.473 m** com azimute **0º** e distância de **1,00 m** até o vértice **Pt209**, definido pelas coordenadas **E: 353.324 m** e **N: 7.385.474 m** com azimute **96º 42' 35,41"** e distância de **17,12 m** até o vértice **Pt210**, definido pelas coordenadas **E: 353.341 m** e **N: 7.385.472 m** com azimute **90º** e distância de **3,00 m** até o vértice **Pt211**, definido pelas coordenadas **E: 353.344 m** e **N: 7.385.472 m** com azimute **96º 00' 32,42"** e distância de **19,10 m** até o vértice **Pt212**, definido pelas coordenadas **E: 353.363 m** e **N: 7.385.470 m** com azimute **90º** e distância de **6,00 m** até o vértice **Pt213**, definido pelas coordenadas **E: 353.369 m** e **N: 7.385.470 m** com azimute **90º** e distância de **1,00 m** até o vértice **Pt214**, definido pelas coordenadas **E: 353.370 m** e **N: 7.385.470 m** com azimute **90º** e distância de **19,00 m** até o vértice **Pt215**, definido pelas coordenadas **E: 353.389 m** e **N: 7.385.470 m** com azimute **90º** e distância de **8,00 m** até o vértice **Pt216**, definido pelas coordenadas **E: 353.397 m** e **N: 7.385.470 m** com azimute **90º** e distância de **12,00 m** até o vértice **Pt217**, definido pelas coordenadas **E: 353.409 m** e **N: 7.385.470 m** com azimute **90º** e distância de **2,00 m** até o vértice **Pt218**, definido pelas coordenadas **E: 353.411 m** e **N: 7.385.470 m** com azimute **90º** e distância de **9,00 m** até o vértice **Pt219**, definido pelas coordenadas **E: 353.420 m** e **N: 7.385.470 m** com azimute **95º 11' 39,94"** e distância de **11,05 m** até o vértice **Pt220**, definido pelas coordenadas **E: 353.431 m** e **N: 7.385.469 m** com azimute **90º** e distância de **9,00 m** até o vértice **Pt221**, definido pelas coordenadas **E: 353.440 m** e **N: 7.385.469 m** com azimute **90º** e distância de **6,00 m** até o vértice **Pt222**, definido pelas coordenadas **E: 353.446 m** e **N: 7.385.469 m** com azimute **90º** e distância de **13,00 m** até o vértice **Pt223**, definido pelas coordenadas **E: 353.459 m** e **N: 7.385.469 m** com azimute **90º** e distância de **1,00 m** até o vértice **Pt224**, definido pelas coordenadas **E: 353.460 m** e **N: 7.385.469 m** com azimute **90º** e distância de **6,00 m** até o vértice **Pt225**, definido pelas coordenadas **E: 353.466 m** e **N: 7.385.469 m** com azimute **90º** e distância de **12,00 m** até o vértice **Pt226**, definido pelas coordenadas **E: 353.478 m** e **N: 7.385.469 m** com azimute **97º 07' 30,06"** e distância de **8,06 m** até o vértice **Pt227**, definido pelas coordenadas **E: 353.486 m** e **N: 7.385.468 m** com azimute **90º** e distância de **9,00 m** até o vértice **Pt228**, definido pelas coordenadas **E: 353.495 m** e **N: 7.385.468 m** com azimute **90º** e distância de **11,00 m** até o vértice **Pt229**, definido pelas coordenadas **E: 353.506 m** e **N: 7.385.468 m** com azimute **90º** e distância de **5,00 m** até o vértice **Pt230**, definido pelas coordenadas **E: 353.511 m** e **N: 7.385.468 m** com azimute **90º** e distância de **4,00 m** até o vértice **Pt231**, definido pelas coordenadas **E: 353.515 m** e **N: 7.385.468 m** com azimute **11º 18' 35,76"** e distância de **5,10 m** até o vértice **Pt232**, definido pelas coordenadas **E: 353.516 m** e **N: 7.385.473 m** com azimute **270º** e distância de **5,00 m** até o vértice **Pt233**, definido pelas coordenadas **E: 353.511 m** e **N: 7.385.473 m** com azimute **270º** e distância de **15,00 m** até o vértice **Pt234**, definido pelas coordenadas **E: 353.496 m** e **N: 7.385.473 m** com azimute **270º** e distância de **1,00 m** até o vértice **Pt235**, definido pelas coordenadas **E: 353.495 m** e **N: 7.385.473 m** com azimute **270º** e distância de **16,00 m** até o vértice **Pt236**, definido pelas coordenadas **E: 353.479 m** e **N: 7.385.473 m** com azimute **270º** e distância de **3,00 m** até o vértice **Pt237**, definido pelas coordenadas **E: 353.476 m** e **N: 7.385.473 m** com azimute **270º** e distância de **12,00 m** até o vértice **Pt238**, definido pelas coordenadas **E: 353.464 m** e **N: 7.385.473 m** com azimute **270º** e distância de **8,00 m** até o vértice **Pt239**, definido pelas coordenadas **E: 353.456 m** e **N: 7.385.473 m** com azimute **274º 45' 49,11"** e distância de **12,04 m** até o vértice **Pt240**, definido pelas coordenadas **E: 353.444 m** e **N: 7.385.474 m** com azimute **0º** e distância de **1,00 m** até o vértice **Pt241**, definido pelas coordenadas **E: 353.444 m** e **N: 7.385.475 m** com azimute **266º 25' 25,20"** e distância de **16,03 m** até o vértice **Pt242**, definido pelas coordenadas **E: 353.428 m** e **N: 7.385.474 m** com azimute **270º** e distância de **4,00 m** até o vértice **Pt243**, definido pelas coordenadas **E: 353.424 m** e **N: 7.385.474 m** com azimute **270º** e distância de **13,00 m** até o vértice **Pt244**, definido pelas coordenadas **E: 353.411 m** e **N: 7.385.474 m** com azimute **270º** e distância de **4,00 m** até o vértice **Pt245**, definido pelas coordenadas **E: 353.407 m** e **N: 7.385.474 m** com azimute **270º** e distância de **9,00 m** até o vértice **Pt246**, definido pelas coordenadas **E: 353.398 m** e **N: 7.385.474 m** com azimute **270º** e distância de **11,00 m** até o vértice **Pt247**, definido pelas coordenadas **E: 353.387 m** e **N: 7.385.474 m** com azimute **270º** e distância de **17,00 m** até o vértice **Pt248**, definido pelas coordenadas **E: 353.370 m** e **N: 7.385.474 m** com azimute **270º** e distância de **1,00 m** até o vértice **Pt249**, definido pelas coordenadas **E: 353.369 m** e **N: 7.385.474 m** com azimute **270º** e distância de **7,00 m** até o vértice **Pt250**, definido pelas coordenadas **E: 353.362 m** e **N: 7.385.474 m** com azimute **272º 51' 44,66"** e distância de **20,02 m** até o vértice **Pt251**, definido pelas coordenadas **E: 353.342 m** e **N: 7.385.475 m** com azimute **315º 00' 00,00"** e distância de **1,41 m** até o vértice **Pt252**, definido pelas coordenadas **E: 353.341 m** e **N: 7.385.476 m** com azimute **270º** e distância de **6,00 m** até o vértice **Pt253**, definido pelas coordenadas **E: 353.335 m** e **N: 7.385.476 m** com azimute **270º** e distância de **11,00 m** até o vértice **Pt254**, definido pelas coordenadas **E: 353.324 m** e **N: 7.385.476 m** com azimute **276º 20' 24,69"** e distância de **9,06 m** até o vértice **Pt255**, definido pelas coordenadas **E: 353.315 m** e **N: 7.385.477 m** com azimute **270º** e distância de **2,00 m** até o vértice **Pt256**, definido pelas coordenadas **E: 353.313 m** e **N: 7.385.477 m** com azimute **270º** e distância de **6,00 m** até o vértice **Pt257**, definido pelas coordenadas **E: 353.307 m** e **N: 7.385.477 m** com azimute **270º** e distância de **13,00 m** até o vértice **Pt258**, definido pelas coordenadas **E: 353.294 m** e **N: 7.385.477 m** com azimute **272º 43' 34,72"** e distância de **21,02 m** até o vértice **Pt259**, definido pelas coordenadas **E: 353.273 m** e **N: 7.385.478 m** com azimute **296º 33' 54,18"** e distância de **2,24 m** até o vértice **Pt260**, definido pelas coordenadas **E: 353.271 m** e **N: 7.385.479 m** com azimute **273º 21' 59,26"** e distância de **17,03 m** até o vértice **Pt261**, definido pelas coordenadas **E: 353.254 m** e **N: 7.385.480 m** com azimute **0º** e distância de **1,00 m** até o vértice **Pt262**, definido pelas coordenadas **E: 353.254 m** e **N: 7.385.481 m** com azimute **258º 41' 24,24"** e distância de **5,10 m** até o vértice **Pt263**, definido pelas coordenadas **E: 353.249 m** e **N: 7.385.480 m** com azimute **275º 42' 38,14"** e distância de **20,10 m** até o vértice **Pt264**, definido pelas coordenadas **E: 353.229 m** e **N: 7.385.482 m** com azimute **274º 23' 55,34"** e distância de **13,04 m** até o vértice **Pt265**, definido pelas coordenadas **E: 353.216 m** e **N: 7.385.483 m** com azimute **276º 42' 35,41"** e distância de **17,12 m** até o vértice **Pt266**, definido pelas coordenadas **E: 353.199 m** e **N: 7.385.485 m** com azimute **288º 26' 05,82"** e distância de **3,16 m** até o vértice **Pt267**, definido pelas coordenadas **E: 353.196 m** e **N: 7.385.486 m** com azimute **315º 00' 00,00"** e distância de **1,41 m** até o vértice **Pt268**, definido pelas coordenadas **E: 353.195 m** e **N: 7.385.487 m** com azimute **333º 26' 05,82"** e distância de **2,24 m** até o vértice **Pt269**, definido pelas coordenadas **E: 353.194 m** e **N: 7.385.489 m** com azimute **0º** e distância de **8,00 m** até o vértice **Pt270**, definido pelas coordenadas **E: 353.194 m** e **N: 7.385.497 m** com azimute **0º** e distância de **7,00 m** até o vértice **Pt271**, definido pelas coordenadas **E: 353.194 m** e **N: 7.385.504 m** com azimute **0º** e distância de **6,00 m** até o vértice **Pt272**, definido pelas coordenadas **E: 353.194 m** e **N: 7.385.510 m** com azimute **0º** e distância de **7,00 m** até o vértice **Pt273**, definido pelas coordenadas **E: 353.194 m** e **N: 7.385.517 m** com azimute **9º 27' 44,36"** e distância de **6,08 m** até o vértice **Pt274**, definido pelas coordenadas **E: 353.195 m** e **N: 7.385.523 m** com azimute **0º** e distância de **7,00 m** até o vértice **Pt275**, definido pelas coordenadas **E: 353.195 m** e **N: 7.385.530 m** com azimute **8º 07' 48,37"** e distância de **7,07 m** até o vértice **Pt276**, definido pelas coordenadas **E: 353.196 m** e **N: 7.385.537 m** com azimute **6º 20' 24,69"** e distância de **9,06 m** até o vértice **Pt277**, definido pelas coordenadas **E: 353.197 m** e **N: 7.385.546 m** com azimute **7º 07' 30,06"** e distância de **8,06 m** até o vértice **Pt278**, definido pelas coordenadas **E: 353.198 m** e **N: 7.385.554 m** com azimute **4º 45' 49,11"** e distância de **12,04 m** até o vértice **Pt279**, definido pelas coordenadas **E: 353.199 m** e **N: 7.385.566 m** com azimute **0º** e distância de **4,00 m** até o vértice **Pt280**, definido pelas coordenadas **E: 353.199 m** e **N: 7.385.570 m** com azimute **6º 20' 24,69"** e distância de **9,06 m** até o vértice **Pt281**, definido pelas coordenadas **E: 353.200 m** e **N: 7.385.579 m** com azimute **11º 18' 35,76"** e distância de **5,10 m** até o vértice **Pt282**, definido pelas coordenadas **E: 353.201 m** e **N: 7.385.584 m** com azimute **0º** e distância de **5,00 m** até o vértice **Pt283**, definido pelas coordenadas **E: 353.201 m** e **N: 7.385.589 m** com azimute **8º 07' 48,37"** e distância de **7,07 m** até o vértice **Pt284**, definido pelas coordenadas **E: 353.202 m** e **N: 7.385.596 m** com azimute **10º 18' 17,45"** e distância de **11,18 m** até o vértice **Pt285**, definido pelas coordenadas **E: 353.204 m** e **N: 7.385.607 m** com azimute **0º** e distância de **1,00 m** até o vértice **Pt286**, definido pelas coordenadas **E: 353.204 m** e **N: 7.385.608 m** com azimute **45º 00' 00,00"** e distância de **1,41 m** até o vértice **Pt287**, definido pelas coordenadas **E: 353.205 m** e **N: 7.385.609 m** com azimute **0º** e distância de **1,00 m** até o vértice **Pt288**, definido pelas coordenadas **E: 353.205 m** e **N: 7.385.610 m** com azimute **45º 00' 00,00"** e distância de **1,41 m** até o vértice **Pt289**, definido pelas coordenadas **E: 353.206 m** e **N: 7.385.611 m** com azimute **90º** e distância de **2,00 m** até o vértice **Pt290**, definido pelas coordenadas **E: 353.208 m** e **N: 7.385.611 m** com azimute **90º** e distância de **2,00 m** até o vértice **Pt291**, definido pelas coordenadas **E: 353.210 m** e **N: 7.385.611 m** com azimute **90º** e distância de **18,00 m** até o vértice **Pt292**, definido pelas coordenadas **E: 353.228 m** e **N: 7.385.611 m** com azimute **90º** e distância de **1,00 m** até o vértice **Pt293**, definido pelas coordenadas **E: 353.229 m** e **N: 7.385.611 m** com azimute **90º** e distância de **10,00 m** até o vértice **Pt294**, definido pelas coordenadas **E: 353.239 m** e **N: 7.385.611 m** com azimute **90º** e distância de **5,00 m** até o vértice **Pt295**, definido pelas coordenadas **E: 353.244 m** e **N: 7.385.611 m** com azimute **63º 26' 05,82"** e distância de **2,24 m** até o vértice **Pt296**, definido pelas coordenadas **E: 353.246 m** e **N: 7.385.612 m** com azimute **90º** e distância de **7,00 m** até o vértice **Pt297**, definido pelas coordenadas **E: 353.253 m** e **N: 7.385.612 m** com azimute **90º** e distância de **2,00 m** até o vértice **Pt298**, definido pelas coordenadas **E: 353.255 m** e **N: 7.385.612 m** com azimute **90º** e distância de **9,00 m** até o vértice **Pt299**, definido pelas coordenadas **E: 353.264 m** e **N: 7.385.612 m** com azimute **83º 39' 35,31"** e distância de **9,06 m** até o vértice **Pt300**, definido pelas coordenadas **E: 353.273 m** e **N: 7.385.613 m** com azimute **90º** e distância de **1,00 m** até o vértice **Pt301**, definido pelas coordenadas **E: 353.274 m** e **N: 7.385.613 m** com azimute **90º** e distância de **7,00 m** até o vértice **Pt302**, definido pelas coordenadas **E: 353.281 m** e **N: 7.385.613 m** com azimute **97º 07' 30,06"** e distância de **8,06 m** até o vértice **Pt303**, definido pelas coordenadas **E: 353.289 m** e **N: 7.385.612 m** com azimute **90º** e distância de **5,00 m** até o vértice **Pt304**, definido pelas coordenadas **E: 353.294 m** e **N: 7.385.612 m** com azimute **90º** e distância de **1,00 m** até o vértice **Pt305**, definido pelas coordenadas **E: 353.295 m** e **N: 7.385.612 m** com azimute **90º** e distância de **8,00 m** até o vértice **Pt306**, definido pelas coordenadas **E: 353.303 m** e **N: 7.385.612 m** com azimute **90º** e distância de **4,00 m** até o vértice **Pt307**, definido pelas coordenadas **E: 353.307 m** e **N: 7.385.612 m** com azimute **0º** e distância de **1,00 m** até o vértice **Pt308**, definido pelas coordenadas **E: 353.307 m** e **N: 7.385.613 m** com azimute **90º** e distância de **8,00 m** até o vértice **Pt309**, definido pelas coordenadas **E: 353.315 m** e **N: 7.385.613 m** com azimute **90º** e distância de **2,00 m** até o vértice **Pt310**, definido pelas coordenadas **E: 353.317 m** e **N: 7.385.613 m** com azimute **90º** e distância de **4,00 m** até o vértice **Pt311**, definido pelas coordenadas **E: 353.321 m** e **N: 7.385.613 m** com azimute **78º 41' 24,24"** e distância de **5,10 m** até o vértice **Pt312**, definido pelas coordenadas **E: 353.326 m** e **N: 7.385.614 m** com azimute **101º 18' 35,76"** e distância de **5,10 m** até o vértice **Pt313**, definido pelas coordenadas **E: 353.331 m** e **N: 7.385.613 m** com azimute **90º** e distância de **2,00 m** até o vértice **Pt314**, definido pelas coordenadas **E: 353.333 m** e **N: 7.385.613 m** com azimute **90º** e distância de **3,00 m** até o vértice **Pt315**, definido pelas coordenadas **E: 353.336 m** e **N: 7.385.613 m** com azimute **90º** e distância de **1,00 m** até o vértice **Pt316**, definido pelas coordenadas **E: 353.337 m** e **N: 7.385.613 m** com azimute **101º 18' 35,76"** e distância de **5,10 m** até o vértice **Pt317**, definido pelas coordenadas **E: 353.342 m** e **N: 7.385.612 m** com azimute **90º** e distância de **1,00 m** até o vértice **Pt318**, definido pelas coordenadas **E: 353.343 m** e **N: 7.385.612 m** com azimute **90º** e distância de **4,00 m** até o vértice **Pt319**, definido pelas coordenadas **E: 353.347 m** e **N: 7.385.612 m** com azimute **0º** e distância de **1,00 m** até o vértice **Pt320**, definido pelas coordenadas **E: 353.347 m** e **N: 7.385.613 m** com azimute **116º 33' 54,18"** e distância de **4,47 m** até o vértice **Pt321**, definido pelas coordenadas **E: 353.351 m** e **N: 7.385.611 m** com azimute **90º** e distância de **1,00 m** até o vértice **Pt322**, definido pelas coordenadas **E: 353.352 m** e **N: 7.385.611 m** com azimute **108º 26' 05,82"** e distância de **3,16 m** até o vértice **Pt323**, definido pelas coordenadas **E: 353.355 m** e **N: 7.385.610 m** com azimute **99º 27' 44,36"** e distância de **6,08 m** até o vértice **Pt324**, definido pelas coordenadas **E: 353.361 m** e **N: 7.385.609 m** com azimute **116º 33' 54,18"** e distância de **2,24 m** até o vértice **Pt325**, definido pelas coordenadas **E: 353.363 m** e **N: 7.385.608 m** com azimute **104º 02' 10,48"** e distância de **4,12 m** até o vértice **Pt326**, definido pelas coordenadas **E: 353.367 m** e **N: 7.385.607 m** com azimute **90º** e distância de **1,00 m** até o vértice **Pt327**, definido pelas coordenadas **E: 353.368 m** e **N: 7.385.607 m** com azimute **108º 26' 05,82"** e distância de **6,32 m** até o vértice **Pt328**, definido pelas coordenadas **E: 353.374 m** e **N: 7.385.605 m** com azimute **104º 02' 10,48"** e distância de **4,12 m** até o vértice **Pt329**, definido pelas coordenadas **E: 353.378 m** e **N: 7.385.604 m** com azimute **0º** e distância de **1,00 m** até o vértice **Pt330**, definido pelas coordenadas **E: 353.378 m** e **N: 7.385.605 m** com azimute **126º 52' 11,63"** e distância de **5,00 m** até o vértice **Pt331**, definido pelas coordenadas **E: 353.382 m** e **N: 7.385.602 m** com azimute **116º 33' 54,18"** e distância de **2,24 m** até o vértice **Pt332**, definido pelas coordenadas **E: 353.384 m** e **N: 7.385.601 m** com azimute **90º** e distância de **1,00 m** até o vértice **Pt333**, definido pelas coordenadas **E: 353.385 m** e **N: 7.385.601 m** com azimute **135º 00' 00,00"** e distância de **1,41 m** até o vértice **Pt334**, definido pelas coordenadas **E: 353.386 m** e **N: 7.385.600 m** com azimute **180º** e distância de **2,00 m** até o vértice **Pt335**, definido pelas coordenadas **E: 353.386 m** e **N: 7.385.598 m** com azimute **180º** e distância de **1,00 m** até o vértice **Pt336**, definido pelas coordenadas **E: 353.386 m** e **N: 7.385.597 m** com azimute **225º 00' 00,00"** e distância de **1,41 m** até o vértice **Pt337**, definido pelas coordenadas **E: 353.385 m** e **N: 7.385.596 m** com azimute **206º 33' 54,18"** e distância de **2,24 m** até o vértice **Pt338**, definido pelas coordenadas **E: 353.384 m** e **N: 7.385.594 m** com azimute **206º 33' 54,18"** e distância de **4,47 m** até o vértice **Pt339**, definido pelas coordenadas **E: 353.382 m** e **N: 7.385.590 m** com azimute **213º 41' 24,24"** e distância de **3,61 m** até o vértice **Pt340**, definido pelas coordenadas **E: 353.380 m** e **N: 7.385.587 m** com azimute **209º 44' 41,57"** e distância de **8,06 m** até o vértice **Pt341**, definido pelas coordenadas **E: 353.376 m** e **N: 7.385.580 m** com azimute **216º 52' 11,63"** e distância de **5,00 m** até o vértice **Pt342**, definido pelas coordenadas **E: 353.373 m** e **N: 7.385.576 m** com azimute **213º 41' 24,24"** e distância de **3,61 m** até o vértice **Pt343**, definido pelas coordenadas **E: 353.371 m** e **N: 7.385.573 m** com azimute **225º 00' 00,00"** e distância de **1,41 m** até o vértice **Pt344**, definido pelas coordenadas **E: 353.370 m** e **N: 7.385.572 m** com azimute **180º** e distância de **1,00 m** até o vértice **Pt345**, definido pelas coordenadas **E: 353.370 m** e **N: 7.385.571 m** com azimute **225º 00' 00,00"** e distância de **2,83 m** até o vértice **Pt346**, definido pelas coordenadas **E: 353.368 m** e **N: 7.385.569 m** com azimute **206º 33' 54,18"** e distância de **2,24 m** até o vértice **Pt347**, definido pelas coordenadas **E: 353.367 m** e **N: 7.385.567 m** com azimute **213º 41' 24,24"** e distância de **10,82 m** até o vértice **Pt348**, definido pelas coordenadas **E: 353.361 m** e **N: 7.385.558 m** com azimute **123º 41' 24,24"** e distância de **3,61 m** até o vértice **Pt349**, definido pelas coordenadas **E: 353.364 m** e **N: 7.385.556 m** com azimute **29º 44' 41,57"** e distância de **8,06 m** até o vértice **Pt350**, definido pelas

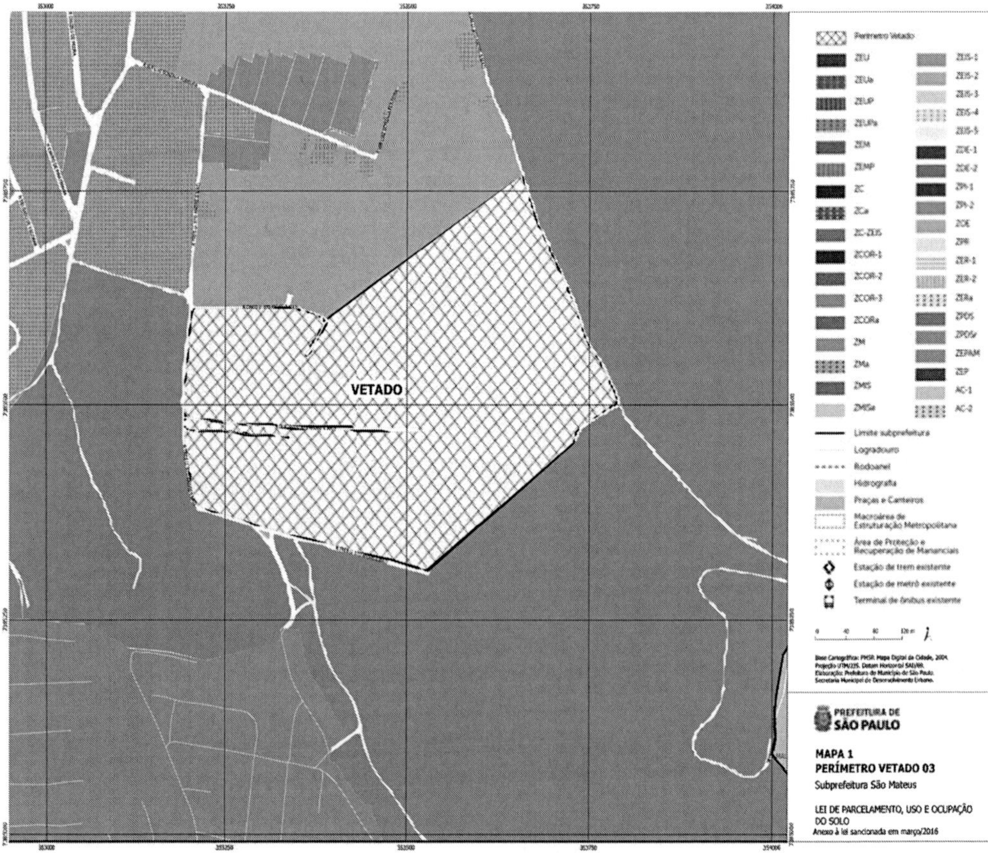

coordenadas **E: 353.368 m** e **N: 7.385.563 m** com azimute **26° 33' 54,18"** e distância de **2,24 m** até o vértice **Pt351**, definido pelas coordenadas **E: 353.369 m** e **N: 7.385.565 m** com azimute **36° 52' 11,63"** e distância de **5,00 m** até o vértice **Pt352**, definido pelas coordenadas **E: 353.372 m** e **N: 7.385.569 m** com azimute **30° 57' 49,52"** e distância de **5,83 m** até o vértice **Pt353**, definido pelas coordenadas **E: 353.375 m** e **N: 7.385.574 m** com azimute **36° 52' 11,63"** e distância de **5,00 m** até o vértice **Pt354**, definido pelas coordenadas **E: 353.378 m** e **N: 7.385.578 m** com azimute **0°** e distância de **1,00 m** até o vértice **Pt355**, definido pelas coordenadas **E: 353.378 m** e **N: 7.385.579 m** com azimute **33° 41' 24,24"** e distância de **7,21 m** até o vértice **Pt356**, definido pelas coordenadas **E: 353.382 m** e **N: 7.385.585 m** com azimute **34° 59' 31,27"** e distância de **12,21 m** até o vértice **Pt357**, definido pelas coordenadas **E: 353.389 m** e **N: 7.385.595 m** com azimute **0°** e distância de **1,00 m** até o vértice **Pt358**, definido pelas coordenadas **E: 353.389 m** e **N: 7.385.596 m** com azimute **45° 00' 00,00"** e distância de **1,41 m** até o vértice **Pt359**, definido pelas coordenadas **E: 353.390 m** e **N: 7.385.597 m** com azimute **0°** e distância de **2,00 m** até o vértice **Pt360**, definido pelas coordenadas **E: 353.390 m** e **N: 7.385.599 m** com azimute **0°** e distância de **1,00 m** até o vértice **Pt361**, definido pelas coordenadas **E: 353.390 m** e **N: 7.385.600 m** com azimute **0°** e distância de **1,00 m** até o vértice **Pt362**, definido pelas coordenadas **E: 353.390 m** e **N: 7.385.601 m** com azimute **57° 39' 09,20"** e distância de **71,02 m** até o vértice **Pt363**, definido pelas coordenadas **E: 353.450 m** e **N: 7.385.639 m** com azimute **57° 56' 40,71"** e distância de **243,06 m** até o vértice **Pt364**, definido pelas coordenadas **E: 353.656 m** e **N: 7.385.768 m** com azimute **90°** e distância de **1,00 m** até o vértice **Pt0**, encerrando este perímetro.

Todas as coordenadas aqui descritas estão georreferenciadas ao Sistema Geodésico Brasileiro e encontram-se representadas no Sistema UTM, referenciadas ao Meridiano Central 45 WGr, fuso 23S, tendo como datum o SAD69. Todos os azimutes e distâncias, área e perímetro foram calculados no plano de projeção UTM.

JUSTIFICATIVA DE VETO: a área está demarcada como ZEPAM na Lei nº 13.885/2004 e parte significativa apresenta remanescentes de Mata Atlântica conforme levantamento realizado pelo Instituto Florestal.

DESCRIÇÃO DAS COORDENADAS DO PERÍMETRO VETADO 04:

SUBPREFEITURA: Parelheiros

ÁREA: 62.238,50 m² ou 6,2239 ha

PERÍMETRO: 2.129,10 m

Inicia-se a descrição deste perímetro no vértice **Pt0**, definido pelas coordenadas **E: 325.940 m** e **N: 736.845 m** com azimute **105° 15' 18,43"** e distância de **11,40 m** até o vértice **Pt1**, definido pelas coordenadas **E: 325.951 m** e **N: 736.842 m** com azimute **0°** e distância de **1,00 m** até o vértice **Pt2**, definido pelas coordenadas **E: 325.951 m** e **N: 736.843 m** com azimute **180°** e distância de **2,00 m** até o vértice **Pt3**, definido pelas coordenadas **E: 325.951 m** e **N: 736.841 m** com azimute **102° 05' 41,13"** e distância de **14,32 m** até o vértice **Pt4**, definido pelas coordenadas **E: 325.965 m** e **N: 736.838 m** com azimute **90°** e distância de **1,00 m** até o vértice **Pt5**, definido pelas coordenadas **E: 325.966 m** e **N: 736.838 m** com azimute **90°** e distância de **2,00 m** até o vértice **Pt6**, definido pelas coordenadas **E: 325.968 m** e **N: 736.838 m** com azimute **161° 33' 54,18"** e distância de **3,16 m** até o vértice **Pt7**, definido pelas coordenadas **E: 325.969 m** e **N: 736.835 m** com azimute **0°** e distância de **1,00 m** até o vértice **Pt8**, definido pelas coordenadas **E: 325.969 m** e **N: 736.836 m** com azimute **0°** e distância de **1,00 m** até o vértice **Pt9**, definido pelas coordenadas **E: 325.969 m** e **N: 736.837 m** com azimute **0°** e distância de **1,00 m** até o vértice **Pt10**, definido pelas coordenadas **E: 325.969 m** e **N: 736.838 m** com azimute **0°** e distância de **1,00 m** até o vértice **Pt11**, definido pelas coordenadas **E: 325.969 m** e **N: 736.839 m** com azimute **135° 00' 00,00"** e distância de **1,41 m** até o vértice **Pt12**, definido pelas coordenadas **E: 325.970 m** e **N: 736.838 m** com azimute **0°** e distância de **1,00 m** até o vértice **Pt13**, definido pelas coordenadas **E: 325.970 m** e **N: 736.839 m** com azimute **135° 00' 00,00"** e distância de **2,83 m** até o vértice **Pt14**, definido pelas coordenadas **E: 325.972 m** e **N: 736.837 m** com azimute **101° 18' 35,76"** e distância de **10,20 m** até o vértice **Pt15**, definido pelas coordenadas **E: 325.982 m** e **N: 736.835 m** com azimute **0°** e distância de **1,00 m** até o vértice **Pt16**, definido pelas coordenadas **E: 325.982 m** e **N: 736.836 m** com azimute **109° 58' 59,18"** e distância de **11,70 m** até o vértice **Pt17**, definido pelas coordenadas **E: 325.993 m** e **N: 736.832 m** com azimute **0°** e distância de **1,00 m** até o vértice **Pt18**, definido pelas coordenadas **E:**

325.993 m e **N: 736.833 m** com azimute **0º** e distância de **1,00 m** até o vértice **Pt19**, definido pelas coordenadas **E: 325.993 m** e **N: 736.834 m** com azimute **0º** e distância de **1,00 m** até o vértice **Pt20**, definido pelas coordenadas **E: 325.993 m** e **N: 736.835 m** com azimute **180º** e distância de **3,00 m** até o vértice **Pt21**, definido pelas coordenadas **E: 325.993 m** e **N: 736.832 m** com azimute **90º** e distância de **10,00 m** até o vértice **Pt22**, definido pelas coordenadas **E: 326.003 m** e **N: 736.832 m** com azimute **85º 36' 04,66"** e distância de **13,04 m** até o vértice **Pt23**, definido pelas coordenadas **E: 326.016 m** e **N: 736.833 m** com azimute **90º** e distância de **2,00 m** até o vértice **Pt24**, definido pelas coordenadas **E: 326.018 m** e **N: 736.833 m** com azimute **90º** e distância de **3,00 m** até o vértice **Pt25**, definido pelas coordenadas **E: 326.021 m** e **N: 736.833 m** com azimute **90º** e distância de **1,00 m** até o vértice **Pt26**, definido pelas coordenadas **E: 326.022 m** e **N: 736.833 m** com azimute **99º 27' 44,36"** e distância de **6,08 m** até o vértice **Pt27**, definido pelas coordenadas **E: 326.028 m** e **N: 736.832 m** com azimute **106º 01' 56,42"** e distância de **271,56 m** até o vértice **Pt28**, definido pelas coordenadas **E: 326.289 m** e **N: 736.757 m** com azimute **268º 50' 54,53"** e distância de **199,04 m** até o vértice **Pt29**, definido pelas coordenadas **E: 326.090 m** e **N: 736.753 m** com azimute **315º 00' 00,00"** e distância de **2,83 m** até o vértice **Pt30**, definido pelas coordenadas **E: 326.088 m** e **N: 736.755 m** com azimute **270º** e distância de **1,00 m** até o vértice **Pt31**, definido pelas coordenadas **E: 326.087 m** e **N: 736.755 m** com azimute **0º** e distância de **1,00 m** até o vértice **Pt32**, definido pelas coordenadas **E: 326.087 m** e **N: 736.756 m** com azimute **0º** e distância de **1,00 m** até o vértice **Pt33**, definido pelas coordenadas **E: 326.087 m** e **N: 736.757 m** com azimute **267º 46' 07,77"** e distância de **77,06 m** até o vértice **Pt34**, definido pelas coordenadas **E: 326.010 m** e **N: 736.754 m** com azimute **267º 23' 50,78"** e distância de **22,02 m** até o vértice **Pt35**, definido pelas coordenadas **E: 325.988 m** e **N: 736.753 m** com azimute **270º** e distância de **2,00 m** até o vértice **Pt36**, definido pelas coordenadas **E: 325.986 m** e **N: 736.753 m** com azimute **296º 33' 54,18"** e distância de **2,24 m** até o vértice **Pt37**, definido pelas coordenadas **E: 325.984 m** e **N: 736.754 m** com azimute **315º 00' 00,00"** e distância de **1,41 m** até o vértice **Pt38**, definido pelas coordenadas **E: 325.983 m** e **N: 736.755 m** com azimute **0º** e distância de **1,00 m** até o vértice **Pt39**, definido pelas coordenadas **E: 325.983 m** e **N: 736.756 m** com azimute **0º** e distância de **1,00 m** até o vértice **Pt40**, definido pelas coordenadas **E: 325.983 m** e **N: 736.757 m** com azimute **267º 16' 25,28"** e distância de **21,02 m** até o vértice **Pt41**, definido pelas coordenadas **E: 325.962 m** e **N: 736.756 m** com azimute **268º 34' 04,45"** e distância de **40,01 m** até o vértice **Pt42**, definido pelas coordenadas **E: 325.922 m** e **N: 736.755 m** com azimute **270º** e distância de **2,00 m** até o vértice **Pt43**, definido pelas coordenadas **E: 325.920 m** e **N: 736.755 m** com azimute **270º** e distância de **8,00 m** até o vértice **Pt44**, definido pelas coordenadas **E: 325.912 m** e **N: 736.755 m** com azimute **270º** e distância de **8,00 m** até o vértice **Pt45**, definido pelas coordenadas **E: 325.904 m** e **N: 736.755 m** com azimute **270º** e distância de **2,00 m** até o vértice **Pt46**, definido pelas coordenadas **E: 325.902 m** e **N: 736.755 m** com azimute **269º 34' 39,65"** e distância de **407,01 m** até o vértice **Pt47**, definido pelas coordenadas **E: 325.495 m** e **N: 736.752 m** com azimute **285º 15' 18,43"** e distância de **79,81 m** até o vértice **Pt48**, definido pelas coordenadas **E: 325.418 m** e **N: 736.773 m** com azimute **308º 39' 35,31"** e distância de **12,81 m** até o vértice **Pt49**, definido pelas coordenadas **E: 325.408 m** e **N: 736.781 m** com azimute **274º 23' 55,34"** e distância de **13,04 m** até o vértice **Pt50**, definido pelas coordenadas **E: 325.395 m** e **N: 736.782 m** com azimute **90º** e distância de **9,00 m** até o vértice **Pt51**, definido pelas coordenadas **E: 325.404 m** e **N: 736.782 m** com azimute **78º 41' 24,24"** e distância de **5,10 m** até o vértice **Pt52**, definido pelas coordenadas **E: 325.409 m** e **N: 736.783 m** com azimute **270º** e distância de **2,00 m** até o vértice **Pt53**, definido pelas coordenadas **E: 325.407 m** e **N: 736.783 m** com azimute **270º** e distância de **1,00 m** até o vértice **Pt54**, definido pelas coordenadas **E: 325.406 m** e **N: 736.783 m** com azimute **270º** e distância de **1,00 m** até o vértice **Pt55**, definido pelas coordenadas **E: 325.405 m** e **N: 736.783 m** com azimute **315º 00' 00,00"** e distância de **1,41 m** até o vértice **Pt56**, definido pelas coordenadas **E: 325.404 m** e **N: 736.784 m** com azimute **270º** e distância de **1,00 m** até o vértice **Pt57**, definido pelas coordenadas **E: 325.403 m** e **N: 736.784 m** com azimute **281º 18' 35,76"** e distância de **5,10 m** até o vértice **Pt58**, definido pelas coordenadas **E: 325.398 m** e **N: 736.785 m** com azimute **276º 20' 24,69"** e distância de **9,06 m** até o vértice **Pt59**, definido pelas coordenadas **E: 325.389 m** e **N: 736.786 m** com azimute **270º** e distância de **4,00 m** até o vértice **Pt60**, definido pelas coordenadas **E: 325.385 m** e **N: 736.786 m** com azimute **288º 26' 05,82"** e distância de **3,16 m** até o vértice **Pt61**, definido pelas coordenadas **E: 325.382 m** e **N: 736.787 m** com azimute **270º** e distância de **1,00 m** até o vértice **Pt62**, definido pelas coordenadas **E: 325.381 m** e **N: 736.787 m** com azimute **293º 11' 54,93"** e distância de **7,62 m** até o vértice **Pt63**, definido pelas coordenadas **E: 325.374 m** e **N: 736.790 m** com azimute **0º** e distância de **1,00 m** até o vértice **Pt64**, definido pelas coordenadas **E: 325.374 m** e **N: 736.791 m** com azimute **293º 11' 54,93"** e distância de **22,85 m** até o vértice **Pt65**, definido pelas coordenadas **E: 325.353 m** e **N: 736.800 m** com azimute **45º 00' 00,00"** e distância de **5,66 m** até o vértice

Pt66, definido pelas coordenadas **E: 325.357 m** e **N: 736.804 m** com azimute **291° 02' 15,04"** e distância de **13,93 m** até o vértice **Pt67**, definido pelas coordenadas **E: 325.344 m** e **N: 736.809 m** com azimute **315° 00' 00,00"** e distância de **1,41 m** até o vértice **Pt68**, definido pelas coordenadas **E: 325.343 m** e **N: 736.810 m** com azimute **270°** e distância de **3,00 m** até o vértice **Pt69**, definido pelas coordenadas **E: 325.340 m** e **N: 736.810 m** com azimute **270°** e distância de **2,00 m** até o vértice **Pt70**, definido pelas coordenadas **E: 325.338 m** e **N: 736.810 m** com azimute **296° 33' 54,18"** e distância de **2,24 m** até o vértice **Pt71**, definido pelas coordenadas **E: 325.336 m** e **N: 736.811 m** com azimute **270°** e distância de **1,00 m** até o vértice **Pt72**, definido pelas coordenadas **E: 325.335 m** e **N: 736.811 m** com azimute **315° 00' 00,00"** e distância de **1,41 m** até o vértice **Pt73**, definido pelas coordenadas **E: 325.334 m** e **N: 736.812 m** com azimute **270°** e distância de **1,00 m** até o vértice **Pt74**, definido pelas coordenadas **E: 325.333 m** e **N: 736.812 m** com azimute **270°** e distância de **2,00 m** até o vértice **Pt75**, definido pelas coordenadas **E: 325.331 m** e **N: 736.812 m** com azimute **280° 18' 17,45"** e distância de **11,18 m** até o vértice **Pt76**, definido pelas coordenadas **E: 325.320 m** e **N: 736.814 m** com azimute **180°** e distância de **1,00 m** até o vértice **Pt77**, definido pelas coordenadas **E: 325.320 m** e **N: 736.813 m** com azimute **270°** e distância de **1,00 m** até o vértice **Pt78**, definido pelas coordenadas **E: 325.319 m** e **N: 736.813 m** com azimute **0°** e distância de **1,00 m** até o vértice **Pt79**, definido pelas coordenadas **E: 325.319 m** e **N: 736.814 m** com azimute **225° 00' 00,00"** e distância de **1,41 m** até o vértice **Pt80**, definido pelas coordenadas **E: 325.318 m** e **N: 736.813 m** com azimute **270°** e distância de **2,00 m** até o vértice **Pt81**, definido pelas coordenadas **E: 325.316 m** e **N: 736.813 m** com azimute **270°** e distância de **2,00 m** até o vértice **Pt82**, definido pelas coordenadas **E: 325.314 m** e **N: 736.813 m** com azimute **270°** e distância de **3,00 m** até o vértice **Pt83**, definido pelas coordenadas **E: 325.311 m** e **N: 736.813 m** com azimute **270°** e distância de **2,00 m** até o vértice **Pt84**, definido pelas coordenadas **E: 325.309 m** e **N: 736.813 m** com azimute **270°** e distância de **1,00 m** até o vértice **Pt85**, definido pelas coordenadas **E: 325.308 m** e **N: 736.813 m** com azimute **315° 00' 00,00"** e distância de **1,41 m** até o vértice **Pt86**, definido pelas coordenadas **E: 325.307 m** e **N: 736.814 m** com azimute **0°** e distância de **1,00 m** até o vértice **Pt87**, definido pelas coordenadas **E: 325.307 m** e **N: 736.815 m** com azimute **225° 00' 00,00"** e distância de **1,41 m** até o vértice **Pt88**, definido pelas coordenadas **E: 325.306 m** e **N: 736.814 m** com azimute **270°** e distância de **2,00 m** até o vértice **Pt89**, definido pelas coordenadas **E: 325.304 m** e **N: 736.814 m** com azimute **315° 00' 00,00"** e distância de **1,41 m** até o vértice **Pt90**, definido pelas coordenadas **E: 325.303 m** e **N: 736.815 m** com azimute **270°** e distância de **1,00 m** até o vértice **Pt91**, definido pelas coordenadas **E: 325.302 m** e **N: 736.815 m** com azimute **270°** e distância de **1,00 m** até o vértice **Pt92**, definido pelas coordenadas **E: 325.301 m** e **N: 736.815 m** com azimute **0°** e distância de **1,00 m** até o vértice **Pt93**, definido pelas coordenadas **E: 325.301 m** e **N: 736.816 m** com azimute **243° 26' 05,82"** e distância de **2,24 m** até o vértice **Pt94**, definido pelas coordenadas **E: 325.299 m** e **N: 736.815 m** com azimute **270°** e distância de **1,00 m** até o vértice **Pt95**, definido pelas coordenadas **E: 325.298 m** e **N: 736.815 m** com azimute **270°** e distância de **2,00 m** até o vértice **Pt96**, definido pelas coordenadas **E: 325.296 m** e **N: 736.815 m** com azimute **270°** e distância de **2,00 m** até o vértice **Pt97**, definido pelas coordenadas **E: 325.294 m** e **N: 736.815 m** com azimute **0°** e distância de **1,00 m** até o vértice **Pt98**, definido pelas coordenadas **E: 325.294 m** e **N: 736.816 m** com azimute **225° 00' 00,00"** e distância de **1,41 m** até o vértice **Pt99**, definido pelas coordenadas **E: 325.293 m** e **N: 736.815 m** com azimute **0°** e distância de **1,00 m** até o vértice **Pt100**, definido pelas coordenadas **E: 325.293 m** e **N: 736.816 m** com azimute **74° 44' 41,57"** e distância de **11,40 m** até o vértice **Pt101**, definido pelas coordenadas **E: 325.304 m** e **N: 736.819 m** com azimute **75° 57' 49,52"** e distância de **8,25 m** até o vértice **Pt102**, definido pelas coordenadas **E: 325.312 m** e **N: 736.821 m** com azimute **45° 00' 00,00"** e distância de **1,41 m** até o vértice **Pt103**, definido pelas coordenadas **E: 325.313 m** e **N: 736.822 m** com azimute **90°** e distância de **1,00 m** até o vértice **Pt104**, definido pelas coordenadas **E: 325.314 m** e **N: 736.822 m** com azimute **90°** e distância de **2,00 m** até o vértice **Pt105**, definido pelas coordenadas **E: 325.316 m** e **N: 736.822 m** com azimute **90°** e distância de **1,00 m** até o vértice **Pt106**, definido pelas coordenadas **E: 325.317 m** e **N: 736.822 m** com azimute **63° 26' 05,82"** e distância de **2,24 m** até o vértice **Pt107**, definido pelas coordenadas **E: 325.319 m** e **N: 736.823 m** com azimute **116° 33' 54,18"** e distância de **2,24 m** até o vértice **Pt108**, definido pelas coordenadas **E: 325.321 m** e **N: 736.822 m** com azimute **90°** e distância de **2,00 m** até o vértice **Pt109**, definido pelas coordenadas **E: 325.323 m** e **N: 736.822 m** com azimute **90°** e distância de **2,00 m** até o vértice **Pt110**, definido pelas coordenadas **E: 325.325 m** e **N: 736.822 m** com azimute **0°** e distância de **1,00 m** até o vértice **Pt111**, definido pelas coordenadas **E: 325.325 m** e **N: 736.823 m** com azimute **0°** e distância de **1,00 m** até o vértice **Pt112**, definido pelas coordenadas **E: 325.325 m** e **N: 736.824 m** com azimute **0°** e distância de **1,00 m** até o vértice **Pt113**, definido pelas coordenadas **E: 325.325 m** e **N: 736.825 m** com azimute **180°** e distância de **4,00 m** até o vértice **Pt114**, definido pelas coordenadas **E: 325.325 m** e **N:**

736.821 m com azimute **85º 14' 10,89"** e distância de **12,04 m** até o vértice **Pt115**, definido pelas coordenadas **E: 325.337 m** e **N: 736.822 m** com azimute **84º 17' 21,86"** e distância de **10,05 m** até o vértice **Pt116**, definido pelas coordenadas **E: 325.347 m** e **N: 736.823 m** com azimute **90º** e distância de **14,00 m** até o vértice **Pt117**, definido pelas coordenadas **E: 325.361 m** e **N: 736.823 m** com azimute **0º** e distância de **1,00 m** até o vértice **Pt118**, definido pelas coordenadas **E: 325.361 m** e **N: 736.824 m** com azimute **104º 02' 10,48"** e distância de **4,12 m** até o vértice **Pt119**, definido pelas coordenadas **E: 325.365 m** e **N: 736.823 m** com azimute **90º** e distância de **5,00 m** até o vértice **Pt120**, definido pelas coordenadas **E: 325.370 m** e **N: 736.823 m** com azimute **135º 00' 00,00"** e distância de **1,41 m** até o vértice **Pt121**, definido pelas coordenadas **E: 325.371 m** e **N: 736.822 m** com azimute **0º** e distância de **1,00 m** até o vértice **Pt122**, definido pelas coordenadas **E: 325.371 m** e **N: 736.823 m** com azimute **0º** e distância de **1,00 m** até o vértice **Pt123**, definido pelas coordenadas **E: 325.371 m** e **N: 736.824 m** com azimute **90º** e distância de **8,00 m** até o vértice **Pt124**, definido pelas coordenadas **E: 325.379 m** e **N: 736.824 m** com azimute **90º** e distância de **3,00 m** até o vértice **Pt125**, definido pelas coordenadas **E: 325.382 m** e **N: 736.824 m** com azimute **90º** e distância de **3,00 m** até o vértice **Pt126**, definido pelas coordenadas **E: 325.385 m** e **N: 736.824 m** com azimute **90º** e distância de **12,00 m** até o vértice **Pt127**, definido pelas coordenadas **E: 325.397 m** e **N: 736.824 m** com azimute **85º 54' 51,78"** e distância de **14,04 m** até o vértice **Pt128**, definido pelas coordenadas **E: 325.411 m** e **N: 736.825 m** com azimute **104º 02' 10,48"** e distância de **4,12 m** até o vértice **Pt129**, definido pelas coordenadas **E: 325.415 m** e **N: 736.824 m** com azimute **0º** e distância de **1,00 m** até o vértice **Pt130**, definido pelas coordenadas **E: 325.415 m** e **N: 736.825 m** com azimute **0º** e distância de **1,00 m** até o vértice **Pt131**, definido pelas coordenadas **E: 325.415 m** e **N: 736.826 m** com azimute **100º 18' 17,45"** e distância de **11,18 m** até o vértice **Pt132**, definido pelas coordenadas **E: 325.426 m** e **N: 736.824 m** com azimute **0º** e distância de **1,00 m** até o vértice **Pt133**, definido pelas coordenadas **E: 325.426 m** e **N: 736.825 m** com azimute **0º** e distância de **1,00 m** até o vértice **Pt134**, definido pelas coordenadas **E: 325.426 m** e **N: 736.826 m** com azimute **71º 33' 54,18"** e distância de **3,16 m** até o vértice **Pt135**, definido pelas coordenadas **E: 325.429 m** e **N: 736.827 m** com azimute **180º** e distância de **1,00 m** até o vértice **Pt136**, definido pelas coordenadas **E: 325.429 m** e **N: 736.826 m** com azimute **0º** e distância de **2,00 m** até o vértice **Pt137**, definido pelas coordenadas **E: 325.429 m** e **N: 736.828 m** com azimute **135º 00' 00,00"** e distância de **4,24 m** até o vértice **Pt138**, definido pelas coordenadas **E: 325.432 m** e **N: 736.825 m** com azimute **0º** e distância de **1,00 m** até o vértice **Pt139**, definido pelas coordenadas **E: 325.432 m** e **N: 736.826 m** com azimute **0º** e distância de **1,00 m** até o vértice **Pt140**, definido pelas coordenadas **E: 325.432 m** e **N: 736.827 m** com azimute **135º 00' 00,00"** e distância de **1,41 m** até o vértice **Pt141**, definido pelas coordenadas **E: 325.433 m** e **N: 736.826 m** com azimute **90º** e distância de **10,00 m** até o vértice **Pt142**, definido pelas coordenadas **E: 325.443 m** e **N: 736.826 m** com azimute **0º** e distância de **1,00 m** até o vértice **Pt143**, definido pelas coordenadas **E: 325.443 m** e **N: 736.827 m** com azimute **0º** e distância de **1,00 m** até o vértice **Pt144**, definido pelas coordenadas **E: 325.443 m** e **N: 736.828 m** com azimute **0º** e distância de **1,00 m** até o vértice **Pt145**, definido pelas coordenadas **E: 325.443 m** e **N: 736.829 m** com azimute **180º** e distância de **3,00 m** até o vértice **Pt146**, definido pelas coordenadas **E: 325.443 m** e **N: 736.826 m** com azimute **63º 26' 05,82"** e distância de **2,24 m** até o vértice **Pt147**, definido pelas coordenadas **E: 325.445 m** e **N: 736.827 m** com azimute **71º 33' 54,18"** e distância de **3,16 m** até o vértice **Pt148**, definido pelas coordenadas **E: 325.448 m** e **N: 736.828 m** com azimute **75º 04' 06,90"** e distância de **15,52 m** até o vértice **Pt149**, definido pelas coordenadas **E: 325.463 m** e **N: 736.832 m** com azimute **90º** e distância de **4,00 m** até o vértice **Pt150**, definido pelas coordenadas **E: 325.467 m** e **N: 736.832 m** com azimute **90º** e distância de **19,00 m** até o vértice **Pt151**, definido pelas coordenadas **E: 325.486 m** e **N: 736.832 m** com azimute **0º** e distância de **1,00 m** até o vértice **Pt152**, definido pelas coordenadas **E: 325.486 m** e **N: 736.833 m** com azimute **135º 00' 00,00"** e distância de **1,41 m** até o vértice **Pt153**, definido pelas coordenadas **E: 325.487 m** e **N: 736.832 m** com azimute **90º** e distância de **11,00 m** até o vértice **Pt154**, definido pelas coordenadas **E: 325.498 m** e **N: 736.832 m** com azimute **97º 07' 30,06"** e distância de **8,06 m** até o vértice **Pt155**, definido pelas coordenadas **E: 325.506 m** e **N: 736.831 m** com azimute **0º** e distância de **1,00 m** até o vértice **Pt156**, definido pelas coordenadas **E: 325.506 m** e **N: 736.832 m** com azimute **0º** e distância de **1,00 m** até o vértice **Pt157**, definido pelas coordenadas **E: 325.506 m** e **N: 736.833 m** com azimute **116º 33' 54,18"** e distância de **2,24 m** até o vértice **Pt158**, definido pelas coordenadas **E: 325.508 m** e **N: 736.832 m** com azimute **86º 11' 09,33"** e distância de **15,03 m** até o vértice **Pt159**, definido pelas coordenadas **E: 325.523 m** e **N: 736.833 m** com azimute **90º** e distância de **21,00 m** até o vértice **Pt160**, definido pelas coordenadas **E: 325.544 m** e **N: 736.833 m** com azimute **90º** e distância de **22,00 m** até o vértice **Pt161**, definido pelas coordenadas **E: 325.566 m** e **N: 736.833 m** com azimute **90º** e distância de **3,00 m** até o vértice **Pt162**, definido pelas coordenadas **E: 325.569 m** e **N:**

736.833 m com azimute **90°** e distância de **2,00 m** até o vértice **Pt163**, definido pelas coordenadas **E: 325.571 m** e **N: 736.833 m** com azimute **87° 52' 44,05"** e distância de **27,02 m** até o vértice **Pt164**, definido pelas coordenadas **E: 325.598 m** e **N: 736.834 m** com azimute **90°** e distância de **7,00 m** até o vértice **Pt165**, definido pelas coordenadas **E: 325.605 m** e **N: 736.834 m** com azimute **90°** e distância de **48,00 m** até o vértice **Pt166**, definido pelas coordenadas **E: 325.653 m** e **N: 736.834 m** com azimute **90°** e distância de **7,00 m** até o vértice **Pt167**, definido pelas coordenadas **E: 325.660 m** e **N: 736.834 m** com azimute **0°** e distância de **1,00 m** até o vértice **Pt168**, definido pelas coordenadas **E: 325.660 m** e **N: 736.835 m** com azimute **135° 00' 00,00"** e distância de **1,41 m** até o vértice **Pt169**, definido pelas coordenadas **E: 325.661 m** e **N: 736.834 m** com azimute **0°** e distância de **1,00 m** até o vértice **Pt170**, definido pelas coordenadas **E: 325.661 m** e **N: 736.835 m** com azimute **104° 02' 10,48"** e distância de **4,12 m** até o vértice **Pt171**, definido pelas coordenadas **E: 325.665 m** e **N: 736.834 m** com azimute **90°** e distância de **3,00 m** até o vértice **Pt172**, definido pelas coordenadas **E: 325.668 m** e **N: 736.834 m** com azimute **90°** e distância de **4,00 m** até o vértice **Pt173**, definido pelas coordenadas **E: 325.672 m** e **N: 736.834 m** com azimute **98° 07' 48,37"** e distância de **7,07 m** até o vértice **Pt174**, definido pelas coordenadas **E: 325.679 m** e **N: 736.833 m** com azimute **0°** e distância de **1,00 m** até o vértice **Pt175**, definido pelas coordenadas **E: 325.679 m** e **N: 736.834 m** com azimute **0°** e distância de **1,00 m** até o vértice **Pt176**, definido pelas coordenadas **E: 325.679 m** e **N: 736.835 m** com azimute **135° 00' 00,00"** e distância de **1,41 m** até o vértice **Pt177**, definido pelas coordenadas **E: 325.680 m** e **N: 736.834 m** com azimute **90°** e distância de **4,00 m** até o vértice **Pt178**, definido pelas coordenadas **E: 325.684 m** e **N: 736.834 m** com azimute **90°** e distância de **6,00 m** até o vértice **Pt179**, definido pelas coordenadas **E: 325.690 m** e **N: 736.834 m** com azimute **90°** e distância de **5,00 m** até o vértice **Pt180**, definido pelas coordenadas **E: 325.695 m** e **N: 736.834 m** com azimute **90°** e distância de **1,00 m** até o vértice **Pt181**, definido pelas coordenadas **E: 325.696 m** e **N: 736.834 m** com azimute **90°** e distância de **3,00 m** até o vértice **Pt182**, definido pelas coordenadas **E: 325.699 m** e **N: 736.834 m** com azimute **90°** e distância de **9,00 m** até o vértice **Pt183**, definido pelas coordenadas **E: 325.708 m** e **N: 736.834 m** com azimute **90°** e distância de **7,00 m** até o vértice **Pt184**, definido pelas coordenadas **E: 325.715 m** e **N: 736.834 m** com azimute **90°** e distância de **1,00 m** até o vértice **Pt185**, definido pelas coordenadas **E: 325.716 m** e **N: 736.834 m** com azimute **71° 33' 54,18"** e distância de **3,16 m** até o vértice **Pt186**, definido pelas coordenadas **E: 325.719 m** e **N: 736.835 m** com azimute **90°** e distância de **1,00 m** até o vértice **Pt187**, definido pelas coordenadas **E: 325.720 m** e **N: 736.835 m** com azimute **90°** e distância de **14,00 m** até o vértice **Pt188**, definido pelas coordenadas **E: 325.734 m** e **N: 736.835 m** com azimute **90°** e distância de **5,00 m** até o vértice **Pt189**, definido pelas coordenadas **E: 325.739 m** e **N: 736.835 m** com azimute **108° 26' 05,82"** e distância de **3,16 m** até o vértice **Pt190**, definido pelas coordenadas **E: 325.742 m** e **N: 736.834 m** com azimute **0°** e distância de **1,00 m** até o vértice **Pt191**, definido pelas coordenadas **E: 325.742 m** e **N: 736.835 m** com azimute **0°** e distância de **1,00 m** até o vértice **Pt192**, definido pelas coordenadas **E: 325.742 m** e **N: 736.836 m** com azimute **90°** e distância de **31,00 m** até o vértice **Pt193**, definido pelas coordenadas **E: 325.773 m** e **N: 736.836 m** com azimute **86° 38' 00,74"** e distância de **17,03 m** até o vértice **Pt194**, definido pelas coordenadas **E: 325.790 m** e **N: 736.837 m** com azimute **0°** e distância de **1,00 m** até o vértice **Pt195**, definido pelas coordenadas **E: 325.790 m** e **N: 736.838 m** com azimute **90°** e distância de **30,00 m** até o vértice **Pt196**, definido pelas coordenadas **E: 325.820 m** e **N: 736.838 m** com azimute **86° 49' 12,61"** e distância de **18,03 m** até o vértice **Pt197**, definido pelas coordenadas **E: 325.838 m** e **N: 736.839 m** com azimute **85° 36' 04,66"** e distância de **26,08 m** até o vértice **Pt198**, definido pelas coordenadas **E: 325.864 m** e **N: 736.841 m** com azimute **90°** e distância de **11,00 m** até o vértice **Pt199**, definido pelas coordenadas **E: 325.875 m** e **N: 736.841 m** com azimute **90°** e distância de **4,00 m** até o vértice **Pt200**, definido pelas coordenadas **E: 325.879 m** e **N: 736.841 m** com azimute **84° 48' 20,06"** e distância de **11,05 m** até o vértice **Pt201**, definido pelas coordenadas **E: 325.890 m** e **N: 736.842 m** com azimute **85° 45' 48,98"** e distância de **27,07 m** até o vértice **Pt202**, definido pelas coordenadas **E: 325.917 m** e **N: 736.844 m** com azimute **85° 14' 10,89"** e distância de **12,04 m** até o vértice **Pt203**, definido pelas coordenadas **E: 325.929 m** e **N: 736.845 m** com azimute **90°** e distância de **11,00 m** até o vértice **Pt0**, encerrando este perímetro.

Todas as coordenadas aqui descritas estão georreferenciadas ao Sistema Geodésico Brasileiro e encontram-se representadas no Sistema UTM, referenciadas ao Meridiano Central 45 WGr, fuso 23S, tendo como datum o SAD69. Todos os azimutes e distâncias, área e perímetro foram calculados no plano de projeção UTM.

JUSTIFICATIVA DE VETO: a área está demarcada como ZEPAM na Lei nº 13.885/2004 e parte significativa apresenta remanescentes de Mata Atlântica conforme levantamento realizado pelo Instituto Florestal.

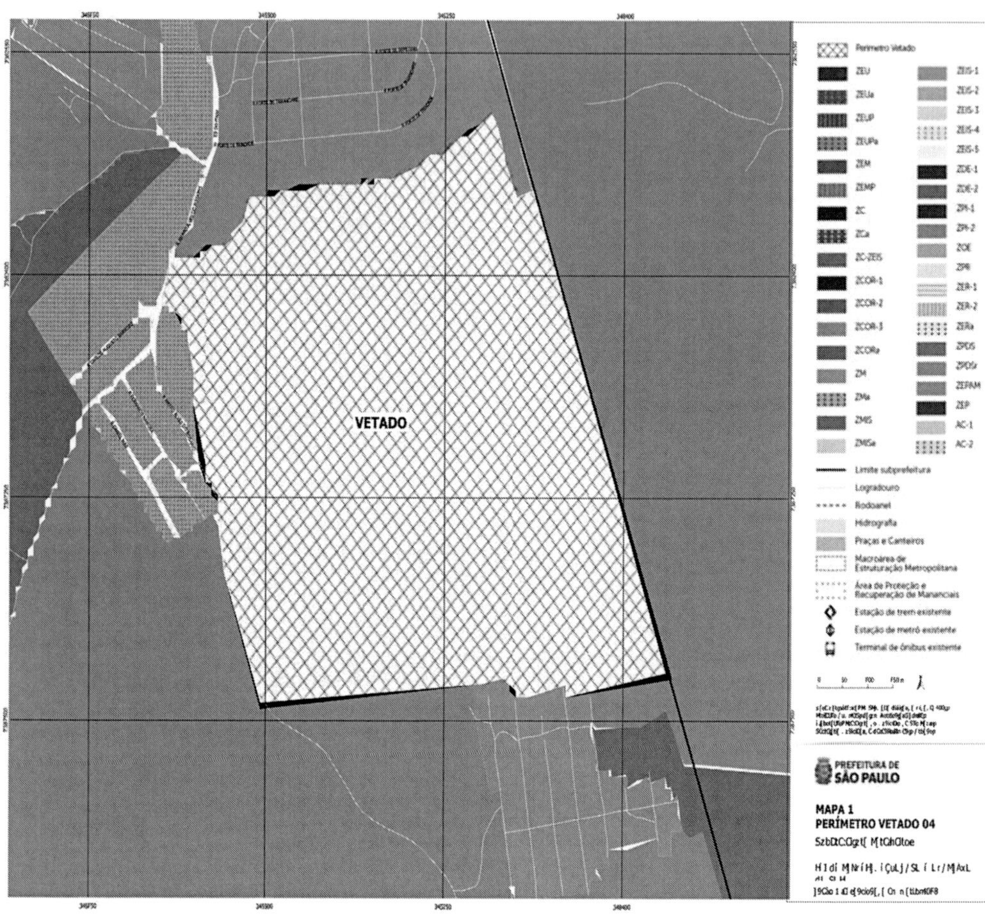

DESCRIÇÃO DAS COORDENADAS DO PERÍMETRO VETADO 05:

SUBPREFEITURA: Jaçanã-Tremembé
ÁREA: 12.956,50 m² ou 1,2957 ha
PERÍMETRO: 463,95 m

Inicia-se a descrição deste perímetro no vértice **Pt0**, definido pelas coordenadas **E: 337.939 m** e **N: 7.408.967 m** com azimute **90º** e distância de **1,00 m** até o vértice **Pt1**, definido pelas coordenadas **E: 337.940 m** e **N: 7.408.967 m** com azimute **168º 58' 13,69"** e distância de **120,22 m** até o vértice **Pt2**, definido pelas coordenadas **E: 337.963 m** e **N: 7.408.849 m** com azimute **250º 08' 41,23"** e distância de **76,55 m** até o vértice **Pt3**, definido pelas coordenadas **E: 337.891 m** e **N: 7.408.823 m** com azimute **0º** e distância de **2,00 m** até o vértice **Pt4**, definido pelas coordenadas **E: 337.891 m** e **N: 7.408.825 m** com azimute **315º 00' 00,00"** e distância de **4,24 m** até o vértice **Pt5**, definido pelas coordenadas **E: 337.888 m** e **N: 7.408.828 m** com azimute **315º 00' 00,00"** e distância de **4,24 m** até o vértice **Pt6**, definido pelas coordenadas **E: 337.885 m** e **N: 7.408.831 m** com azimute **0º** e distância de **1,00 m** até o vértice **Pt7**, definido pelas coordenadas **E: 337.885 m** e **N: 7.408.832 m** com azimute **341º 33' 54,18"** e distância de **3,16 m** até o vértice **Pt8**, definido pelas coordenadas **E: 337.884 m** e **N: 7.408.835 m** com azimute **318º 48' 50,67"** e distância de **21,26 m** até o vértice **Pt9**, definido pelas coordenadas **E: 337.870 m** e **N: 7.408.851 m** com azimute **333º 26' 05,82"** e distância de **2,24 m** até o vértice **Pt10**, definido pelas coordenadas **E: 337.869 m** e **N: 7.408.853 m** com azimute **315º 00' 00,00"** e distância de **1,41 m** até o vértice **Pt11**, definido pelas coordenadas **E: 337.868 m** e **N: 7.408.854 m** com azimute **0º** e distância de **1,00 m** até o vértice **Pt12**, definido pelas coordenadas **E: 337.868 m** e **N: 7.408.855 m** com azimute **315º 00' 00,00"** e distância de **7,07 m** até o vértice **Pt13**, definido pelas coordenadas **E: 337.863 m** e **N: 7.408.860 m** com azimute **315º 00' 00,00"** e distância de **2,83 m** até o vértice **Pt14**, definido pelas coordenadas **E: 337.861 m** e **N: 7.408.862 m** com azimute **315º 00' 00,00"** e distância de **1,41 m** até o vértice **Pt15**, definido pelas coordenadas **E: 337.860 m** e **N: 7.408.863 m** com azimute **319º 23' 55,34"** e distância de **9,22 m** até o vértice **Pt16**, definido pelas coordenadas **E: 337.854 m** e **N: 7.408.870 m** com azimute **315º 00' 00,00"** e distância de **1,41 m** até o vértice **Pt17**, definido pelas coordenadas **E: 337.853 m** e **N: 7.408.871 m** com azimute **315º 00' 00,00"** e distância de **1,41 m** até o vértice **Pt18**, definido pelas coordenadas **E: 337.852 m** e **N: 7.408.872 m** com azimute **0º** e distância de **1,00 m** até o vértice **Pt19**, definido pelas coordenadas **E: 337.852 m** e **N: 7.408.873 m** com azimute **0º** e distância de **1,00 m** até o vértice **Pt20**, definido pelas coordenadas **E: 337.852 m** e **N: 7.408.874 m** com azimute **296º 33' 54,18"** e distância de **2,24 m** até o vértice **Pt21**, definido pelas coordenadas **E: 337.850 m** e **N: 7.408.875 m** com azimute **326º 18' 35,76"** e distância de **7,21 m** até o vértice **Pt22**, definido pelas coordenadas **E: 337.846 m** e **N: 7.408.881 m** com azimute **333º 26' 05,82"** e distância de **2,24 m** até o vértice **Pt23**, definido pelas

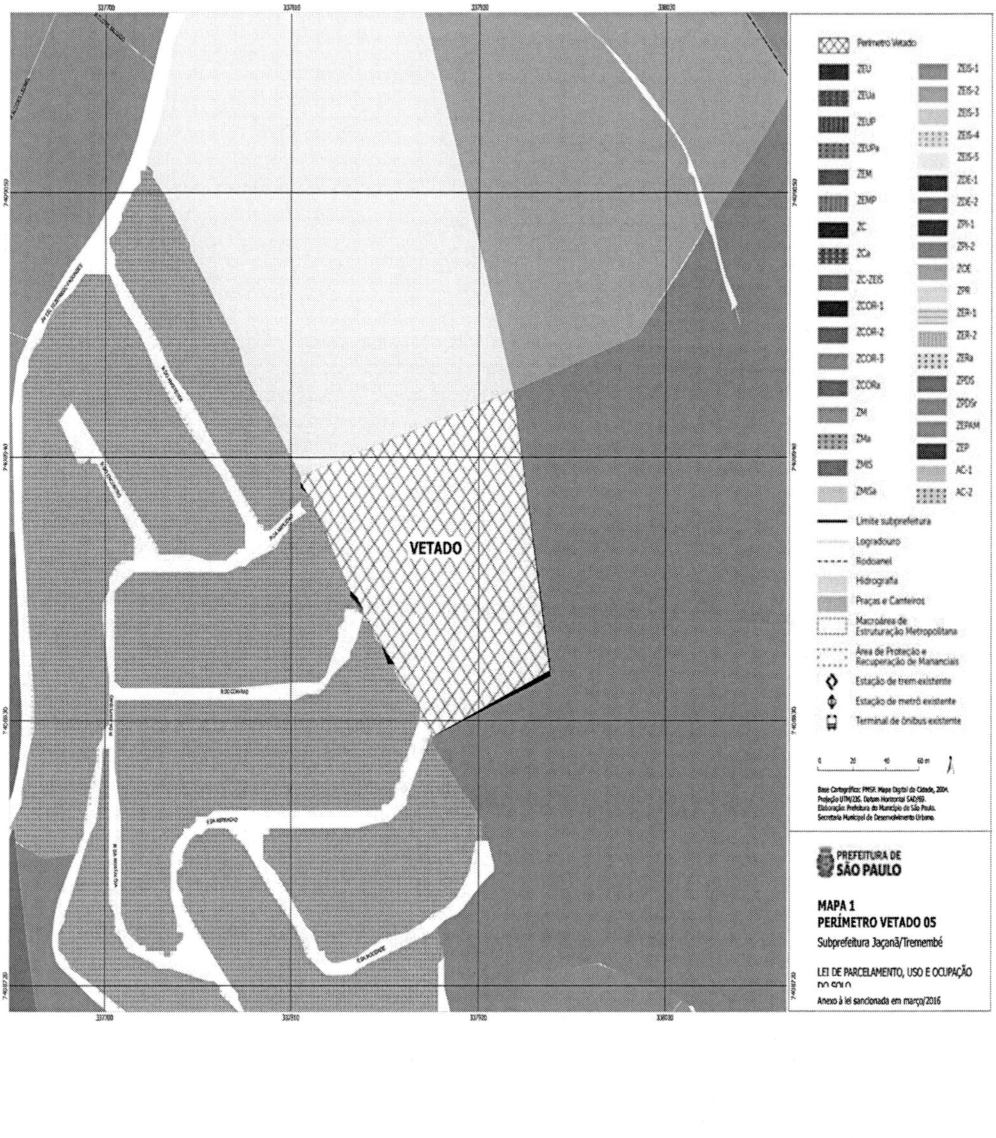

coordenadas **E: 337.845 m** e **N: 7.408.883 m** com azimute **326º 18' 35,76"** e distância de **21,63 m** até o vértice **Pt24**, definido pelas coordenadas **E: 337.833 m** e **N: 7.408.901 m** com azimute **0º** e distância de **1,00 m** até o vértice **Pt25**, definido pelas coordenadas **E: 337.833 m** e **N: 7.408.902 m** com azimute **327º 59' 40,62"** e distância de **18,87 m** até o vértice **Pt26**, definido pelas coordenadas **E: 337.823 m** e **N: 7.408.918 m** com azimute **0º** e distância de **1,00 m** até o vértice **Pt27**, definido pelas coordenadas **E: 337.823 m** e **N: 7.408.919 m** com azimute **315º 00' 00,00"** e distância de **2,83 m** até o vértice **Pt28**, definido pelas coordenadas **E: 337.821 m** e **N: 7.408.921 m** com azimute **326º 18' 35,76"** e distância de **3,61 m** até o vértice **Pt29**, definido pelas coordenadas **E: 337.819 m** e **N: 7.408.924 m** com azimute **323º 07' 48,37"** e distância de **5,00 m** até o vértice **Pt30**, definido pelas coordenadas **E: 337.816 m** e **N: 7.408.928 m** com azimute **315º 00' 00,00"** e distância de **2,83 m** até o vértice **Pt31**, definido pelas coordenadas **E: 337.814 m** e **N: 7.408.930 m** com azimute **0º** e distância de **1,00 m** até o vértice **Pt32**, definido pelas coordenadas **E: 337.814 m** e **N: 7.408.931 m** com azimute **0º** e distância de **1,00 m** até o vértice **Pt33**, definido pelas coordenadas **E: 337.814 m** e **N: 7.408.932 m** com azimute **74º 21' 27,91"** e distância de **129,81 m** até o vértice **Pt0**, encerrando este perímetro.

Todas as coordenadas aqui descritas estão georreferenciadas ao Sistema Geodésico Brasileiro e encontram-se representadas no Sistema UTM, referenciadas ao Meridiano Central 45 WGr, fuso 23S, tendo como datum o SAD69. Todos os azimutes e distâncias, área e perímetro foram calculados no plano de projeção UTM.

JUSTIFICATIVA DE VETO: a área está demarcada como ZEPAM na Lei nº 13.885/2004 e parte significativa apresenta remanescentes de Mata Atlântica conforme levantamento realizado pelo Instituto Florestal.

DESCRIÇÃO DAS COORDENADAS DO PERÍMETRO VETADO 06:

SUBPREFEITURA: Casa Verde – Cachoeirinha

ÁREA: 12.217,00 m² ou 1,2217 ha

PERÍMETRO: 460,91 m

Inicia-se a descrição deste perímetro no vértice **Pt0**, definido pelas coordenadas **E: 329.808 m** e **N: 7.399.151 m** com azimute **96º 00' 32,42"** e distância de **19,10 m** até o vértice **Pt1**, definido pelas coordenadas **E: 329.827 m** e **N: 7.399.149 m** com azimute **98º 07' 48,37"** e distância de **42,43 m** até o vértice **Pt2**, definido pelas coordenadas **E: 329.869 m** e **N: 7.399.143 m** com azimute **98º 07' 48,37"** e distância de **28,28 m** até o vértice **Pt3**, definido pelas coordenadas **E: 329.897 m** e **N: 7.399.139 m** com azimute **123º 41' 24,24"** e distância de **7,21 m** até o vértice **Pt4**, definido pelas coordenadas **E: 329.903 m** e **N: 7.399.135 m** com azimute **0º** e distância de **1,00 m** até o vértice **Pt5**, definido pelas coordenadas **E: 329.903 m** e **N: 7.399.136 m** com azimute **0º** e distância de **1,00 m** até o vértice **Pt6**, definido pelas coordenadas **E: 329.903 m** e **N: 7.399.137 m** com azimute **0º** e distância de **2,00 m** até o vértice **Pt7**, definido pelas coordenadas **E: 329.903 m** e **N: 7.399.139 m** com azimute **0º** e distância de **1,00 m** até o vértice **Pt8**, definido pelas coordenadas **E: 329.903 m** e **N: 7.399.140 m** com azimute **90º** e distância de **2,00 m** até o vértice **Pt9**, definido pelas coordenadas **E: 329.905 m** e **N: 7.399.140 m** com azimute **116º 33' 54,18"** e distância de **2,24 m** até o vértice **Pt10**, definido pelas coordenadas **E: 329.907 m** e **N: 7.399.139 m** com azimute **90º** e distância de **4,00 m** até o vértice **Pt11**, definido pelas coordenadas **E: 329.911 m** e **N: 7.399.139 m** com azimute **135º 00' 00,00"** e distância de **1,41 m** até o vértice **Pt12**, definido pelas coordenadas **E: 329.912 m** e **N: 7.399.138 m** com azimute **0º** e distância de **1,00 m** até o vértice **Pt13**, definido pelas coordenadas **E: 329.912 m** e **N: 7.399.139 m** com azimute **135º 00' 00,00"** e distância de **1,41 m** até o vértice **Pt14**, definido pelas coordenadas **E: 329.913 m** e **N: 7.399.138 m** com azimute **98º 07' 48,37"** e distância de **7,07 m** até o vértice **Pt15**, definido pelas coordenadas **E: 329.920 m** e **N: 7.399.137 m** com azimute **90º** e distância de **1,00 m** até o vértice **Pt16**, definido pelas coordenadas **E: 329.921 m** e **N: 7.399.137 m** com azimute **96º 20' 24,69"** e distância de **9,06 m** até o vértice **Pt17**, definido pelas coordenadas **E: 329.930 m** e **N: 7.399.136 m** com azimute **104º 02' 10,48"** e distância de **8,25 m** até o vértice **Pt18**, definido pelas coordenadas **E: 329.938 m** e **N: 7.399.134 m** com azimute **0º** e distância de **1,00 m** até o vértice **Pt19**, definido pelas coordenadas **E: 329.938 m** e **N: 7.399.135 m** com azimute **180º** e distância de **3,00 m** até o vértice **Pt20**, definido pelas coordenadas **E: 329.938 m** e **N: 7.399.132 m** com azimute **191º 18' 35,76"** e distância de **5,10 m** até o vértice **Pt21**, definido pelas coordenadas **E: 329.937 m** e **N: 7.399.127 m** com azimute **186º 20' 24,69"** e distância de **9,06 m** até o vértice **Pt22**, definido pelas coordenadas **E: 329.936 m** e **N: 7.399.118 m** com azimute **186º 00' 32,42"** e distância de **19,10 m** até o vértice **Pt23**, definido pelas coordenadas **E: 329.934 m** e **N: 7.399.099 m** com azimute **188º 07' 48,37"** e distância de **7,07 m** até o vértice **Pt24**, definido pelas coordenadas **E: 329.933 m** e **N: 7.399.092 m** com azimute **189º 27' 44,36"** e distância de **6,08 m** até o vértice **Pt25**, definido pelas coordenadas **E: 329.932 m** e **N: 7.399.086 m** com azimute **184º 23' 55,34"** e distância de **13,04 m** até o vértice **Pt26**, definido pelas coordenadas **E: 329.931 m** e **N: 7.399.073 m** com azimute **187º 35' 40,72"** e distância de **15,13 m** até o vértice **Pt27**, definido pelas coordenadas **E: 329.929 m** e **N: 7.399.058 m** com azimute **190º 18' 17,45"** e distância de **11,18 m** até o vértice **Pt28**, definido pelas coordenadas **E: 329.927 m** e **N: 7.399.047 m** com azimute **180º** e distância de **5,00 m** até o vértice **Pt29**, definido pelas coordenadas **E: 329.927 m** e **N: 7.399.042 m** com azimute **277º 54' 25,79"** e distância de **36,35 m** até o vértice **Pt30**, definido pelas coordenadas **E: 329.891 m** e **N: 7.399.047 m** com azimute **276º 40' 28,09"** e distância de **94,64 m** até o vértice **Pt31**, definido pelas coordenadas **E: 329.797 m** e **N: 7.399.058 m** com azimute **0º** e distância de **1,00 m** até o vértice **Pt32**, definido pelas coordenadas **E: 329.797 m** e **N: 7.399.059 m** com azimute **6º 20' 24,69"** e distância de **9,06 m** até o vértice **Pt33**, definido pelas coordenadas **E: 329.798 m** e **N: 7.399.068 m** com azimute **0º** e distância de **3,00 m** até o vértice **Pt34**, definido pelas coordenadas **E: 329.798 m** e **N: 7.399.071 m** com azimute **180º** e distância de **1,00 m** até o vértice **Pt35**, definido pelas coordenadas **E: 329.798 m** e **N: 7.399.070 m** com azimute **7º 35' 40,72"** e distância de **15,13 m** até o vértice **Pt36**, definido pelas coordenadas **E: 329.800 m** e **N: 7.399.085 m** com azimute **0º** e distância de **2,00 m** até o vértice **Pt37**, definido pelas coordenadas **E: 329.800 m** e **N: 7.399.087 m** com azimute **7º 07' 30,06"** e distância de **32,25 m** até o vértice **Pt38**, definido pelas coordenadas **E: 329.804 m** e **N: 7.399.119 m** com azimute **7º 35' 40,72"** e distância de **15,13 m** até o vértice **Pt39**, definido pelas coordenadas **E: 329.806 m** e **N: 7.399.134 m** com azimute **5º 11' 39,94"** e distância de **11,05 m** até o vértice **Pt40**, definido pelas coordenadas **E: 329.807 m** e **N: 7.399.145 m** com azimute **9º 27' 44,36"** e distância de **6,08 m** até o vértice **Pt0**, encerrando este perímetro.

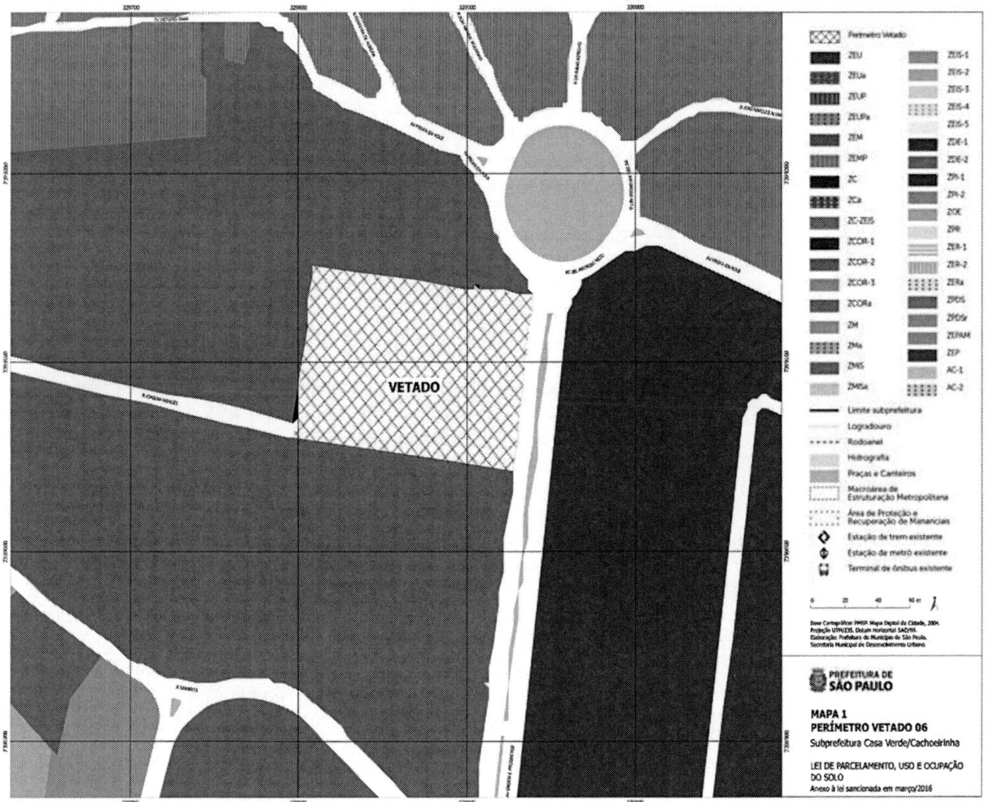

Todas as coordenadas aqui descritas estão georreferenciadas ao Sistema Geodésico Brasileiro e encontram-se representadas no Sistema UTM, referenciadas ao Meridiano Central 45 WGr, fuso 23S, tendo como datum o SAD69. Todos os azimutes e distâncias, área e perímetro foram calculados no plano de projeção UTM.

JUSTIFICATIVA DE VETO: a área está demarcada como parque urbano planejado nos termos do art. 375 da Lei nº 16.050/2014 – Plano Diretor Estratégico em local com carência de oferta de parques urbanos.

DESCRIÇÃO DAS COORDENADAS DO PERÍMETRO VETADO 07:

SUBPREFEITURA: Perus

ÁREA: 45.397,00 m² ou 4,5397 ha

PERÍMETRO: 1.404,85 m

Inicia-se a descrição deste perímetro no vértice **Pt0**, definido pelas coordenadas **E: 318.175 m** e **N: 740.591 m** com azimute **120º 08' 28,99"** e distância de **71,69 m** até o vértice **Pt1**, definido pelas coordenadas **E: 318.237 m** e **N: 740.555 m** com azimute **120º 20' 35,70"** e distância de **95,02 m** até o vértice **Pt2**, definido pelas coordenadas **E: 318.319 m** e **N: 740.507 m** com azimute **266º 05' 58,22"** e distância de **44,10 m** até o vértice **Pt3**, definido pelas coordenadas **E: 318.275 m** e **N: 740.504 m** com azimute **266º 56' 49,62"** e distância de **75,11 m** até o vértice **Pt4**, definido pelas coordenadas **E: 318.200 m** e **N: 740.500 m** com azimute **267º 08' 15,34"** e distância de **120,15 m** até o vértice **Pt5**, definido pelas coordenadas **E: 318.080 m** e **N: 740.494 m** com azimute **270º** e distância de **5,00 m** até o vértice **Pt6**, definido pelas coordenadas **E: 318.075 m** e **N: 740.494 m** com azimute **265º 36' 04,66"** e distância de **13,04 m** até o vértice **Pt7**, definido pelas coordenadas **E: 318.062 m** e **N: 740.493 m** com azimute **270º** e distância de **3,00 m** até o vértice **Pt8**, definido pelas coordenadas **E: 318.059 m** e **N: 740.493 m** com azimute **266º 39' 58,14"** e distância de **206,35 m** até o vértice **Pt9**, definido pelas coordenadas **E: 317.853 m** e **N: 740.481 m** com azimute **268º 01' 30,24"** e distância de **29,02 m** até o vértice **Pt10**, definido pelas coordenadas **E: 317.824 m** e **N: 740.480 m** com azimute **279º 27' 44,36"** e distância de **6,08 m** até o vértice **Pt11**, definido pelas coordenadas **E: 317.818 m** e **N: 740.481 m** com azimute **270º** e distância de **2,00 m** até o vértice **Pt12**, definido pelas coordenadas **E: 317.816 m** e **N: 740.481 m** com azimute **270º** e distância de **2,00 m** até o vértice **Pt13**, definido pelas coordenadas **E: 317.814 m** e **N: 740.481 m** com azimute **284º 02' 10,48"** e distância de **8,25 m** até o vértice **Pt14**, definido pelas coordenadas **E: 317.806 m** e **N: 740.483 m** com azimute **276º 20' 24,69"** e distância de **9,06 m** até o vértice **Pt15**, definido pelas coordenadas **E: 317.797 m** e **N: 740.484 m** com azimute **280º 18' 17,45"** e distância de **11,18 m** até o vértice **Pt16**, definido pelas coordenadas **E: 317.786 m** e **N: 740.486 m** com azimute **284º 02' 10,48"** e distância de **4,12 m** até o vértice **Pt17**, definido pelas coordenadas **E: 317.782 m** e **N: 740.487 m** com azimute **278º 07' 48,37"** e distância de **14,14 m** até o vértice **Pt18**, definido pelas coordenadas **E: 317.768 m** e **N: 740.489 m** com azimute **279º 27' 44,36"** e distância de **12,17 m** até o vértice **Pt19**, definido pelas coordenadas **E: 317.756 m** e **N: 740.491 m** com azimute **270º** e distância de **3,00 m** até o vértice **Pt20**, definido pelas coordenadas **E: 317.753 m** e **N: 740.491 m** com azimute **284º 02' 10,48"** e distância de **4,12 m** até o vértice **Pt21**, definido pelas coordenadas **E: 317.749 m** e **N: 740.492 m** com azimute **275º 42' 38,14"** e distância de **10,05 m** até o vértice **Pt22**, definido pelas coordenadas **E: 317.739 m** e **N: 740.493 m** com azimute **285º 56' 43,43"** e distância de **7,28 m** até o vértice **Pt23**, definido pelas coordenadas **E: 317.732 m** e **N: 740.495 m** com azimute **270º** e distância de **1,00 m** até o vértice **Pt24**, definido pelas coordenadas **E: 317.731 m** e **N: 740.495 m** com azimute **276º 20' 24,69"** e distância de **9,06 m** até o vértice **Pt25**, definido pelas coordenadas **E: 317.722 m** e **N: 740.496 m** com azimute **296º 33' 54,18"** e distância de **2,24 m** até o vértice **Pt26**, definido pelas coordenadas **E: 317.720 m** e **N: 740.497 m** com azimute **281º 18' 35,76"** e distância de **5,10 m** até o vértice **Pt27**, definido pelas coordenadas **E: 317.715 m** e **N: 740.498 m** com azimute **278º 07' 48,37"** e distância de **7,07 m** até o vértice **Pt28**, definido pelas coordenadas **E: 317.708 m** e **N: 740.499 m** com azimute **279º 27' 44,36"** e distância de **6,08 m** até o vértice **Pt29**, definido pelas coordenadas **E: 317.702 m** e **N: 740.500 m** com azimute **288º 26' 05,82"** e distância de **6,32 m** até o vértice **Pt30**, definido pelas coordenadas **E: 317.696 m** e **N: 740.502 m** com azimute **270º** e distância de **3,00 m** até o vértice **Pt31**, definido pelas coordenadas **E: 317.693 m** e **N: 740.502 m** com azimute **296º 33' 54,18"** e distância de **2,24 m** até o vértice **Pt32**, definido pelas coordenadas **E: 317.691 m** e **N: 740.503 m** com azimute **281º 18' 35,76"** e distância de **5,10 m** até o vértice **Pt33**, definido pelas coordenadas **E: 317.686 m** e **N: 740.504 m** com azimute **303º 41' 24,24"** e distância de **3,61 m** até o vértice **Pt34**, definido pelas coordenadas **E: 317.683 m** e **N: 740.506 m** com azimute **270°** e distância de **1,00 m** até o vértice **Pt35**, definido pelas coordenadas **E: 317.682 m** e **N: 740.506 m** com azimute **284° 02' 10,48"** e distância de **4,12 m** até o vértice **Pt36**, definido pelas coordenadas **E: 317.678 m** e **N: 740.507 m** com azimute **315° 00' 00,00"** e distância de **1,41 m** até o vértice **Pt37**, definido pelas coordenadas **E: 317.677 m** e **N: 740.508 m** com azimute **0°** e distância de **1,00 m** até o vértice **Pt38**, definido pelas coordenadas **E: 317.677 m** e **N: 740.509 m** com azimute **198° 26' 05,82"** e distância de **3,16 m** até o vértice **Pt39**, definido pelas coordenadas **E: 317.676 m** e **N: 740.506 m** com azimute **0°** e distância de **1,00 m** até o vértice **Pt40**, definido pelas coordenadas **E: 317.676 m** e **N: 740.507 m** com azimute **0°** e distância de **1,00 m** até o vértice **Pt41**, definido pelas coordenadas **E: 317.676 m** e **N: 740.508 m** com azimute **270°** e distância de **1,00 m** até o vértice **Pt42**, definido pelas coordenadas **E: 317.675 m** e **N: 740.508 m** com azimute **303° 41' 24,24"** e distância de **3,61 m** até o vértice **Pt43**, definido pelas coordenadas **E: 317.672 m** e **N: 740.510 m** com azimute **288° 26' 05,82"** e distância de **3,16 m** até o vértice **Pt44**, definido pelas coordenadas **E: 317.669 m** e **N: 740.511 m** com azimute **0°** e distância de **1,00 m** até o vértice **Pt45**, definido pelas coordenadas **E: 317.669 m** e **N: 740.512 m** com azimute **284° 02' 10,48"** e distância de **4,12 m** até o vértice **Pt46**, definido pelas coordenadas **E: 317.665 m** e **N: 740.513 m** com azimute **315° 00' 00,00"** e distância de **1,41 m** até o vértice **Pt47**, definido pelas coordenadas **E: 317.664 m** e **N: 740.514 m** com azimute **270°** e distância de **1,00 m** até o vértice **Pt48**, definido pelas coordenadas **E: 317.663 m** e **N: 740.514 m** com azimute **315° 00' 00,00"** e distância de **1,41 m** até o vértice **Pt49**, definido pelas coordenadas **E: 317.662 m** e **N: 740.515 m** com azimute **296° 33' 54,18"** e distância de **2,24 m** até o vértice **Pt50**, definido pelas coordenadas **E: 317.660 m** e **N: 740.516 m** com azimute **0°** e distância de **1,00 m** até o vértice **Pt51**, definido pelas coordenadas **E: 317.660 m** e **N: 740.517 m** com azimute **270°** e distância de **1,00 m** até o vértice **Pt52**, definido pelas coordenadas **E: 317.659 m** e **N: 740.517 m** com azimute **0°** e distância de **1,00 m** até o vértice **Pt53**, definido pelas coordenadas **E: 317.659 m** e **N: 740.518 m** com azimute **270°** e distância de **1,00 m** até o vértice **Pt54**, definido pelas coordenadas **E: 317.658 m** e **N: 740.518 m** com azimute **0°** e distância de **1,00 m** até o vértice **Pt55**, definido pelas coordenadas **E: 317.658 m** e **N: 740.519 m** com azimute **270°** e distância de **1,00 m** até o vértice **Pt56**, definido pelas coordenadas **E: 317.657 m** e **N: 740.519 m** com azimute **0°** e distância de **1,00 m** até o vértice **Pt57**, definido pelas coordenadas **E: 317.657 m** e **N: 740.520 m** com azimute **0°** e distância de **7,00 m** até o vértice **Pt58**, definido pelas coordenadas **E: 317.657 m** e **N: 740.527 m** com azimute **180°** e distância de **6,00 m** até o vértice **Pt59**, definido pelas coordenadas **E: 317.657 m** e **N: 740.521 m** com azimute **0°** e distância de **1,00 m** até o vértice **Pt60**, definido pelas coordenadas **E: 317.657 m** e **N: 740.522 m** com azimute **0°** e distância de **4,00 m** até o vértice **Pt61**, definido pelas coordenadas **E: 317.657 m** e **N: 740.526 m** com azimute **180°** e distância de **3,00 m** até o vértice **Pt62**, definido pelas coordenadas **E: 317.657 m** e **N: 740.523 m** com azimute **0°** e distância de **1,00 m** até o vértice **Pt63**, definido pelas coordenadas **E: 317.657 m** e **N: 740.524 m** com azimute **0°** e distância de **1,00 m** até o vértice **Pt64**, definido pelas coordenadas **E: 317.657 m** e **N: 740.525 m** com azimute **153° 26' 05,82"** e distância de **2,24 m** até o vértice **Pt65**, definido pelas coordenadas **E: 317.658 m** e **N: 740.523 m** com azimute **0°** e distância de **1,00 m** até o vértice **Pt66**, definido pelas coordenadas **E: 317.658 m** e **N: 740.524 m** com azimute **90°** e distância de **1,00 m** até o vértice **Pt67**, definido pelas coordenadas **E: 317.659 m** e **N: 740.524 m** com azimute **0°** e distância de **1,00 m** até o vértice **Pt68**, definido pelas coordenadas **E: 317.659 m** e **N: 740.525 m** com azimute **45° 00' 00,00"** e distância de **1,41 m** até o vértice **Pt69**, definido pelas coordenadas **E: 317.660 m** e **N: 740.526 m** com azimute **45° 00' 00,00"** e distância de **1,41 m** até o vértice **Pt70**, definido pelas coordenadas **E: 317.661 m** e **N: 740.527 m** com azimute **0°** e distância de **1,00 m** até o vértice **Pt71**, definido pelas coordenadas **E: 317.661 m** e **N: 740.528 m** com azimute **90°** e distância de **1,00 m** até o vértice **Pt72**, definido pelas coordenadas **E: 317.662 m** e **N: 740.528 m** com azimute **63° 26' 05,82"** e distância de **2,24 m** até o vértice **Pt73**, definido pelas coordenadas **E: 317.664 m** e **N: 740.529 m** com azimute **45° 00' 00,00"** e distância de **1,41 m** até o vértice **Pt74**, definido pelas coordenadas **E: 317.665 m** e **N: 740.530 m** com azimute **90°** e distância de **1,00 m** até o vértice **Pt75**, definido pelas coordenadas **E: 317.666 m** e **N: 740.530 m** com azimute **90°** e distância de **1,00 m** até o vértice **Pt76**, definido pelas coordenadas **E: 317.667 m** e **N: 740.530 m** com azimute **63° 26' 05,82"** e distância de **2,24 m** até o vértice **Pt77**, definido pelas coordenadas **E: 317.669 m** e **N: 740.531 m** com azimute **63° 26' 05,82"** e distância de **2,24 m** até o vértice **Pt78**, definido pelas coordenadas **E: 317.671 m** e **N: 740.532 m** com azimute **63° 26' 05,82"** e distância de **2,24 m** até o vértice **Pt79**, definido pelas coordenadas **E: 317.673 m** e **N: 740.533 m** com azimute **90°** e distância de **1,00 m** até o vértice **Pt80**, definido pelas coordenadas **E: 317.674 m** e **N: 740.533 m** com azimute **45° 00' 00,00"** e distância de **1,41 m** até o vértice **Pt81**, definido pelas coordenadas **E: 317.675 m** e **N: 740.534 m** com azimute **90°** e distância de **2,00 m** até o vértice **Pt82**, definido pelas coordenadas **E: 317.677 m** e **N:**

740.534 m com azimute **45° 00' 00,00"** e distância de **1,41 m** até o vértice **Pt83**, definido pelas coordenadas **E: 317.678 m** e **N: 740.535 m** com azimute **71° 33' 54,18"** e distância de **3,16 m** até o vértice **Pt84**, definido pelas coordenadas **E: 317.681 m** e **N: 740.536 m** com azimute **90°** e distância de **2,00 m** até o vértice **Pt85**, definido pelas coordenadas **E: 317.683 m** e **N: 740.536 m** com azimute **71° 33' 54,18"** e distância de **3,16 m** até o vértice **Pt86**, definido pelas coordenadas **E: 317.686 m** e **N: 740.537 m** com azimute **71° 33' 54,18"** e distância de **3,16 m** até o vértice **Pt87**, definido pelas coordenadas **E: 317.689 m** e **N: 740.538 m** com azimute **90°** e distância de **1,00 m** até o vértice **Pt88**, definido pelas coordenadas **E: 317.690 m** e **N: 740.538 m** com azimute **71° 33' 54,18"** e distância de **3,16 m** até o vértice **Pt89**, definido pelas coordenadas **E: 317.693 m** e **N: 740.539 m** com azimute **75° 57' 49,52"** e distância de **4,12 m** até o vértice **Pt90**, definido pelas coordenadas **E: 317.697 m** e **N: 740.540 m** com azimute **71° 33' 54,18"** e distância de **3,16 m** até o vértice **Pt91**, definido pelas coordenadas **E: 317.700 m** e **N: 740.541 m** com azimute **90°** e distância de **3,00 m** até o vértice **Pt92**, definido pelas coordenadas **E: 317.703 m** e **N: 740.541 m** com azimute **0°** e distância de **1,00 m** até o vértice **Pt93**, definido pelas coordenadas **E: 317.703 m** e **N: 740.542 m** com azimute **90°** e distância de **4,00 m** até o vértice **Pt94**, definido pelas coordenadas **E: 317.707 m** e **N: 740.542 m** com azimute **75° 57' 49,52"** e distância de **4,12 m** até o vértice **Pt95**, definido pelas coordenadas **E: 317.711 m** e **N: 740.543 m** com azimute **90°** e distância de **1,00 m** até o vértice **Pt96**, definido pelas coordenadas **E: 317.712 m** e **N: 740.543 m** com azimute **63° 26' 05,82"** e distância de **2,24 m** até o vértice **Pt97**, definido pelas coordenadas **E: 317.714 m** e **N: 740.544 m** com azimute **90°** e distância de **1,00 m** até o vértice **Pt98**, definido pelas coordenadas **E: 317.715 m** e **N: 740.544 m** com azimute **90°** e distância de **3,00 m** até o vértice **Pt99**, definido pelas coordenadas **E: 317.718 m** e **N: 740.544 m** com azimute **74° 03' 16,57"** e distância de **7,28 m** até o vértice **Pt100**, definido pelas coordenadas **E: 317.725 m** e **N: 740.546 m** com azimute **0°** e distância de **1,00 m** até o vértice **Pt101**, definido pelas coordenadas **E: 317.725 m** e **N: 740.547 m** com azimute **135° 00' 00,00"** e distância de **1,41 m** até o vértice **Pt102**, definido pelas coordenadas **E: 317.726 m** e **N: 740.546 m** com azimute **75° 57' 49,52"** e distância de **4,12 m** até o vértice **Pt103**, definido pelas coordenadas **E: 317.730 m** e **N: 740.547 m** com azimute **90°** e distância de **5,00 m** até o vértice **Pt104**, definido pelas coordenadas **E: 317.735 m** e **N: 740.547 m** com azimute **90°** e distância de **1,00 m** até o vértice **Pt105**, definido pelas coordenadas **E: 317.736 m** e **N: 740.547 m** com azimute **75° 57' 49,52"** e distância de **4,12 m** até o vértice **Pt106**, definido pelas coordenadas **E: 317.740 m** e **N: 740.548 m** com azimute **90°** e distância de **2,00 m** até o vértice **Pt107**, definido pelas coordenadas **E: 317.742 m** e **N: 740.548 m** com azimute **80° 32' 15,64"** e distância de **6,08 m** até o vértice **Pt108**, definido pelas coordenadas **E: 317.748 m** e **N: 740.549 m** com azimute **80° 32' 15,64"** e distância de **6,08 m** até o vértice **Pt109**, definido pelas coordenadas **E: 317.754 m** e **N: 740.550 m** com azimute **78° 41' 24,24"** e distância de **5,10 m** até o vértice **Pt110**, definido pelas coordenadas **E: 317.759 m** e **N: 740.551 m** com azimute **80° 32' 15,64"** e distância de **6,08 m** até o vértice **Pt111**, definido pelas coordenadas **E: 317.765 m** e **N: 740.552 m** com azimute **90°** e distância de **3,00 m** até o vértice **Pt112**, definido pelas coordenadas **E: 317.768 m** e **N: 740.552 m** com azimute **90°** e distância de **4,00 m** até o vértice **Pt113**, definido pelas coordenadas **E: 317.772 m** e **N: 740.552 m** com azimute **81° 52' 11,63"** e distância de **7,07 m** até o vértice **Pt114**, definido pelas coordenadas **E: 317.779 m** e **N: 740.553 m** com azimute **0°** e distância de **1,00 m** até o vértice **Pt115**, definido pelas coordenadas **E: 317.779 m** e **N: 740.554 m** com azimute **90°** e distância de **6,00 m** até o vértice **Pt116**, definido pelas coordenadas **E: 317.785 m** e **N: 740.554 m** com azimute **80° 32' 15,64"** e distância de **6,08 m** até o vértice **Pt117**, definido pelas coordenadas **E: 317.791 m** e **N: 740.555 m** com azimute **90°** e distância de **1,00 m** até o vértice **Pt118**, definido pelas coordenadas **E: 317.792 m** e **N: 740.555 m** com azimute **82° 52' 29,94"** e distância de **8,06 m** até o vértice **Pt119**, definido pelas coordenadas **E: 317.800 m** e **N: 740.556 m** com azimute **90°** e distância de **6,00 m** até o vértice **Pt120**, definido pelas coordenadas **E: 317.806 m** e **N: 740.556 m** com azimute **80° 32' 15,64"** e distância de **6,08 m** até o vértice **Pt121**, definido pelas coordenadas **E: 317.812 m** e **N: 740.557 m** com azimute **81° 52' 11,63"** e distância de **7,07 m** até o vértice **Pt122**, definido pelas coordenadas **E: 317.819 m** e **N: 740.558 m** com azimute **90°** e distância de **2,00 m** até o vértice **Pt123**, definido pelas coordenadas **E: 317.821 m** e **N: 740.558 m** com azimute **82° 52' 29,94"** e distância de **8,06 m** até o vértice **Pt124**, definido pelas coordenadas **E: 317.829 m** e **N: 740.559 m** com azimute **90°** e distância de **7,00 m** até o vértice **Pt125**, definido pelas coordenadas **E: 317.836 m** e **N: 740.559 m** com azimute **80° 32' 15,64"** e distância de **6,08 m** até o vértice **Pt126**, definido pelas coordenadas **E: 317.842 m** e **N: 740.560 m** com azimute **90°** e distância de **2,00 m** até o vértice **Pt127**, definido pelas coordenadas **E: 317.844 m** e **N: 740.560 m** com azimute **84° 17' 21,86"** e distância de **10,05 m** até o vértice **Pt128**, definido pelas coordenadas **E: 317.854 m** e **N: 740.561 m** com azimute **84° 17' 21,86"** e distância de **10,05 m** até o vértice **Pt129**, definido pelas coordenadas **E: 317.864 m** e **N: 740.562 m** com azimute **90°** e distância de **1,00 m** até o vértice **Pt130**, definido pelas coordenadas **E: 317.865 m** e **N: 740.562 m** com azimute **84º 17' 21,86"** e distância de **10,05 m** até o vértice **Pt131**, definido pelas coordenadas **E: 317.875 m** e **N: 740.563 m** com azimute **80º 32' 15,64"** e distância de **12,17 m** até o vértice **Pt132**, definido pelas coordenadas **E: 317.887 m** e **N: 740.565 m** com azimute **90º** e distância de **6,00 m** até o vértice **Pt133**, definido pelas coordenadas **E: 317.893 m** e **N: 740.565 m** com azimute **78º 41' 24,24"** e distância de **5,10 m** até o vértice **Pt134**, definido pelas coordenadas **E: 317.898 m** e **N: 740.566 m** com azimute **84º 17' 21,86"** e distância de **10,05 m** até o vértice **Pt135**, definido pelas coordenadas **E: 317.908 m** e **N: 740.567 m** com azimute **84º 48' 20,06"** e distância de **11,05 m** até o vértice **Pt136**, definido pelas coordenadas **E: 317.919 m** e **N: 740.568 m** com azimute **0º** e distância de **1,00 m** até o vértice **Pt137**, definido pelas coordenadas **E: 317.919 m** e **N: 740.569 m** com azimute **116º 33' 54,18"** e distância de **2,24 m** até o vértice **Pt138**, definido pelas coordenadas **E: 317.921 m** e **N: 740.568 m** com azimute **83º 39' 35,31"** e distância de **9,06 m** até o vértice **Pt139**, definido pelas coordenadas **E: 317.930 m** e **N: 740.569 m** com azimute **83º 39' 35,31"** e distância de **9,06 m** até o vértice **Pt140**, definido pelas coordenadas **E: 317.939 m** e **N: 740.570 m** com azimute **90º** e distância de **6,00 m** até o vértice **Pt141**, definido pelas coordenadas **E: 317.945 m** e **N: 740.570 m** com azimute **90º** e distância de **3,00 m** até o vértice **Pt142**, definido pelas coordenadas **E: 317.948 m** e **N: 740.570 m** com azimute **84º 48' 20,06"** e distância de **11,05 m** até o vértice **Pt143**, definido pelas coordenadas **E: 317.959 m** e **N: 740.571 m** com azimute **80º 32' 15,64"** e distância de **12,17 m** até o vértice **Pt144**, definido pelas coordenadas **E: 317.971 m** e **N: 740.573 m** com azimute **90º** e distância de **3,00 m** até o vértice **Pt145**, definido pelas coordenadas **E: 317.974 m** e **N: 740.573 m** com azimute **0º** e distância de **1,00 m** até o vértice **Pt146**, definido pelas coordenadas **E: 317.974 m** e **N: 740.574 m** com azimute **99º 27' 44,36"** e distância de **6,08 m** até o vértice **Pt147**, definido pelas coordenadas **E: 317.980 m** e **N: 740.573 m** com azimute **83º 39' 35,31"** e distância de **9,06 m** até o vértice

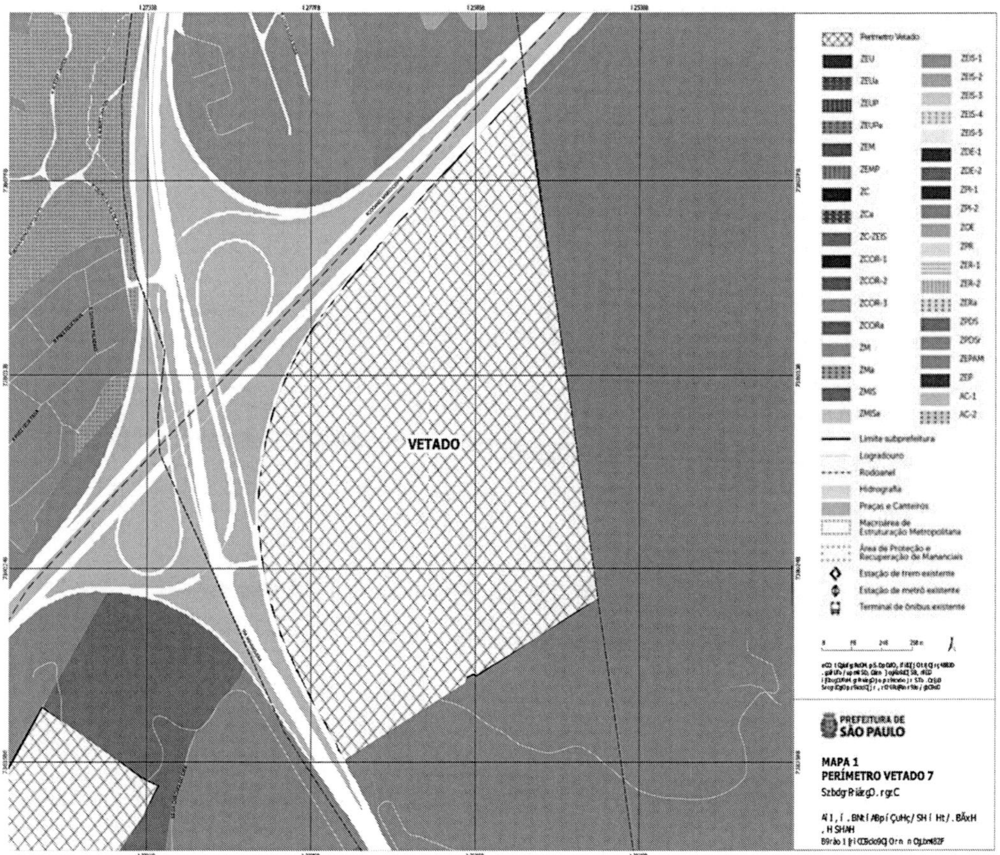

Pt148, definido pelas coordenadas **E: 317.989 m** e **N: 740.574 m** com azimute **75° 57' 49,52"** e distância de **4,12 m** até o vértice **Pt149**, definido pelas coordenadas **E: 317.993 m** e **N: 740.575 m** com azimute **90°** e distância de **3,00 m** até o vértice **Pt150**, definido pelas coordenadas **E: 317.996 m** e **N: 740.575 m** com azimute **90°** e distância de **4,00 m** até o vértice **Pt151**, definido pelas coordenadas **E: 318.000 m** e **N: 740.575 m** com azimute **90°** e distância de **3,00 m** até o vértice **Pt152**, definido pelas coordenadas **E: 318.003 m** e **N: 740.575 m** com azimute **83° 59' 27,58"** e distância de **19,10 m** até o vértice **Pt153**, definido pelas coordenadas **E: 318.022 m** e **N: 740.577 m** com azimute **83° 59' 27,58"** e distância de **19,10 m** até o vértice **Pt154**, definido pelas coordenadas **E: 318.041 m** e **N: 740.579 m** com azimute **82° 52' 29,94"** e distância de **8,06 m** até o vértice **Pt155**, definido pelas coordenadas **E: 318.049 m** e **N: 740.580 m** com azimute **0°** e distância de **1,00 m** até o vértice **Pt156**, definido pelas coordenadas **E: 318.049 m** e **N: 740.581 m** com azimute **87° 52' 44,05"** e distância de **27,02 m** até o vértice **Pt157**, definido pelas coordenadas **E: 318.076 m** e **N: 740.582 m** com azimute **85° 54' 51,78"** e distância de **28,07 m** até o vértice **Pt158**, definido pelas coordenadas **E: 318.104 m** e **N: 740.584 m** com azimute **75° 57' 49,52"** e distância de **4,12 m** até o vértice **Pt159**, definido pelas coordenadas **E: 318.108 m** e **N: 740.585 m** com azimute **84° 33' 34,80"** e distância de **21,10 m** até o vértice **Pt160**, definido pelas coordenadas **E: 318.129 m** e **N: 740.587 m** com azimute **90°** e distância de **5,00 m** até o vértice **Pt161**, definido pelas coordenadas **E: 318.134 m** e **N: 740.587 m** com azimute **83° 25' 05,00"** e distância de **26,17 m** até o vértice **Pt162**, definido pelas coordenadas **E: 318.160 m** e **N: 740.590 m** com azimute **86° 11' 09,33"** e distância de **15,03 m** até o vértice **Pt0**, encerrando este perímetro.

Todas as coordenadas aqui descritas estão georreferenciadas ao Sistema Geodésico Brasileiro e encontram-se representadas no Sistema UTM, referenciadas ao Meridiano Central 45 WGr, fuso 23S, tendo como datum o SAD69. Todos os azimutes e distâncias, área e perímetro foram calculados no plano de projeção UTM.

JUSTIFICATIVA DE VETO: a área se enquadra no disposto no § 2º do art. 19 da presente lei, que prevê que as terras indígenas fiquem demarcadas como ZEPAM. Além disso, parte do local apresenta remanescentes de Mata Atlântica conforme levantamento realizado pelo Instituto Florestal.

DESCRIÇÃO DAS COORDENADAS DO PERÍMETRO VETADO 08:

SUBPREFEITURA: Perus

ÁREA: 98.771,50 m² ou 9,8772 ha

PERÍMETRO: 1.317,08 m

Inicia-se a descrição deste perímetro no vértice **Pt0**, definido pelas coordenadas **E: 317.234 m** e **N: 7.404.890 m** com azimute **122° 13' 43,53"** e distância de **54,38 m** até o vértice **Pt1**, definido pelas coordenadas **E: 317.280 m** e **N: 7.404.861 m** com azimute **119° 14' 55,77"** e distância de **57,31 m** até o vértice **Pt2**, definido pelas coordenadas **E: 317.330 m** e **N: 7.404.833 m** com azimute **119° 58' 53,90"** e distância de **60,03 m** até o vértice **Pt3**, definido pelas coordenadas **E: 317.382 m** e **N: 7.404.803 m** com azimute **122° 44' 06,81"** e distância de **49,93 m** até o vértice **Pt4**, definido pelas coordenadas **E: 317.424 m** e **N: 7.404.776 m** com azimute **112° 18' 22,34"** e distância de **42,15 m** até o vértice **Pt5**, definido pelas coordenadas **E: 317.463 m** e **N: 7.404.760 m** com azimute **209° 44' 41,57"** e distância de **56,44 m** até o vértice **Pt6**, definido pelas coordenadas **E: 317.435 m** e **N: 7.404.711 m** com azimute **220° 00' 49,20"** e distância de **105,76 m** até o vértice **Pt7**, definido pelas coordenadas **E: 317.367 m** e **N: 7.404.630 m** com azimute **221° 41' 53,28"** e distância de **73,66 m** até o vértice **Pt8**, definido pelas coordenadas **E: 317.318 m** e **N: 7.404.575 m** com azimute **232° 44' 00,95"** e distância de **57,80 m** até o vértice **Pt9**, definido pelas coordenadas **E: 317.272 m** e **N: 7.404.540 m** com azimute **0°** e distância de **1,00 m** até o vértice **Pt10**, definido pelas coordenadas **E: 317.272 m** e **N: 7.404.541 m** com azimute **270°** e distância de **1,00 m** até o vértice **Pt11**, definido pelas coordenadas **E: 317.271 m** e **N: 7.404.541 m** com azimute **255° 13' 02,19"** e distância de **74,46 m** até o vértice **Pt12**, definido pelas coordenadas **E: 317.199 m** e **N: 7.404.522 m** com azimute **254° 03' 16,57"** e distância de **21,84 m** até o vértice **Pt13**, definido pelas coordenadas **E: 317.178 m** e **N: 7.404.516 m** com azimute **270°** e distância de **3,00 m** até o vértice **Pt14**, definido pelas coordenadas **E: 317.175 m** e **N: 7.404.516 m** com azimute **233° 48' 24,45"** e distância de **50,80 m** até o vértice **Pt15**, definido pelas coordenadas **E: 317.134 m** e **N: 7.404.486 m** com azimute **251° 14' 28,86"** e distância de **55,97 m** até o vértice **Pt16**, definido pelas coordenadas **E: 317.081 m** e **N: 7.404.468 m** com azimute **280° 29' 29,32"** e distância de **54,92 m** até o vértice **Pt17**, definido pelas coordenadas **E: 317.027 m** e **N: 7.404.478 m** com azimute **324° 03' 28,40"** e distância de **49,41 m** até o vértice **Pt18**, definido pelas coordenadas **E: 316.998 m** e **N: 7.404.518 m** com azimute **0°** e distância de **33,00 m** até o vértice **Pt19**, definido pelas coordenadas **E: 316.998 m** e **N: 7.404.551 m** com azimute **26° 33' 54,18"** e distância de **31,30 m** até o vértice **Pt20**, definido pelas coordenadas **E: 317.012 m** e **N: 7.404.579 m** com azimute **39° 55' 13,41"** e distância de **127,78 m** até o vértice **Pt21**, definido pelas coordenadas **E: 317.094 m** e **N: 7.404.677 m** com azimute **36° 52' 11,63"** e distância de **5,00 m** até o vértice **Pt22**, definido pelas coordenadas **E: 317.097 m** e **N: 7.404.681 m** com azimute **0°** e distância de **1,00 m** até o vértice **Pt23**, definido pelas coordenadas **E: 317.097 m** e **N: 7.404.682 m** com azimute **38° 09' 26,02"** e distância de **17,80 m** até o vértice **Pt24**, definido pelas coordenadas **E: 317.108 m** e **N: 7.404.696 m** com azimute **33° 04' 14,44"** e distância de **153,94 m** até o vértice **Pt25**, definido pelas coordenadas **E: 317.192 m** e **N: 7.404.825 m** com azimute **32° 52' 07,24"** e distância de **77,39 m** até o vértice **Pt0**, encerrando este perímetro.

Todas as coordenadas aqui descritas estão georreferenciadas ao Sistema Geodésico Brasileiro e encontram-se representadas no Sistema UTM, referenciadas ao Meridiano Central 45 WGr, fuso 23S, tendo como datum o SAD69. Todos os azimutes e distâncias, área e perímetro foram calculados no plano de projeção UTM.

JUSTIFICATIVA DE VETO: a área está demarcada como ZEPAM na Lei nº 13.885/2004 e parte significativa apresenta remanescentes de Mata Atlântica conforme levantamento realizado pelo Instituto Florestal.

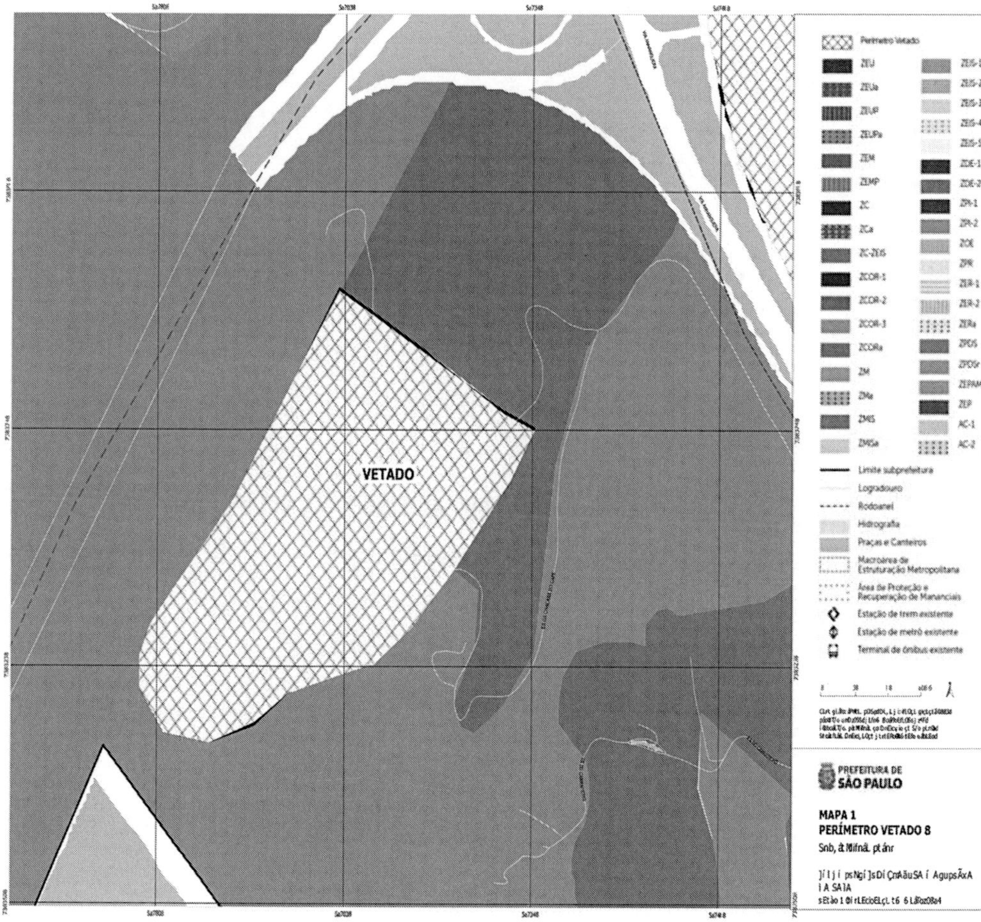

DESCRIÇÃO DAS COORDENADAS DO PERÍMETRO VETADO 09:

SUBPREFEITURA: Vila Prudente

ÁREA: 55.599,50 m² ou 5,5600 ha

PERÍMETRO: 948,64 m

Inicia-se a descrição deste perímetro no vértice **Pt0**, definido pelas coordenadas **E: 337.670 m** e **N: 7.390.998 m** com azimute **155° 56' 33,54"** e distância de **122,65 m** até o vértice **Pt1**, definido pelas coordenadas **E: 337.720 m** e **N: 7.390.886 m** com azimute **159° 46' 30,51"** e distância de **40,50 m** até o vértice **Pt2**, definido pelas coordenadas **E: 337.734 m** e **N: 7.390.848 m** com azimute **169° 02' 45,37"** e distância de **31,58 m** até o vértice **Pt3**, definido pelas coordenadas **E: 337.740 m** e **N: 7.390.817 m** com azimute **180°** e distância de **23,00 m** até o vértice **Pt4**, definido pelas coordenadas **E: 337.740 m** e **N: 7.390.794 m** com azimute **186° 34' 55,00"** e distância de **26,17 m** até o vértice **Pt5**, definido pelas coordenadas **E: 337.737 m** e **N: 7.390.768 m** com azimute **195° 25' 19,78"** e distância de **30,08 m** até o vértice **Pt6**, definido pelas coordenadas **E: 337.729 m** e **N: 7.390.739 m** com azimute **207° 28' 27,95"** e distância de **28,18 m** até o vértice **Pt7**, definido pelas coordenadas **E: 337.716 m** e **N: 7.390.714 m** com azimute **214° 59' 31,27"** e distância de **24,41 m** até o vértice **Pt8**, definido pelas coordenadas **E: 337.702 m** e **N: 7.390.694 m** com azimute **225° 00' 00,00"** e distância de **26,87 m** até o vértice **Pt9**, definido pelas

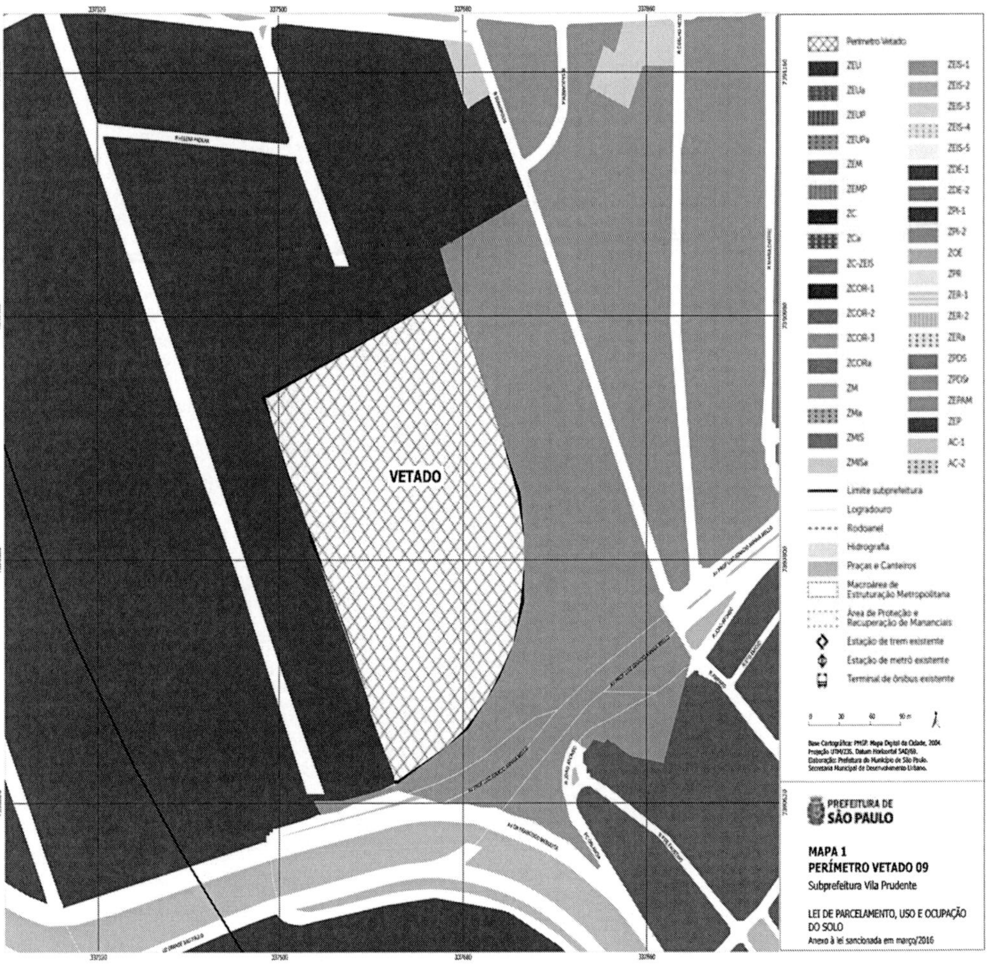

coordenadas **E: 337.683 m** e **N: 7.390.675 m** com azimute **234° 09' 44,45"** e distância de **22,20 m** até o vértice **Pt10**, definido pelas coordenadas **E: 337.665 m** e **N: 7.390.662 m** com azimute **241° 37' 51,43"** e distância de **56,82 m** até o vértice **Pt11**, definido pelas coordenadas **E: 337.615 m** e **N: 7.390.635 m** com azimute **270°** e distância de **1,00 m** até o vértice **Pt12**, definido pelas coordenadas **E: 337.614 m** e **N: 7.390.635 m** com azimute **326° 18' 35,76"** e distância de **3,61 m** até o vértice **Pt13**, definido pelas coordenadas **E: 337.612 m** e **N: 7.390.638 m** com azimute **335° 49' 15,21"** e distância de **53,71 m** até o vértice **Pt14**, definido pelas coordenadas **E: 337.590 m** e **N: 7.390.687 m** com azimute **338° 11' 54,93"** e distância de **16,16 m** até o vértice **Pt15**, definido pelas coordenadas **E: 337.584 m** e **N: 7.390.702 m** com azimute **334° 58' 59,18"** e distância de **49,66 m** até o vértice **Pt16**, definido pelas coordenadas **E: 337.563 m** e **N: 7.390.747 m** com azimute **336° 02' 15,04"** e distância de **39,40 m** até o vértice **Pt17**, definido pelas coordenadas **E: 337.547 m** e **N: 7.390.783 m** com azimute **334° 10' 44,43"** e distância de **34,44 m** até o vértice **Pt18**, definido pelas coordenadas **E: 337.532 m** e **N: 7.390.814 m** com azimute **335° 33' 21,76"** e distância de **12,08 m** ate o vértice **Pt19**, definido pelas coordenadas **E: 337.527 m** e **N: 7.390.825 m** com azimute **337° 37' 11,51"** e distância de **18,38 m** até o vértice **Pt20**, definido pelas coordenadas **E: 337.520 m** e **N: 7.390.842 m** com azimute **333° 26' 05,82"** e distância de **20,12 m** até o vértice **Pt21**, definido pelas coordenadas **E: 337.511 m** e **N: 7.390.860 m** com azimute **336° 17' 50,47"** e distância de **44,78 m** até o vértice **Pt22**, definido pelas coordenadas **E: 337.493 m** e **N: 7.390.901 m** com azimute **334° 39' 13,77"** e distância de **21,02 m** até o vértice **Pt23**, definido pelas coordenadas **E: 337.484 m** e **N: 7.390.920 m** com azimute **78° 41' 24,24"** e distância de **5,10 m** até o vértice **Pt24**, definido pelas coordenadas **E: 337.489 m** e **N: 7.390.921 m** com azimute **67° 07' 18,99"** e distância de **187,77 m** até o vértice **Pt25**, definido pelas coordenadas **E: 337.662 m** e **N: 7.390.994 m** com azimute **63° 26' 05,82"** e distância de **8,94 m** até o vértice **Pt0**, encerrando este perímetro.

Todas as coordenadas aqui descritas estão georreferenciadas ao Sistema Geodésico Brasileiro e encontram-se representadas no Sistema UTM, referenciadas ao Meridiano Central 45 WGr, fuso 23S, tendo como datum o SAD69. Todos os azimutes e distâncias, área e perímetro foram calculados no plano de projeção UTM.

JUSTIFICATIVA DE VETO: tendo em vista que a área esta inserida no perímetro do Projeto de Lei da Operação Urbana Consorciada Bairros do Tamanduateí, elaborado nos termos da Lei nº 16.050/2014 Plano Diretor Estratégico – PDE, cujas transformações almejadas propiciarão considerável valorização urbanística e ambiental, a manutenção de ZEIS-2 neste local possibilitará relevante contribuição para o equilíbrio social do projeto urbano em comento.

DESCRIÇÃO DAS COORDENADAS DO PERÍMETRO VETADO 10:

SUBPREFEITURA: Penha

ÁREA: 5.017,00 m² ou 0,5017 ha

PERÍMETRO: 547,09 m

Inicia-se a descrição deste perímetro no vértice **Pt0**, definido pelas coordenadas **E: 341.684 m** e **N: 739.858 m** com azimute **90°** e distância de **1,00 m** até o vértice **Pt1**, definido pelas coordenadas **E: 341.685 m** e **N: 739.858 m** com azimute **104° 02' 10,48"** e distância de **16,49 m** até o vértice **Pt2**, definido pelas coordenadas **E: 341.701 m** e **N: 739.854 m** com azimute **110° 33' 21,76"** e distância de **8,54 m** até o vértice **Pt3**, definido pelas coordenadas **E: 341.709 m** e **N: 739.851 m** com azimute **0°** e distância de **1,00 m** até o vértice **Pt4**, definido pelas coordenadas **E: 341.709 m** e **N: 739.852 m** com azimute **150° 15' 18,43"** e distância de **8,06 m** até o vértice **Pt5**, definido pelas coordenadas **E: 341.713 m** e **N: 739.845 m** com azimute **180°** e distância de **3,00 m** até o vértice **Pt6**, definido pelas coordenadas **E: 341.713 m** e **N: 739.842 m** com azimute **206° 33' 54,18"** e distância de **6,71 m** até o vértice **Pt7**, definido pelas coordenadas **E: 341.710 m** e **N: 739.836 m** com azimute **191° 18' 35,76"** e distância de **5,10 m** até o vértice **Pt8**, definido pelas coordenadas **E: 341.709 m** e **N: 739.831 m** com azimute **264° 17' 21,86"** e distância de **50,25 m** até o vértice **Pt9**, definido pelas coordenadas **E: 341.659 m** e **N: 739.826 m** com azimute **267° 40' 42,49"** e distância de **74,06 m** até o vértice **Pt10**, definido pelas coordenadas **E: 341.585 m** e **N: 739.823 m** com azimute **0°** e distância de **1,00 m** até o vértice **Pt11**, definido pelas coordenadas **E: 341.585 m** e **N: 739.824 m** com azimute **225° 00' 00,00"** e distância de **1,41 m** até o vértice **Pt12**, definido pelas coordenadas **E: 341.584 m** e **N: 739.823 m** com azimute **315° 00' 00,00"** e distância de **1,41 m** até o vértice **Pt13**, definido pelas coordenadas **E: 341.583 m** e **N: 739.824 m** com azimute

267º 52' 44,05" e distância de **27,02 m** até o vértice **Pt14**, definido pelas coordenadas **E: 341.556 m** e **N: 739.823 m** com azimute **270º** e distância de **1,00 m** até o vértice **Pt15**, definido pelas coordenadas **E: 341.555 m** e **N: 739.823 m** com azimute **270º** e distância de **2,00 m** até o vértice **Pt16**, definido pelas coordenadas **E: 341.553 m** e **N: 739.823 m** com azimute **270º** e distância de **2,00 m** até o vértice **Pt17**, definido pelas coordenadas **E: 341.551 m** e **N: 739.823 m** com azimute **270º** e distância de **2,00 m** até o vértice **Pt18**, definido pelas coordenadas **E: 341.549 m** e **N: 739.823 m** com azimute **270º** e distância de **1,00 m** até o vértice **Pt19**, definido pelas coordenadas **E: 341.548 m** e **N: 739.823 m** com azimute **288º 26' 05,82"** e distância de **15,81 m** até o vértice **Pt20**, definido pelas coordenadas **E: 341.533 m** e **N: 739.828 m** com azimute **0º** e distância de **1,00 m** até o vértice **Pt21**, definido pelas coordenadas **E: 341.533 m** e **N: 739.829 m** com azimute **0º** e distância de **1,00 m** até o vértice **Pt22**, definido pelas coordenadas **E: 341.533 m** e **N: 739.830 m** com azimute **0º** e distância de **1,00 m** até o vértice **Pt23**, definido pelas coordenadas **E: 341.533 m** e **N: 739.831 m** com azimute **135º 00' 00,00"** e distância de **1,41 m** até o vértice **Pt24**, definido pelas coordenadas **E: 341.534 m** e **N: 739.830 m** com azimute **75º 57' 49,52"** e distância de **8,25 m** até o vértice **Pt25**, definido pelas coordenadas **E: 341.542 m** e **N: 739.832 m** com azimute **80º 32' 15,64"** e distância de **6,08 m** até o vértice **Pt26**, definido pelas coordenadas **E: 341.548 m** e **N: 739.833 m** com azimute **71º 33' 54,18"** e distância de **3,16 m** até o vértice **Pt27**, definido pelas coordenadas **E: 341.551 m** e **N: 739.834 m** com azimute **84º 17' 21,86"** e distância de **10,05 m** até o vértice **Pt28**, definido pelas coordenadas **E: 341.561 m** e **N: 739.835 m** com azimute **63º 26' 05,82"** e distância de **2,24 m** até o vértice **Pt29**, definido pelas coordenadas **E: 341.563 m** e **N: 739.836 m** com azimute **90º** e distância de **2,00 m** até o vértice **Pt30**, definido pelas coordenadas **E: 341.565 m** e **N: 739.836 m** com azimute **53º 07' 48,37"** e distância de **5,00 m** até o vértice **Pt31**, definido pelas coordenadas **E: 341.569 m** e **N: 739.839 m** com azimute **63º 26' 05,82"** e distância de **2,24 m** até o vértice **Pt32**, definido pelas coordenadas **E: 341.571 m** e **N: 739.840 m** com azimute **18º 26' 05,82"** e distância de **3,16 m** até o vértice **Pt33**, definido pelas coordenadas **E: 341.572 m** e **N: 739.843 m** com azimute **0º** e distância de **1,00 m** até o vértice **Pt34**, definido pelas coordenadas **E: 341.572 m** e **N: 739.844 m** com azimute **225º 00' 00,00"** e distância de **1,41 m** até o vértice **Pt35**, definido pelas coordenadas **E: 341.571 m** e **N: 739.843 m** com azimute **296º 33' 54,18"** e distância de **2,24 m** até o vértice **Pt36**,

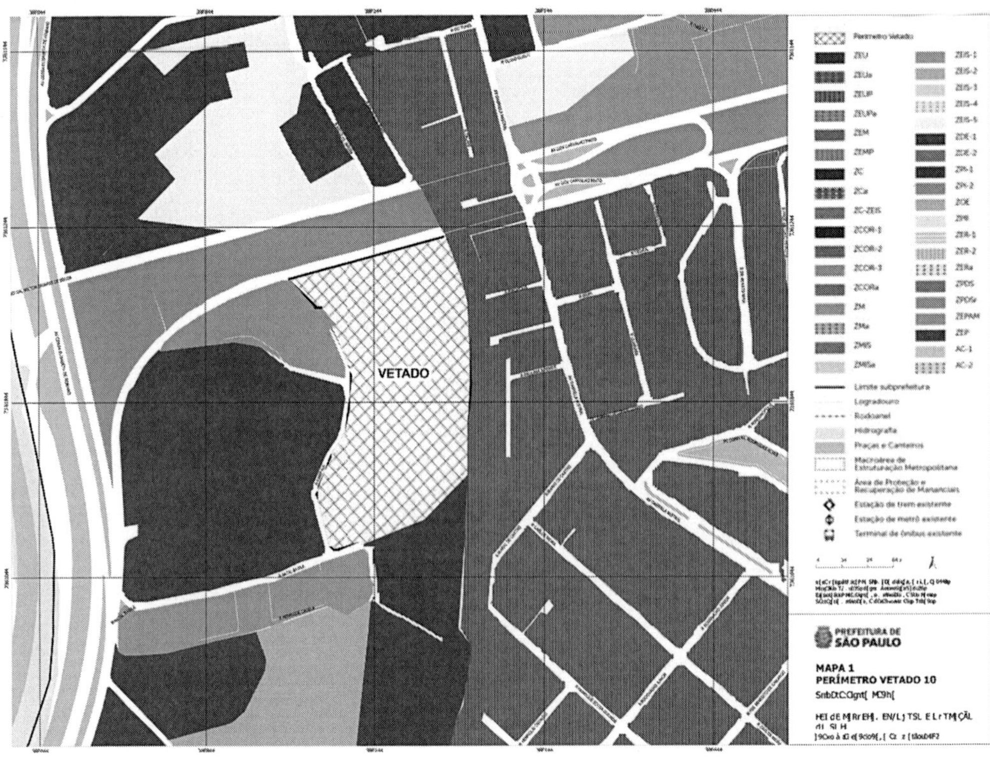

definido pelas coordenadas **E: 341.569 m** e **N: 739.844 m** com azimute **288° 26' 05,82"** e distância de **3,16 m** até o vértice **Pt37**, definido pelas coordenadas **E: 341.566 m** e **N: 739.845 m** com azimute **279° 27' 44,36"** e distância de **6,08 m** até o vértice **Pt38**, definido pelas coordenadas **E: 341.560 m** e **N: 739.846 m** com azimute **281° 18' 35,76"** e distância de **10,20 m** até o vértice **Pt39**, definido pelas coordenadas **E: 341.550 m** e **N: 739.848 m** com azimute **270°** e distância de **1,00 m** até o vértice **Pt40**, definido pelas coordenadas **E: 341.549 m** e **N: 739.848 m** com azimute **0°** e distância de **1,00 m** até o vértice **Pt41**, definido pelas coordenadas **E: 341.549 m** e **N: 739.849 m** com azimute **101° 18' 35,76"** e distância de **5,10 m** até o vértice **Pt42**, definido pelas coordenadas **E: 341.554 m** e **N: 739.848 m** com azimute **277° 35' 40,72"** e distância de **15,13 m** até o vértice **Pt43**, definido pelas coordenadas **E: 341.539 m** e **N: 739.850 m** com azimute **270°** e distância de **7,00 m** até o vértice **Pt44**, definido pelas coordenadas **E: 341.532 m** e **N: 739.850 m** com azimute **276° 06' 55,81"** e distância de **28,16 m** até o vértice **Pt45**, definido pelas coordenadas **E: 341.504 m** e **N: 739.853 m** com azimute **281° 18' 35,76"** e distância de **5,10 m** até o vértice **Pt46**, definido pelas coordenadas **E: 341.499 m** e **N: 739.854 m** com azimute **88° 45' 40,92"** e distância de **185,04 m** até o vértice **Pt0**, encerrando este perímetro.

Todas as coordenadas aqui descritas estão georreferenciadas ao Sistema Geodésico Brasileiro e encontram-se representadas no Sistema UTM, referenciadas ao Meridiano Central 45 WGr, fuso 23S, tendo como datum o SAD69. Todos os azimutes e distâncias, área e perímetro foram calculados no plano de projeção UTM.

JUSTIFICATIVA DE VETO: tendo em vista a existência de famílias de baixa renda no local, a manutenção da ZEIS-2 possibilitará a provisão de moradias para o perfil de renda mais adequado ao enfrentamento da maior parcela do déficit habitacional no Município de São Paulo, ao mesmo tempo em que confere melhores condições para garantia da segurança da posse das famílias, nos termos da Lei Federal nº 11.977/2009.

DESCRIÇÃO DAS COORDENADAS DO PERÍMETRO VETADO 11:

SUBPREFEITURA: Pirituba/Jaraguá

ÁREA: 41.212,50 m² ou 4,1213 ha

PERÍMETRO: 809,68 m

Inicia-se a descrição deste perímetro no vértice **Pt0**, definido pelas coordenadas **E: 324.631 m** e **N: 7.406.045 m** com azimute **176° 25' 25,20"** e distância de **80,16 m** até o vértice **Pt1**, definido pelas coordenadas **E: 324.636 m** e **N: 7.405.965 m** com azimute **177° 42' 33,80"** e distância de **25,02 m** até o vértice **Pt2**, definido pelas coordenadas **E: 324.637 m** e **N: 7.405.940 m** com azimute **176° 59' 13,96"** e distância de **19,03 m** até o vértice **Pt3**, definido pelas coordenadas **E: 324.638 m** e **N: 7.405.921 m** com azimute **176° 38' 00,74"** e distância de **34,06 m** até o vértice **Pt4**, definido pelas coordenadas **E: 324.640 m** e **N: 7.405.887 m** com azimute **175° 54' 51,78"** e distância de **14,04 m** até o vértice **Pt5**, definido pelas coordenadas **E: 324.641 m** e **N: 7.405.873 m** com azimute **180°** e distância de **6,00 m** até o vértice **Pt6**, definido pelas coordenadas **E: 324.641 m** e **N: 7.405.867 m** com azimute **180°** e distância de **3,00 m** até o vértice **Pt7**, definido pelas coordenadas **E: 324.641 m** e **N: 7.405.864 m** com azimute **180°** e distância de **1,00 m** até o vértice **Pt8**, definido pelas coordenadas **E: 324.641 m** e **N: 7.405.863 m** com azimute **180°** e distância de **1,00 m** até o vértice **Pt9**, definido pelas coordenadas **E: 324.641 m** e **N: 7.405.862 m** com azimute **225° 00' 00,00"** e distância de **1,41 m** até o vértice **Pt10**, definido pelas coordenadas **E: 324.640 m** e **N: 7.405.861 m** com azimute **246° 48' 05,07"** e distância de **15,23 m** até o vértice **Pt11**, definido pelas coordenadas **E: 324.626 m** e **N: 7.405.855 m** com azimute **244° 12' 14,30"** e distância de **66,64 m** até o vértice **Pt12**, definido pelas coordenadas **E: 324.566 m** e **N: 7.405.826 m** com azimute **244° 39' 13,77"** e distância de **21,02 m** até o vértice **Pt13**, definido pelas coordenadas **E: 324.547 m** e **N: 7.405.817 m** com azimute **243° 26' 05,82"** e distância de **31,30 m** até o vértice **Pt14**, definido pelas coordenadas **E: 324.519 m** e **N: 7.405.803 m** com azimute **333° 26' 05,82"** e distância de **2,24 m** até o vértice **Pt15**, definido pelas coordenadas **E: 324.518 m** e **N: 7.405.805 m** com azimute **274° 17' 20,95"** e distância de **40,11 m** até o vértice **Pt16**, definido pelas coordenadas **E: 324.478 m** e **N: 7.405.808 m** com azimute **253° 29' 44,30"** e distância de **28,16 m** até o vértice **Pt17**, definido pelas coordenadas **E: 324.451 m** e **N: 7.405.800 m** com azimute **322° 04' 00,23"** e distância de **86,21 m** até o vértice **Pt18**, definido pelas coordenadas **E: 324.398 m** e **N: 7.405.868 m** com azimute **40° 48' 54,30"** e distância de **29,07 m** até o vértice **Pt19**, definido pelas coordenadas **E: 324.417 m** e **N: 7.405.890 m** com azimute **33º 41' 24,24"** e distância de **7,21 m** até o vértice **Pt20**, definido pelas coordenadas **E: 324.421 m** e **N: 7.405.896 m** com azimute **26º 33' 54,18"** e distância de **6,71 m** até o vértice **Pt21**, definido pelas coordenadas **E: 324.424 m** e **N: 7.405.902 m** com azimute **33º 41' 24,24"** e distância de **3,61 m** até o vértice **Pt22**, definido pelas coordenadas **E: 324.426 m** e **N: 7.405.905 m** com azimute **18º 26' 05,82"** e distância de **3,16 m** até o vértice **Pt23**, definido pelas coordenadas **E: 324.427 m** e **N: 7.405.908 m** com azimute **45º 00' 00,00"** e distância de **5,66 m** até o vértice **Pt24**, definido pelas coordenadas **E: 324.431 m** e **N: 7.405.912 m** com azimute **29º 03' 16,57"** e distância de **10,30 m** até o vértice **Pt25**, definido pelas coordenadas **E: 324.436 m** e **N: 7.405.921 m** com azimute **36º 52' 11,63"** e distância de **10,00 m** até o vértice **Pt26**, definido pelas coordenadas **E: 324.442 m** e **N: 7.405.929 m** com azimute **56º 18' 35,76"** e distância de **3,61 m** até o vértice **Pt27**, definido pelas coordenadas **E: 324.445 m** e **N: 7.405.931 m** com azimute **35º 32' 15,64"** e distância de **8,60 m** até o vértice **Pt28**, definido pelas coordenadas **E: 324.450 m** e **N: 7.405.938 m** com azimute **45º 00' 00,00"** e distância de **2,83 m** até o vértice **Pt29**, definido pelas coordenadas **E: 324.452 m** e **N: 7.405.940 m** com azimute **56º 18' 35,76"** e distância de **3,61 m** até o vértice **Pt30**, definido pelas coordenadas **E: 324.455 m** e **N: 7.405.942 m** com azimute **26º 33' 54,18"** e distância de **4,47 m** até o vértice **Pt31**, definido pelas coordenadas **E: 324.457 m** e **N: 7.405.946 m** com azimute **26º 33' 54,18"** e distância de **4,47 m** até o vértice **Pt32**, definido pelas coordenadas **E: 324.459 m** e **N: 7.405.950 m** com azimute **14º 02' 10,48"** e distância de **4,12 m** até o vértice **Pt33**, definido pelas coordenadas **E: 324.460 m** e **N: 7.405.954 m** com azimute **33º 41' 24,24"** e distância de **3,61 m** até o vértice **Pt34**, definido pelas coordenadas **E: 324.462 m** e **N: 7.405.957 m** com azimute **33º 41' 24,24"** e distância de **3,61 m** até o vértice **Pt35**, definido pelas coordenadas **E: 324.464 m** e **N: 7.405.960 m** com azimute **26º 33' 54,18"** e distância de **2,24 m** até o vértice **Pt36**, definido pelas coordenadas **E: 324.465 m** e **N: 7.405.962 m** com azimute **26º 33' 54,18"** e distância de **4,47 m** até o vértice **Pt37**, definido pelas coordenadas **E: 324.467 m** e **N: 7.405.966 m** com azimute **18º 26' 05,82"** e distância de **3,16 m** até o vértice **Pt38**, definido pelas coordenadas **E: 324.468 m** e **N: 7.405.969 m** com azimute **14º 02' 10,48"**

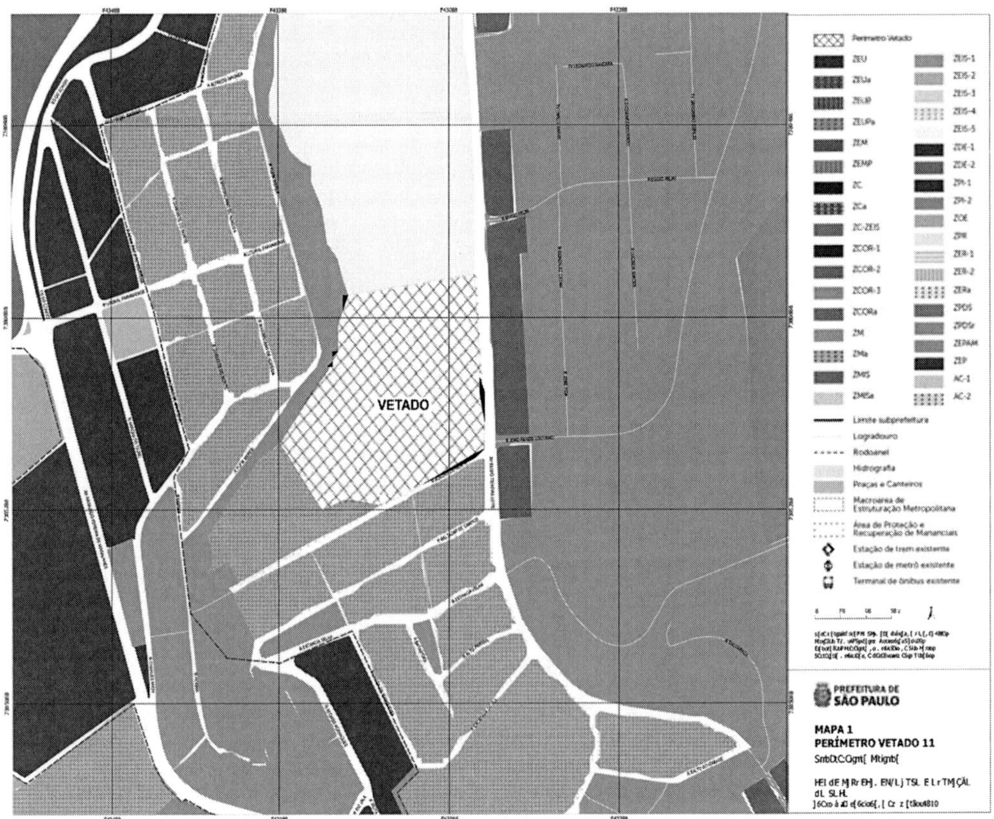

e distância de **4,12 m** até o vértice **Pt39**, definido pelas coordenadas **E: 324.469 m** e **N: 7.405.973 m** com azimute **0º** e distância de **4,00 m** até o vértice **Pt40**, definido pelas coordenadas **E: 324.469 m** e **N: 7.405.977 m** com azimute **345º 57' 49,52"** e distância de **4,12 m** até o vértice **Pt41**, definido pelas coordenadas **E: 324.468 m** e **N: 7.405.981 m** com azimute **0º** e distância de **3,00 m** até o vértice **Pt42**, definido pelas coordenadas **E: 324.468 m** e **N: 7.405.984 m** com azimute **14º 02' 10,48"** e distância de **4,12 m** até o vértice **Pt43**, definido pelas coordenadas **E: 324.469 m** e **N: 7.405.988 m** com azimute **0º** e distância de **4,00 m** até o vértice **Pt44**, definido pelas coordenadas **E: 324.469 m** e **N: 7.405.992 m** com azimute **26º 33' 54,18"** e distância de **2,24 m** até o vértice **Pt45**, definido pelas coordenadas **E: 324.470 m** e **N: 7.405.994 m** com azimute **21º 02' 15,04"** e distância de **13,93 m** até o vértice **Pt46**, definido pelas coordenadas **E: 324.475 m** e **N: 7.406.007 m** com azimute **11º 18' 35,76"** e distância de **15,30 m** até o vértice **Pt47**, definido pelas coordenadas **E: 324.478 m** e **N: 7.406.022 m** com azimute **81º 27' 03,32"** e distância de **154,72 m** até o vértice **Pt0**, encerrando este perímetro.

Todas as coordenadas aqui descritas estão georreferenciadas ao Sistema Geodésico Brasileiro e encontram-se representadas no Sistema UTM, referenciadas ao Meridiano Central 45 WGr, fuso 23S, tendo como datum o SAD69. Todos os azimutes e distâncias, área e perímetro foram calculados no plano de projeção UTM.

JUSTIFICATIVA DE VETO: tendo em vista a existência de famílias de baixa renda no local, a manutenção da ZEIS-2 possibilitará a provisão de moradias para o perfil de renda mais adequado ao enfrentamento da maior parcela do déficit habitacional no Município de São Paulo, ao mesmo tempo em que confere melhores condições para garantia da segurança da posse das famílias, nos termos da Lei Federal nº 11.977/2009.

DESCRIÇÃO DAS COORDENADAS DO PERÍMETRO VETADO 12:

SUBPREFEITURA: Santo Amaro

ÁREA: 4.520,50 m² ou 0,4521 ha

PERÍMETRO: 311,63 m

Inicia-se a descrição deste perímetro no vértice **Pt0**, definido pelas coordenadas **E: 329.476 m** e **N: 7.385.784 m** com azimute **180º** e distância de **1,00 m** até o vértice **Pt1**, definido pelas coordenadas **E: 329.476 m** e **N: 7.385.783 m** com azimute **118º 36' 37,65"** e distância de **12,53 m** até o vértice **Pt2**, definido pelas coordenadas **E: 329.487 m** e **N: 7.385.777 m** com azimute **120º 57' 49,52"** e distância de **11,66 m** até o vértice **Pt3**, definido pelas coordenadas **E: 329.497 m** e **N: 7.385.771 m** com azimute **120º 04' 06,90"** e distância de **43,91 m** até o vértice **Pt4**, definido pelas coordenadas **E: 329.535 m** e **N: 7.385.749 m** com azimute **119º 03' 16,57"** e distância de **20,59 m** até o vértice **Pt5**, definido pelas coordenadas **E: 329.553 m** e **N: 7.385.739 m** com azimute **119º 03' 16,57"** e distância de **20,59 m** até o vértice **Pt6**, definido pelas coordenadas **E: 329.571 m** e **N: 7.385.729 m** com azimute **123º 41' 24,24"** e distância de **3,61 m** até o vértice **Pt7**, definido pelas coordenadas **E: 329.574 m** e **N: 7.385.727 m** com azimute **209º 11' 50,95"** e distância de **38,95 m** até o vértice **Pt8**, definido pelas coordenadas **E: 329.555 m** e **N: 7.385.693 m** com azimute **206º 33' 54,18"** e distância de **8,94 m** até o vértice **Pt9**, definido pelas coordenadas **E: 329.551 m** e **N: 7.385.685 m** com azimute **308º 07' 48,03"** e distância de **118,23 m** até o vértice **Pt10**, definido pelas coordenadas **E: 329.458 m** e **N: 7.385.758 m** com azimute **34º 41' 42,55"** e distância de **31,62 m** até o vértice **Pt0**, encerrando este perímetro.

Todas as coordenadas aqui descritas estão georreferenciadas ao Sistema Geodésico Brasileiro e encontram-se representadas no Sistema UTM, referenciadas ao Meridiano Central 45 WGr, fuso 23S, tendo como datum o SAD69. Todos os azimutes e distâncias, área e perímetro foram calculados no plano de projeção UTM.

JUSTIFICATIVA DE VETO: tendo em vista a existência de famílias de baixa renda no local, a manutenção da ZEIS-3 possibilitará a provisão de moradias para o perfil de renda mais adequado ao enfrentamento da maior parcela do déficit habitacional no Município de São Paulo, ao mesmo tempo em que confere melhores condições para garantia da segurança da posse das famílias, nos termos da Lei Federal nº 11.977/2009. Cabe ainda ponderar que a área esta inserida no perímetro da Operação Urbana Consorciada Água Espraiada.

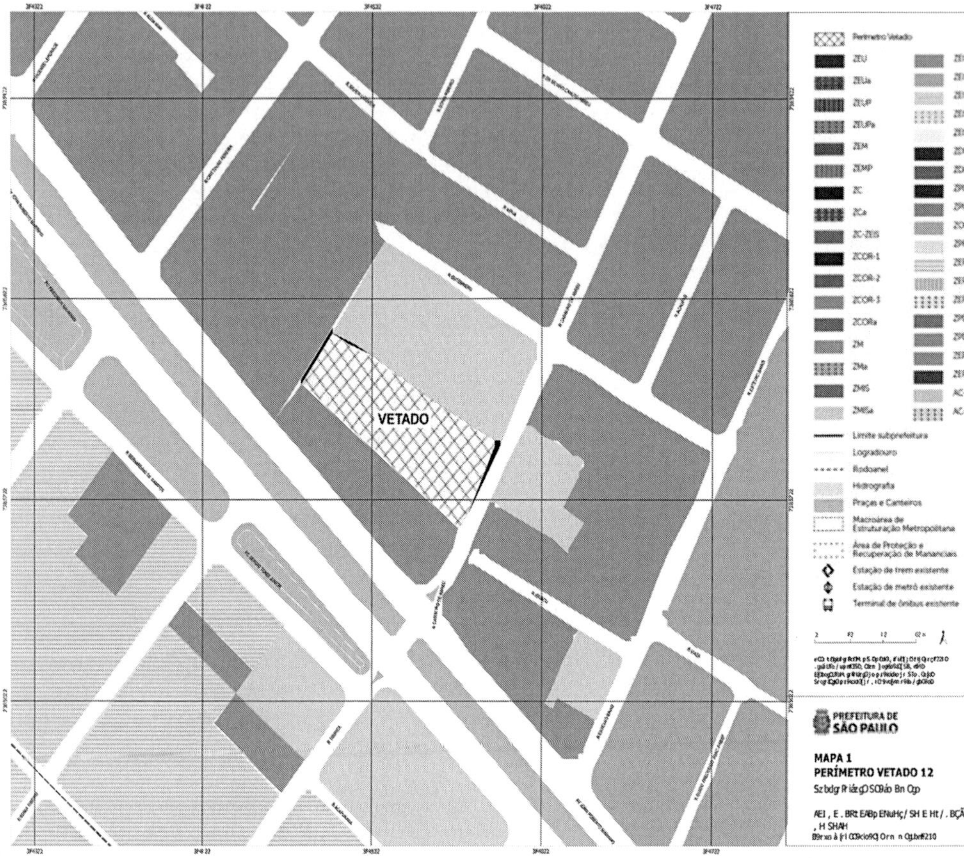

DESCRIÇÃO DAS COORDENADAS DO PERÍMETRO VETADO 13:

SUBPREFEITURA: Mooca

ÁREA: 15.781,50 m² ou 1,5782 ha

PERÍMETRO: 512,55 m

Inicia-se a descrição deste perímetro no vértice **Pt0**, definido pelas coordenadas **E: 334.311 m** e **N: 7.396.385 m** com azimute **105º 56' 43,43"** e distância de **14,56 m** até o vértice **Pt1**, definido pelas coordenadas **E: 334.325 m** e **N: 7.396.381 m** com azimute **104º 34' 27,18"** e distância de **51,66 m** até o vértice **Pt2**, definido pelas coordenadas **E: 334.375 m** e **N: 7.396.368 m** com azimute **104º 55' 53,10"** e distância de **46,57 m** até o vértice **Pt3**, definido pelas coordenadas **E: 334.420 m** e **N: 7.396.356 m** com azimute **116º 33' 54,18"** e distância de **2,24 m** até o vértice **Pt4**, definido pelas coordenadas **E: 334.422 m** e **N: 7.396.355 m** com azimute **135º 00' 00,00"** e distância de **1,41 m** até o vértice **Pt5**, definido pelas coordenadas **E: 334.423 m** e **N: 7.396.354 m** com azimute **90º** e distância de **1,00 m** até o vértice **Pt6**, definido pelas coordenadas **E: 334.424 m** e **N: 7.396.354 m** com azimute **153º 26' 05,82"** e distância de **2,24 m** até o vértice **Pt7**, definido pelas coordenadas **E: 334.425 m** e **N: 7.396.352 m** com azimute **180º** e distância de **2,00 m** até o vértice **Pt8**, definido pelas coordenadas **E: 334.425 m** e **N: 7.396.350 m** com azimute **174º 48' 20,06"** e distância de **11,05 m** até o vértice **Pt9**, definido pelas coordenadas **E: 334.426 m** e **N: 7.396.339 m** com azimute **176º 23' 10,03"** e distância de **95,19 m** até o vértice **Pt10**, definido pelas coordenadas **E: 334.432 m** e **N: 7.396.244 m** com azimute **180º** e distância de **3,00 m** até o vértice **Pt11**, definido pelas coordenadas **E: 334.432 m** e **N: 7.396.241 m** com azimute **180º** e distância de **2,00** m até o vértice **Pt12**, definido pelas coordenadas **E: 334.432 m** e **N: 7.396.239 m** com azimute **225° 00' 00,00"** e distância de **1,41 m** até o vértice **Pt13**, definido pelas coordenadas **E: 334.431 m** e **N: 7.396.238 m** com azimute **225° 00' 00,00"** e distância de **1,41 m** até o vértice **Pt14**, definido pelas coordenadas **E: 334.430 m** e **N: 7.396.237 m** com azimute **225° 00' 00,00"** e distância de **1,41 m** até o vértice **Pt15**, definido pelas coordenadas **E: 334.429 m** e **N: 7.396.236 m** com azimute **225° 00' 00,00"** e distância de **1,41 m** até o vértice **Pt16**, definido pelas coordenadas **E: 334.428 m** e **N: 7.396.235 m** com azimute **243° 26' 05,82"** e distância de **2,24 m** até o vértice **Pt17**, definido pelas coordenadas **E: 334.426 m** e **N: 7.396.234 m** com azimute **270°** e distância de **1,00 m** até o vértice **Pt18**, definido pelas coordenadas **E: 334.425 m** e **N: 7.396.234 m** com azimute **279° 07' 48,64"** e distância de **56,72 m** até o vértice **Pt19**, definido pelas coordenadas **E: 334.369 m** e **N: 7.396.243 m** com azimute **279° 27' 44,36"** e distância de **36,50 m** até o vértice **Pt20**, definido pelas coordenadas **E: 334.333 m** e **N: 7.396.249 m** com azimute **278° 58' 21,46"** e distância de **38,47 m** até o vértice **Pt21**, definido pelas coordenadas **E: 334.295 m** e **N: 7.396.255 m** com azimute **5° 02' 32,82"** e distância de **68,26 m** até o vértice **Pt22**, definido pelas coordenadas **E: 334.301 m** e **N: 7.396.323 m** com azimute **78° 41' 24,24"** e distância de **10,20 m** até o vértice **Pt23**, definido pelas coordenadas **E: 334.311 m** e **N: 7.396.325 m** com azimute **2° 07' 15,95"** e distância de **27,02 m** até o vértice **Pt24**, definido pelas coordenadas **E: 334.312 m** e **N: 7.396.352 m** com azimute **353° 39' 35,31"** e distância de **9,06 m** até o vértice **Pt25**, definido pelas coordenadas **E: 334.311 m** e **N: 7.396.361 m** com azimute **0°** e distância de **4,00 m** até o vértice **Pt26**, definido pelas coordenadas **E: 334.311 m** e **N: 7.396.365 m** com azimute **338° 11' 54,93"** e distância de **5,39 m** até o vértice **Pt27**, definido pelas coordenadas **E: 334.309 m** e **N: 7.396.370 m** com azimute **6° 20' 24,69"** e distância de **9,06 m** até o vértice **Pt28**, definido pelas coordenadas **E: 334.310 m** e **N: 7.396.379 m** com azimute **9° 27' 44,36"** e distância de **6,08 m** até o vértice **Pt0**, encerrando este perímetro.

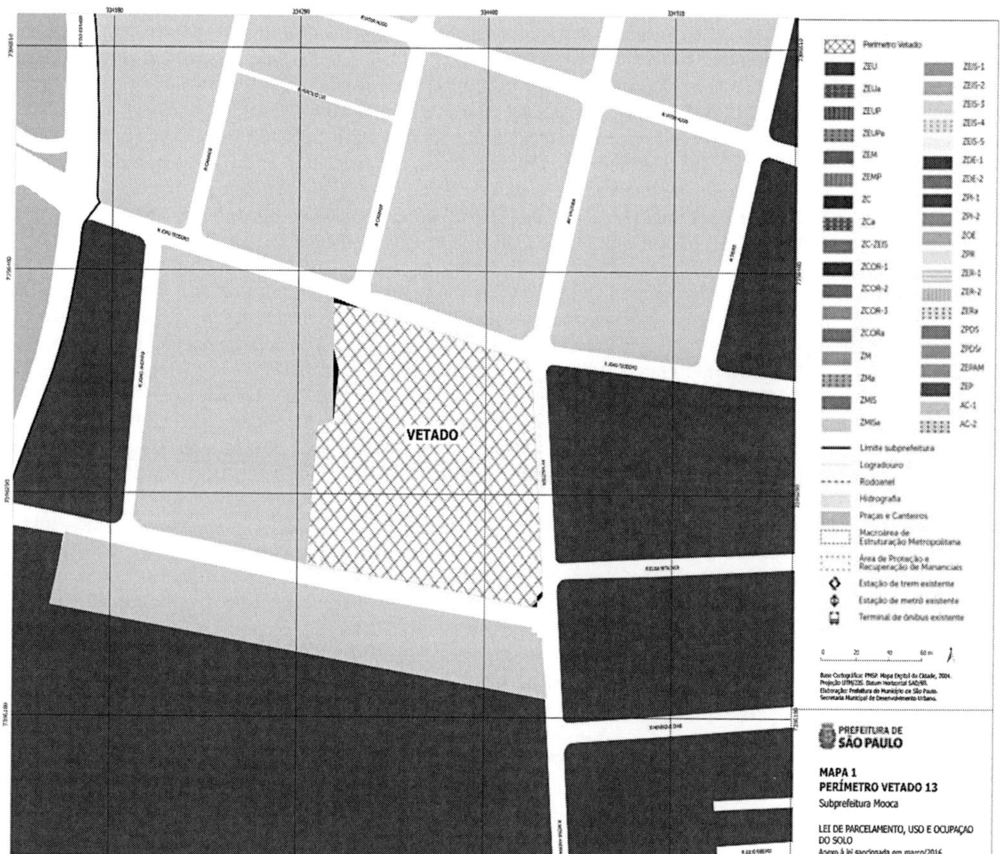

Todas as coordenadas aqui descritas estão georreferenciadas ao Sistema Geodésico Brasileiro e encontram-se representadas no Sistema UTM, referenciadas ao Meridiano Central 45 WGr, fuso 23S, tendo como datum o SAD69. Todos os azimutes e distâncias, área e perímetro foram calculados no plano de projeção UTM.

JUSTIFICATIVA DE VETO: tendo em vista a existência de famílias de baixa renda no local, a manutenção da ZEIS-3 possibilitará a provisão de moradias para o perfil de renda mais adequado ao enfrentamento da maior parcela do déficit habitacional no Município de São Paulo, ao mesmo tempo em que confere melhores condições para garantia da segurança da posse das famílias, nos termos da Lei Federal nº 11.977/2009. Cabe ainda ponderar que a referida ZEIS-3 está localizada na área central da cidade, com ampla oferta de transporte público, serviços e empregos.

DESCRIÇÃO DAS COORDENADAS DO PERÍMETRO VETADO 14:

SUBPREFEITURA: Aricanduva

ÁREA: 28.802,00 m² ou 2,8802 ha

PERÍMETRO: 704,89 m

Inicia-se a descrição deste perímetro no vértice **Pt0**, definido pelas coordenadas **E: 345.477 m** e **N: 7.393.845 m** com azimute **90º** e distância de **2,00 m** até o vértice **Pt1**, definido pelas coordenadas **E: 345.479 m** e **N: 7.393.845 m** com azimute **135º 00' 00,00"** e distância de **1,41 m** até o vértice **Pt2**, definido pelas coordenadas **E: 345.480 m** e **N: 7.393.844 m** com azimute **137º 29' 22,39"** e distância de **16,28 m** até o vértice **Pt3**, definido pelas coordenadas **E: 345.491 m** e **N: 7.393.832 m** com azimute **137º 29' 22,39"** e distância de **16,28 m** até o vértice **Pt4**, definido pelas coordenadas **E: 345.502 m** e **N: 7.393.820 m** com azimute **135º 00' 00,00"** e distância de **32,53 m** até o vértice **Pt5**, definido pelas coordenadas **E: 345.525 m** e **N: 7.393.797 m** com azimute **135º 00' 00,00"** e distância de **16,97 m** até o vértice **Pt6**, definido pelas coordenadas **E: 345.537 m** e **N: 7.393.785 m** com azimute **138º 21' 59,26"** e distância de **24,08 m** até o vértice **Pt7**, definido pelas coordenadas **E: 345.553 m** e **N: 7.393.767 m** com azimute **137º 29' 22,39"** e distância de **16,28 m** até o vértice **Pt8**, definido pelas coordenadas **E: 345.564 m** e **N: 7.393.755 m** com azimute **143º 07' 48,37"** e distância de **5,00 m** até o vértice **Pt9**, definido pelas coordenadas **E: 345.567 m** e **N: 7.393.751 m** com azimute **149º 02' 10,48"** e distância de **5,83 m** até o vértice **Pt10**, definido pelas coordenadas **E: 345.570 m** e **N: 7.393.746 m** com azimute **165º 57' 49,52"** e distância de **4,12 m** até o vértice **Pt11**, definido pelas coordenadas **E: 345.571 m** e **N: 7.393.742 m** com azimute **153º 26' 05,82"** e distância de **2,24 m** até o vértice **Pt12**, definido pelas coordenadas **E: 345.572 m** e **N: 7.393.740 m** com azimute **180º** e distância de **3,00 m** até o vértice **Pt13**, definido pelas coordenadas **E: 345.572 m** e **N: 7.393.737 m** com azimute **180º** e distância de **2,00 m** até o vértice **Pt14**, definido pelas coordenadas **E: 345.572 m** e **N: 7.393.735 m** com azimute **180º** e distância de **3,00 m** até o vértice **Pt15**, definido pelas coordenadas **E: 345.572 m** e **N: 7.393.732 m** com azimute **225º 00' 00,00"** e distância de **1,41 m** até o vértice **Pt16**, definido pelas coordenadas **E: 345.571 m** e **N: 7.393.731 m** com azimute **225º 00' 00,00"** e distância de **2,83 m** até o vértice **Pt17**, definido pelas coordenadas **E: 345.569 m** e **N: 7.393.729 m** com azimute **211º 36' 27,01"** e distância de **30,53 m** até o vértice **Pt18**, definido pelas coordenadas **E: 345.553 m** e **N: 7.393.703 m** com azimute **212º 24' 44,30"** e distância de **149,25 m** até o vértice **Pt19**, definido pelas coordenadas **E: 345.473 m** e **N: 7.393.577 m** com azimute **302º 44' 06,81"** e distância de **16,64 m** até o vértice **Pt20**, definido pelas coordenadas **E: 345.459 m** e **N: 7.393.586 m** com azimute **304º 11' 44,18"** e distância de **94,30 m** até o vértice **Pt21**, definido pelas coordenadas **E: 345.381 m** e **N: 7.393.639 m** com azimute **31º 15' 49,43"** e distância de **32,76 m** até o vértice **Pt22**, definido pelas coordenadas **E: 345.398 m** e **N: 7.393.667 m** com azimute **297º 24' 27,27"** e distância de **30,41 m** até o vértice **Pt23**, definido pelas coordenadas **E: 345.371 m** e **N: 7.393.681 m** com azimute **32º 37' 44,96"** e distância de **194,73 m** até o vértice **Pt24**, definido pelas coordenadas **E: 345.476 m** e **N: 7.393.845 m** com azimute **90º** e distância de **1,00 m** até o vértice **Pt0**, encerrando este perímetro.

Todas as coordenadas aqui descritas estão georreferenciadas ao Sistema Geodésico Brasileiro e encontram-se representadas no Sistema UTM, referenciadas ao Meridiano Central 45 WGr, fuso 23S, tendo como datum o SAD69. Todos os azimutes e distâncias, área e perímetro foram calculados no plano de projeção UTM.

JUSTIFICATIVA DE VETO: tendo em vista a existência de famílias de baixa renda no local, a manutenção da ZEIS-2 possibilitará a provisão de moradias para o perfil de renda mais adequado ao enfrentamento da maior parcela do déficit habitacional no Município de São Paulo, ao mesmo tempo em que confere melhores condições para garantia da segurança da posse das famílias, nos termos da Lei Federal nº 11.977/2009.

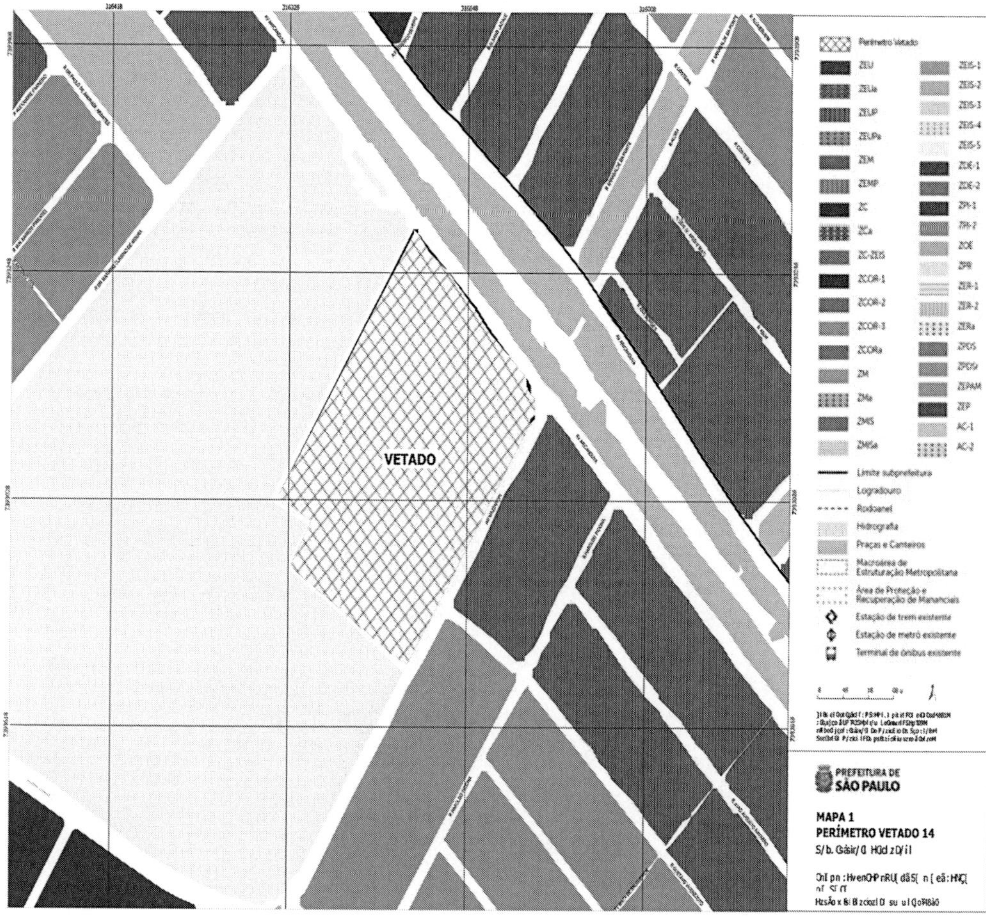

DESCRIÇÃO DAS COORDENADAS DO PERÍMETRO VETADO 15:

SUBPREFEITURA: Capela do Socorro

ÁREA: 4.405,50 m² ou 0,4406 ha

PERÍMETRO: 577,14 m

Inicia-se a descrição deste perímetro no vértice **Pt0**, definido pelas coordenadas **E: 327.991 m** e **N: 736.941 m** com azimute **170° 32' 15,64"** e distância de **12,17 m** até o vértice **Pt1**, definido pelas coordenadas **E: 327.993 m** e **N: 736.929 m** com azimute **267° 25' 50,73"** e distância de **156,16 m** até o vértice **Pt2**, definido pelas coordenadas **E: 327.837 m** e **N: 736.922 m** com azimute **265° 06' 03,27"** e distância de **105,39 m** até o vértice **Pt3**, definido pelas coordenadas **E: 327.732 m** e **N: 736.913 m** com azimute **278° 58' 21,46"** e distância de **19,24 m** até o vértice **Pt4**, definido pelas coordenadas **E: 327.713 m** e **N: 736.916 m** com azimute **18° 26' 05,82"** e distância de **6,32 m** até o vértice **Pt5**, definido pelas coordenadas **E: 327.715 m** e **N: 736.922 m** com azimute **72° 53' 50,18"** e distância de **27,20 m** até o vértice **Pt6**, definido pelas coordenadas **E: 327.741 m** e **N: 736.930 m** com azimute **82° 24' 19,28"** e distância de **75,66 m** até o vértice **Pt7**, definido pelas coordenadas **E: 327.816 m** e **N: 736.940 m** com azimute **89° 40' 21,36"** e distância de **175,00 m** até o vértice **Pt0**, encerrando este perímetro.

ÁREA: 48.289,00 m² ou 4,8289 ha

PERÍMETRO: 1.172,45 m

Inicia-se a descrição deste perímetro no vértice **Pt0**, definido pelas coordenadas **E: 328.098 m** e **N: 7.369.091 m** com azimute **132° 05' 20,98"** e distância de **41,77 m** até o vértice **Pt1**, definido pelas coordenadas **E: 328.129 m** e **N: 7.369.063 m** com azimute **226° 42' 04,88"** e distância de **71,45 m** até o vértice **Pt2**, definido pelas coordenadas **E: 328.077 m** e **N: 7.369.014 m** com azimute **243° 56' 47,42"** e distância de **100,18 m** até o vértice **Pt3**, definido pelas coordenadas **E: 327.987 m** e **N: 7.368.970 m** com azimute **124° 54' 52,29"** e distância de **181,71 m** até o vértice **Pt4**, definido pelas coordenadas **E: 328.136 m** e **N: 7.368.866 m** com azimute **238° 23' 32,99"** e distância de **61,06 m** até o vértice **Pt5**, definido pelas coordenadas **E: 328.084 m** e **N: 7.368.834 m** com azimute **275° 47' 34,07"** e distância de **69,35 m** até o vértice **Pt6**, definido pelas coordenadas **E: 328.015 m** e **N: 7.368.841 m** com azimute **323° 07' 48,37"** e distância de **15,00 m** até o vértice **Pt7**, definido pelas coordenadas **E: 328.006 m** e **N: 7.368.853 m** com azimute **293° 44' 58,18"** e distância de **27,31 m** até o vértice **Pt8**, definido pelas coordenadas **E: 327.981 m** e **N: 7.368.864 m** com azimute **246° 33' 06,97"** e distância de **90,47 m** até o vértice **Pt9**, definido pelas coordenadas **E: 327.898 m** e **N: 7.368.828 m** com azimute **304° 35' 32,24"**

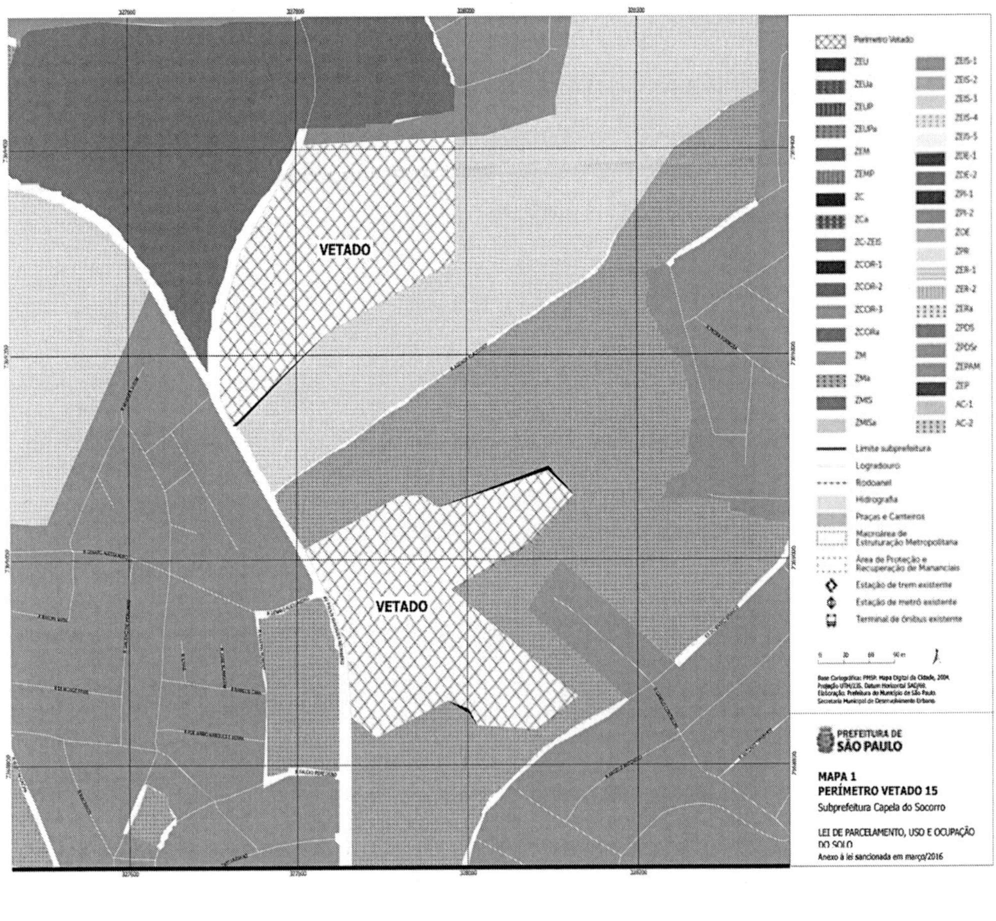

e distância de **35,23 m** até o vértice **Pt10**, definido pelas coordenadas **E: 327.869 m** e **N: 7.368.848 m** com azimute **356° 14' 53,78"** e distância de **61,13 m** até o vértice **Pt11**, definido pelas coordenadas **E: 327.865 m** e **N: 7.368.909 m** com azimute **340° 01' 00,82"** e distância de **46,82 m** até o vértice **Pt12**, definido pelas coordenadas **E: 327.849 m** e **N: 7.368.953 m** com azimute **329° 37' 15,15"** e distância de **67,23 m** até o vértice **Pt13**, definido pelas coordenadas **E: 327.815 m** e **N: 7.369.011 m** com azimute **65° 05' 42,83"** e distância de **123,48 m** até o vértice **Pt14**, definido pelas coordenadas **E: 327.927 m** e **N: 7.369.063 m** com azimute **90°** e distância de **23,00 m** até o vértice **Pt15**, definido pelas coordenadas **E: 327.950 m** e **N: 7.369.063 m** com azimute **118° 36' 37,65"** e distância de **25,06 m** até o vértice **Pt16**, definido pelas coordenadas **E: 327.972 m** e **N: 7.369.051 m** com azimute **72° 23' 14,72"** e distância de **132,20 m** até o vértice **Pt0**, encerrando este perímetro.

Todas as coordenadas aqui descritas estão georreferenciadas ao Sistema Geodésico Brasileiro e encontram-se representadas no Sistema UTM, referenciadas ao Meridiano Central 45 WGr, fuso 23S, tendo como datum o SAD69. Todos os azimutes e distâncias, área e perímetro foram calculados no plano de projeção UTM.

JUSTIFICATIVA DE VETO: a área está demarcada como ZEPAM na Lei nº 13.885/2004 e parte significativa apresenta remanescentes de Mata Atlântica conforme levantamento realizado pelo Instituo Florestal.

DESCRIÇÃO DAS COORDENADAS DO PERÍMETRO VETADO 16:

SUBPREFEITURA: Pirituba

ÁREA: 105.697,00 m² ou 10,5697 ha

PERÍMETRO: 1.701,46 m

Inicia-se a descrição deste perímetro no vértice **Pt0**, definido pelas coordenadas **E: 321.292 m** e **N: 7.400.835 m** com azimute **143° 58' 21,46"** e distância de **13,60 m** até o vértice **Pt1**, definido pelas coordenadas **E: 321.300 m** e **N: 7.400.824 m** com azimute **180°** e distância de **1,00 m** até o vértice **Pt2**, definido pelas coordenadas **E: 321.300 m** e **N: 7.400.823 m** com azimute **141° 20' 24,69"** e distância de **12,81 m** até o vértice **Pt3**, definido pelas coordenadas **E: 321.308 m** e **N: 7.400.813 m** com azimute **180°** e distância de **1,00 m** até o vértice **Pt4**, definido pelas coordenadas **E: 321.308 m** e **N: 7.400.812 m** com azimute **143° 07' 48,37"** e distância de **5,00 m** até o vértice **Pt5**, definido pelas coordenadas **E: 321.311 m** e **N: 7.400.808 m** com azimute **163° 18' 02,72"** e distância de **10,44 m** até o vértice **Pt6**, definido pelas coordenadas **E: 321.314 m** e **N: 7.400.798 m** com azimute **158° 11' 54,93"** e distância de **5,39 m** até o vértice **Pt7**, definido pelas coordenadas **E: 321.316 m** e **N: 7.400.793 m** com azimute **164° 03' 16,57"** e distância de **7,28 m** até o vértice **Pt8**, definido pelas coordenadas **E: 321.318 m** e **N: 7.400.786 m** com azimute **180°** e distância de **2,00 m** até o vértice **Pt9**, definido pelas coordenadas **E: 321.318 m** e **N: 7.400.784 m** com azimute **171° 52' 11,63"** e distância de **7,07 m** até o vértice **Pt10**, definido pelas coordenadas **E: 321.319 m** e **N: 7.400.777 m** com azimute **175° 54' 51,78"** e distância de **14,04 m** até o vértice **Pt11**, definido pelas coordenadas **E: 321.320 m** e **N: 7.400.763 m** com azimute **173° 59' 27,58"** e distância de **19,10 m** até o vértice **Pt12**, definido pelas coordenadas **E: 321.322 m** e **N: 7.400.744 m** com azimute **180°** e distância de **16,00 m** até o vértice **Pt13**, definido pelas coordenadas **E: 321.322 m** e **N: 7.400.728 m** com azimute **180°** e distância de **5,00 m** até o vértice **Pt14**, definido pelas coordenadas **E: 321.322 m** e **N: 7.400.723 m** com azimute **189° 27' 44,36"** e distância de **6,08 m** até o vértice **Pt15**, definido pelas coordenadas **E: 321.321 m** e **N: 7.400.717 m** com azimute **194° 02' 10,48"** e distância de **4,12 m** até o vértice **Pt16**, definido pelas coordenadas **E: 321.320 m** e **N: 7.400.713 m** com azimute **171° 52' 11,63"** e distância de **7,07 m** até o vértice **Pt17**, definido pelas coordenadas **E: 321.321 m** e **N: 7.400.706 m** com azimute **188° 07' 48,37"** e distância de **7,07 m** até o vértice **Pt18**, definido pelas coordenadas **E: 321.320 m** e **N: 7.400.699 m** com azimute **188° 07' 48,37"** e distância de **7,07 m** até o vértice **Pt19**, definido pelas coordenadas **E: 321.319 m** e **N: 7.400.692 m** com azimute **195° 56' 43,43"** e distância de **7,28 m** até o vértice **Pt20**, definido pelas coordenadas **E: 321.317 m** e **N: 7.400.685 m** com azimute **180°** e distância de **1,00 m** até o vértice **Pt21**, definido pelas coordenadas **E: 321.317 m** e **N: 7.400.684 m** com azimute **194° 55' 53,10"** e distância de **15,52 m** até o vértice **Pt22**, definido pelas coordenadas **E: 321.313 m** e **N: 7.400.669 m** com azimute **198° 26' 05,82"** e distância de **9,49 m** até o vértice **Pt23**, definido pelas coordenadas **E: 321.310 m** e **N: 7.400.660 m** com azimute **197° 06' 09,82"** e distância de **13,60 m** até o vértice **Pt24**, definido pelas coordenadas **E: 321.306 m** e **N:**

7.400.647 m com azimute **203° 57' 44,96"** e distância de **9,85 m** até o vértice **Pt25**, definido pelas coordenadas **E: 321.302 m** e **N: 7.400.638 m** com azimute **195° 56' 43,43"** e distância de **7,28 m** até o vértice **Pt26**, definido pelas coordenadas **E: 321.300 m** e **N: 7.400.631 m** com azimute **0°** e distância de **1,00 m** até o vértice **Pt27**, definido pelas coordenadas **E: 321.300 m** e **N: 7.400.632 m** com azimute **0°** e distância de **1,00 m** até o vértice **Pt28**, definido pelas coordenadas **E: 321.300 m** e **N: 7.400.633 m** com azimute **208° 04' 20,95"** e distância de **17,00 m** até o vértice **Pt29**, definido pelas coordenadas **E: 321.292 m** e **N: 7.400.618 m** com azimute **213° 41' 24,24"** e distância de **10,82 m** até o vértice **Pt30**, definido pelas coordenadas **E: 321.286 m** e **N: 7.400.609 m** com azimute **217° 52' 29,94"** e distância de **11,40 m** até o vértice **Pt31**, definido pelas coordenadas **E: 321.279 m** e **N: 7.400.600 m** com azimute **212° 00' 19,38"** e distância de **9,43 m** até o vértice **Pt32**, definido pelas coordenadas **E: 321.274 m** e **N: 7.400.592 m** com azimute **212° 44' 06,81"** e distância de **16,64 m** até o vértice **Pt33**, definido pelas coordenadas **E: 321.265 m** e **N: 7.400.578 m** com azimute **216° 28' 09,24"** e distância de **28,60 m** até o vértice **Pt34**, definido pelas coordenadas **E: 321.248 m** e **N: 7.400.555 m** com azimute **216° 52' 11,63"** e distância de **5,00 m** até o vértice **Pt35**, definido pelas coordenadas **E: 321.245 m** e **N: 7.400.551 m** com azimute **215° 32' 15,64"** e distância de **17,20 m** até o vértice **Pt36**, definido pelas coordenadas **E: 321.235 m** e **N: 7.400.537 m** com azimute **214° 22' 49,24"** e distância de **23,02 m** até o vértice **Pt37**, definido pelas coordenadas **E: 321.222 m** e **N: 7.400.518 m** com azimute **201° 48' 05,07"** e distância de **10,77 m** até o vértice **Pt38**, definido pelas coordenadas **E: 321.218 m** e **N: 7.400.508 m** com azimute **201° 02' 15,04"** e distância de **13,93 m** até o vértice **Pt39**, definido pelas coordenadas **E: 321.213 m** e **N: 7.400.495 m** com azimute **194° 02' 10,48"** e distância de **4,12 m** até o vértice **Pt40**, definido pelas coordenadas **E: 321.212 m** e **N: 7.400.491 m** com azimute **191° 18' 35,76"** e distância de **10,20 m** até o vértice **Pt41**, definido pelas coordenadas **E: 321.210 m** e **N: 7.400.481 m** com azimute **187° 07' 30,06"** e distância de **16,12 m** até o vértice **Pt42**, definido pelas coordenadas **E: 321.208 m** e **N: 7.400.465 m** com azimute **183° 48' 50,67"** e distância de **15,03 m** até o vértice **Pt43**, definido pelas coordenadas **E: 321.207 m** e **N: 7.400.450 m** com azimute **184° 45' 49,11"** e distância de **24,08 m** até o vértice **Pt44**, definido pelas coordenadas **E: 321.205 m** e **N: 7.400.426 m** com azimute **180°** e distância de **4,00 m** até o vértice **Pt45**, definido pelas coordenadas **E: 321.205 m** e **N: 7.400.422 m** com azimute **185° 42' 38,14"** e distância de **20,10 m** até o vértice **Pt46**, definido pelas coordenadas **E: 321.203 m** e **N: 7.400.402 m** com azimute **188° 07' 48,37"** e distância de **14,14 m** até o vértice **Pt47**, definido pelas coordenadas **E: 321.201 m** e **N: 7.400.388 m** com azimute **270°** e distância de **19,00 m** até o vértice **Pt48**, definido pelas coordenadas **E: 321.182 m** e **N: 7.400.388 m** com azimute **250° 01' 00,82"** e distância de **11,70 m** até o vértice **Pt49**, definido pelas coordenadas **E: 321.171 m** e **N: 7.400.384 m** com azimute **153° 26' 05,82"** e distância de **6,71 m** até o vértice **Pt50**, definido pelas coordenadas **E: 321.174 m** e **N: 7.400.378 m** com azimute **260° 47' 20,30"** e distância de **74,97 m** até o vértice **Pt51**, definido pelas coordenadas **E: 321.100 m** e **N: 7.400.366 m** com azimute **261° 07' 40,32"** e distância de **207,48 m** até o vértice **Pt52**, definido pelas coordenadas **E: 320.895 m** e **N: 7.400.334 m** com azimute **3° 26' 01,07"** e distância de **50,09 m** até o vértice **Pt53**, definido pelas coordenadas **E: 320.898 m** e **N: 7.400.384 m** com azimute **0°** e distância de **1,00 m** até o vértice **Pt54**, definido pelas coordenadas **E: 320.898 m** e **N: 7.400.385 m** com azimute **355° 36' 04,66"** e distância de **26,08 m** até o vértice **Pt55**, definido pelas coordenadas **E: 320.896 m** e **N: 7.400.411 m** com azimute **353° 09' 26,02"** e distância de **25,18 m** até o vértice **Pt56**, definido pelas coordenadas **E: 320.893 m** e **N: 7.400.436 m** com azimute **355° 14' 10,89"** e distância de **24,08 m** até o vértice **Pt57**, definido pelas coordenadas **E: 320.891 m** e **N: 7.400.460 m** com azimute **90°** e distância de **1,00 m** até o vértice **Pt58**, definido pelas coordenadas **E: 320.892 m** e **N: 7.400.460 m** com azimute **90° 55' 26,56"** e distância de **186,02 m** até o vértice **Pt59**, definido pelas coordenadas **E: 321.078 m** e **N: 7.400.457 m** com azimute **0° 29' 45,80"** e distância de **231,01 m** até o vértice **Pt60**, definido pelas coordenadas **E: 321.080 m** e **N: 7.400.688 m** com azimute **0°** e distância de **133,00 m** até o vértice **Pt61**, definido pelas coordenadas **E: 321.080 m** e **N: 7.400.821 m** com azimute **90°** e distância de **39,00 m** até o vértice **Pt62**, definido pelas coordenadas **E: 321.119 m** e **N: 7.400.821 m** com azimute **0°** e distância de **1,00 m** até o vértice **Pt63**, definido pelas coordenadas **E: 321.119 m** e **N: 7.400.822 m** com azimute **0°** e distância de **1,00 m** até o vértice **Pt64**, definido pelas coordenadas **E: 321.119 m** e **N: 7.400.823 m** com azimute **0°** e distância de **1,00 m** até o vértice **Pt65**, definido pelas coordenadas **E: 321.119 m** e **N: 7.400.824 m** com azimute **86° 21' 42,53"** e distância de **173,35 m** até o vértice **Pt0**, encerrando este perímetro.

Todas as coordenadas aqui descritas estão georreferenciadas ao Sistema Geodésico Brasileiro e encontram-se representadas no Sistema UTM, referenciadas ao Meridiano Central 45 WGr, fuso 23S, tendo como datum o SAD69. Todos os azimutes e distâncias, área e perímetro foram calculados no plano de projeção UTM.

JUSTIFICATIVA DE VETO: a área está demarcada como ZEPAM na Lei nº 13.885/2004 e parte significativa apresenta remanescentes de Mata Atlântica conforme levantamento realizado pelo Instituo Florestal.

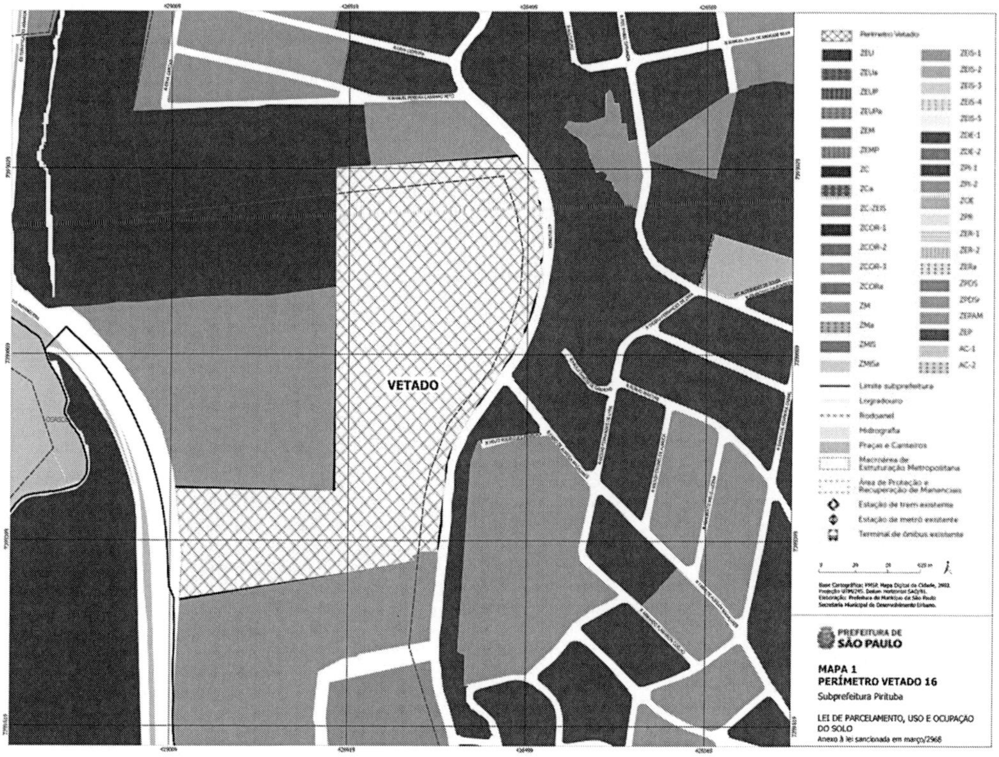

* * *